Hans Ullrich / Bernd Riffler

WANDERN mit der S-Bahn

45 Ausflüge
rund um München

J. Berg bei Bruckmann

Eine Produktion des Bruckmann-Teams, München
Lektorat: Jutta Hemminger, Britta Mümmler
Layout und Herstellung: Bettina Schippel
Umschlaggestaltung: Uwe Richter
Kartenskizzen: Markus Voll, Fürstenfeldbruck
Titelbild: St. Andrä bei Weilheim im Frühling.

Bildnachweis:
W. Bahnmüller: S. 137 unten, 142 oben, 144; H. J. Eder: S. 136; H. Heller: S. 137 oben, 138, 139, 140, 141, 143 oben; Bildagentur Huber (Foto Radelt): Titelbild; Martin Kloyer: S. 129, 131 oben, 133; Maria Kloyer: S. 130, 131 unten, 132, 134, 135, 142 unten, 143 unten.

Alle Angaben dieses Werkes wurden von den Autoren sorgfältig recherchiert und auf den aktuellen Stand gebracht sowie vom Verlag auf Stimmigkeit geprüft. Für die Richtigkeit der Angaben kann jedoch keine Haftung übernommen werden. Für Hinweise und Anregungen sind wir jederzeit dankbar. Bitte richten Sie diese an den Bruckmann Verlag, Lektorat, Nymphenburger Straße 86, 80636 München.

Gedruckt auf chlorfrei gebleichtem Papier

Die Deutsche Bibliothek –
CIP-Einheitsaufnahme
Ullrich, Hans:
Wandern mit der S-Bahn: 45 Ausflüge rund um München/Hans Ullrich/Bernd Riffler. – Aktualisierte Neuausg. –
München: Berg bei Bruckmann, 1997
ISBN 3-7654-2999-6
NE: Riffler, Bernd

Aktualisierte Neuausgabe 1997

Gesamtherstellung: Bruckmann, München
Printed in Germany
ISBN 3-7654-2999-6

»Wandern mit der S-Bahn« ist ein praktischer Wegweiser für Ausflügler und Spaziergänger. Mit der umweltfreundlichen Bahn begleitet er zu den Ausgangspunkten für kürzere und längere Wanderungen durch die reizvollen Landschaften rings um München. Er verrät dabei manchen weltfern scheinenden Winkel und erzählt in unterhaltsamer Weise die Geschichte der Sehenswürdigkeiten am Weg.

Alle Wander- und Spazierwege wurden von Bernd Riffler für die Neuausgabe vollständig abgegangen und nach dem aktuellen Zustand detailliert beschrieben. Sämtliche für die Tourenplanung wichtigen Informationen wurden überprüft und aktualisiert. Die Kartenskizzen entsprechen den überarbeiteten Wegbeschreibungen.

Geblieben sind die Hinweise, ob sich die Touren auch für kleinere oder größere Kinder eignen. Geblieben sind auch die Angaben über Zonen und Fahrzeiten der Hin- und Rückfahrt sowie Tips für das vorteilhafte Verbundfahren, selbstverständlich auf dem neuesten Stand.

Hans Ullrich, geb. 1938, Journalist und Buchautor, befaßt sich seit vielen Jahren mit der Aufgabe, den Stadtbewohnern neue Freizeit- und Erholungsmöglichkeiten zu erschließen. In mehreren Veröffentlichungen hat er Rad- und Wanderwege in Bayern einem größeren Kreis von Benutzern bekannt gemacht.
Bernd Riffler, geb. 1938, studierte Malerei, Graphik und Kunstdidaktik. Seit fast zwei Jahrzehnten widmet er sich der Schriftstellerei. Neben Skilanglauf und Radtouren gilt sein Hauptinteresse dem bayerischen Alpenraum. Zu diesem Thema hat er bei Bruckmann mehrere beliebte Führer veröffentlicht.

Wandern mit der S-Bahn

Inhalt

• = MVV-Wanderbahnhof mit Wandertafel und markierten Wegen

Zur Neuausgabe

Seit der Erstauflage des beliebten S-Bahn-Wanderführers im Jahre 1973 sind mehr als zwei Jahrzehnte verstrichen, in denen sich naturgemäß im Bereich der Routenführung, der Wegverhältnisse und der Markierungen stellenweise einiges geändert hat. Trotzdem ergab sich bei den von mir vorgenommenen neuen und vollständigen Recherchen nur in wenigen Fällen die Notwendigkeit, Touren herauszunehmen oder in ihrem Verlauf grundsätzlich neu zu gestalten. So konnte das Programm der Erstausgabe im wesentlichen beibehalten werden.

Hinsichtlich der den Touren jeweils vorausgehenden Kurzcharakteristik wurde die relativ spärliche Information der vorhergehenden Ausgaben des Führers belassen, da angesichts der hier vorgestellten gefahrlosen und meist wenig beschwerlichen Spaziergänge und Wanderungen weitere Hinweise überflüssig erschienen.

Bernd Riffler

37 MVV-Wanderbahnhöfe

Altenerding
Altomünster
Aying
Dachau
Deisenhofen
Ebersberg
Eglharting
Erding
Erdweg
Freising
Fürstenfeldbruck
Geltendorf
Grafrath
Harthaus
Herrsching
Holzkirchen
Icking
Ismaning
Kieferngarten
Kirchseeon
Kleinberghofen
Kreuzstraße
Markt Indersdorf
Markt Schwaben
Mühltal
Oberschleißheim
Olching
Ottenhofen
Planegg
Poing
Röhrmoos
Schöngeising
Starnberg
Tutzing
Unterföhring
Weßling
Wolfratshausen

Vorwort

Am 28. Mai 1972 begann in München das S-Bahn-Zeitalter. Das modernste und leistungsfähigste Massenverkehrsmittel wurde an diesem Tag in den Dienst genommen.

S-Bahn und Arbeit – die beiden Worte verbinden sich seit diesem Tag für viele Tausende von Pendlern zu einer Gedankenassoziation.

Aber S-Bahn und Freizeit?

Die S-Bahn kann man auch am Wochenende als höchst individuelles Freizeit-Verkehrsmittel ausprobieren. Lassen wir uns schnell und bequem hinausfahren in unsere schöne Region. Ausflug für Ausflug, Wandertour für Wandertour werden wir Neues, Überraschendes entdecken.

Wohin also führt dieses Buch?

In eine von Gletschern vor Jahrmillionen gestaltete Landschaft mit anmutigen Hügeln und Tälern, mit klaren Quellen und Bächen, mit lieblichen Seen und Flüssen, mit Wäldern und Weiden, in eine Landschaft, die Dichter besungen und Künstler gemalt haben.

Und wir erleben Kunst und Geschichte dieses so traditionsreichen Landes in der Gegenwart ihrer Ansiedlungen vor unserer Stadt. Wir erleben sie an Ort und Stelle, an der Quelle, und wir entdecken, daß noch viel Interessantes im verborgenen blüht. Wohin also am nächsten Wochenende?

45mal gibt Ihnen dieses Buch auf den folgenden Seiten eine Antwort.

Mobil in München mit dem MVV

Alles, was man wissen muß

Seit Mai 1972 wird in München verbundgefahren. Seit diesem Datum bietet der Münchner Verkehrs- und Tarifverbund – kurz »Verbund« oder »MVV« genannt – den Bürgern in Stadt und Region ein vorbildliches Netz öffentlicher Verkehrsmittel; er schafft für die Bürger die lebensnotwendige Mobilität, von der sie fleißig Gebrauch machen. Täglich fahren rund 1,7 Millionen Menschen schnell, sicher und bequem mit dem MVV an ihr Ziel.

Gute Verbindungen

Der MVV bedient einen Verkehrsraum von rund 5000 Quadratkilometer Fläche. In diesem Raum leben über 2,4 Millionen Menschen, 1,2 Millionen von ihnen allein in der Landeshauptstadt. Weitere 1,2 Millionen Bürger der Region verteilen sich auf 180 Gemeinden in den umliegenden acht Landkreisen. Für sie alle häufige und bequeme Verbindungen im Münchner Stadtgebiet, zwischen der Münchner Stadt und ihrer Region und auch von Ort zu Ort in der weitläufigen Umgebung zu schaffen, ist die Aufgabe des MVV, die er täglich löst.

197mal Erde – Mond

Zur Lösung dieser Aufgabe bedarf es eines Streckennetzes von über 4400 Kilometer Länge. Auf diesem Netz verkehren 267 Linien, die von rund 1362 Zug- und Wageneinheiten der S-Bahn, der Straßenbahn, der städtischen Busse und der Regionalbusse bedient werden. Jedes Jahr legen diese Fahrzeuge eine Strecke von über 79 Millionen Kilometern zurück – mehr als 197mal die Entfernung von der Erde zum Mond.

Das Rückgrat sind die Schnellbahnen

Herzstück des MVV-Netzes sind die Schnellbahnen: Die S-Bahn, die attraktive Verbindungen zwischen Stadt und Region herstellt und auch wichtiges innerstädtisches Verkehrsmittel ist, und die U-Bahn als Schnellbahnsystem für das Stadtgebiet.

Die S-Bahn mit 9 Linien, einer Streckenlänge von 405 Kilometern und 137 Bahnhöfen wird vom Verbundpartner Deutsche Bahn AG betrieben. Acht dieser Strecken münden in die Stammstrecke mit dem wichtigsten Tunnelabschnitt zwischen Hackerbrücke und Ostbahnhof ein. Diese Linien werden im Spitzenverkehr mit 183 modernen Triebzügen des Typs ET 420 bedient. Seit 1981 ist auch die Linie S 10 (Wolfratshausen) als S 7 an die Stammstrecke angebunden.

Die U-Bahn-Linien des anderen Verbundpartners – der Verkehrsbetriebe der Stadtwerke München – haben zum Teil gemeinsame Streckenabschnitte.

Das MVV-Herz schlägt im Takt

Das Grundprogramm des S-Bahn-Fahrplans sieht eine Zugfolge von 20 Minuten in den Hauptverkehrszeiten morgens und nachmittags und von 40 Minuten zu den übrigen Betriebszeiten vor. Wo die S-Bahnen gemeinsame Streckenabschnitte haben, verkürzen sich die Zugfolgen erheblich. Auf der Stammstrecke zwischen Pasing und Ostbahnhof verkehrt so spätestens alle 6 Minuten ein Zug.

Beachten Sie den 20- bzw. 40-Minuten-Takt der Abfahrten am Samstag bzw. am Sonntag!

Auch die U-Bahn hat feste Taktzeiten: Die Linien verkehren in den Hauptverkehrszeiten alle 5 Minuten, tagsüber und abends alle 10 Minuten.

Das Tarif-ABC ist keine Hexerei

Wenn die Fahrpreise für alle gerecht sein sollen, dann geht es natürlich nicht ohne Abstufungen und Differenzierungen. Denn ein gerechter Tarif bedeutet, daß für lange Fahrtstrecken angemessen mehr bezahlt werden muß als für kurze Fahrtstrecken. Eine größere Leistung hat nun einmal einen höheren Preis. Deshalb ist das MVV-Gebiet in Zonen eingeteilt. Im Bartarif bilden diese Zonen fünf kreisförmige Ringe um einen angenommenen Mittelpunkt in der Stadt. Der Innenraum entspricht dem erweiterten Stadtgebiet.

Einzel- und Streifenkarten

Für Erwachsene

Der Preis für eine Fahrt richtet sich nach der Zahl der Zonen, die für den Fahrtweg benötigt werden. Es gibt Einzelfahrkarten und die Streifenkarte mit 10 Streifen. Beim Entwerten der Streifenkarte gilt die Regel: Je Zone sind zwei Streifen zu entwerten, pro Fahrt höchstens 10 Streifen. Für Fahrten im Innenraum (blaue Fläche des Zonenplans) genügen stets 2 Streifen.

Für Kinder von 4–14 Jahren

Für Kinder gelten zwei Preisstufen: bis 2 Zonen und ab 3 Zonen. Für jede Preisstufe gibt es eine Einzelfahrkarte. Außerdem können Kinder die Kinderstreifenkarte verwenden. Zu entwerten sind dann bis 2 Zonen 1 Streifen, ab 3 Zonen 2 Streifen.

Kurzstrecken für Erwachsene

Eine Kurzstrecke ist die Fahrt vom Einsteigen bis höchstens zur vierten Haltestelle, davon aber nur zwei U-Bahn- oder zwei S-Bahn-Stationen. Dabei ist zu beachten, daß auf den Schienenstrecken alle Haltestellen zählen, ohne Rücksicht darauf, ob sie auf der betreffenden Fahrt bedient werden oder nicht. Umsteigen ist erlaubt. Im Regionalbusverkehr (außerhalb Münchens) zählt jede Busfahrt innerhalb einer Gemeinde als Kurzstrecke.

Alle Fahrkarten müssen vor Antritt der Fahrt in den Entwertergeräten entwertet werden. Erst dann berechtigen sie zur Fahrt.

Die Idealfahrkarte für die Freizeit

Ein Schlüssel für die Freizeit in der Stadt und vor den Toren der Stadt sind die Tageskarten des MVV. Man kann damit freizügig alle MVV-Verkehrsmittel benutzen, ohne Zonen zählen zu müssen. Die Tageskarten werden vor Fahrtantritt entwertet und sind dann bis sechs Uhr des folgenden Tages gültig.

Es gibt *Single-Tageskarten* für Kinder (4–14 Jahre).

Mit einer *Partner-Tageskarte* kann man viel Geld sparen. Sie gilt nämlich für bis zu fünf Personen, davon höchstens zwei ab 18 Jahren, und für einen Hund. Eigene Kinder (bis 17 Jahre) können in unbegrenzter Zahl mitfahren, wenn sie nachweislich zur Familie des Karteninhabers gehören.

Der MVV – überall für den Fahrgast da

Der MVV hat alles getan, damit sich der Fahrgast überall informieren kann. Er findet an allen Haltestellen und Bahnhöfen den Tarifschemaplan mit den Zonen und Verkehrslinien sowie mit einer Erläuterung des Tarifsystems; dazu den Fahrplan der jeweiligen Linien. Er erhält Auskunft über die Verkehrslinien, das Schnellbahnnetz, die Fahrpreise, den Fahrplan und die Umgebung des Bahnhofs. Der Schnellbahnnetzplan in den Wagen von U-Bahn und S-Bahn erlaubt die Orientierung auch »unterwegs«. In der Tram dienen dem gleichen Zweck die Streckenbänder mit allen Haltestellen und Anschlußlinien. In der U-Bahn findet der Fahrgast beide Informationen. Einheitliche Richtungsbeschilderungen an den Bahnhöfen und Haltestellen, Zugzielanzeiger auf den Bahnsteigen sowie Lautsprecherdurchsagen erlauben es dem Fahrgast, sich selbst problemlos im MVV-Verkehr zurechtzufinden.

Nicht zu verfehlen: das weiße K auf grünem Grund

Zur Selbstbedienung im MVV gehört es natürlich auch, daß der Verbundfahrer überall bequem seinen Fahrschein lösen kann. Dazu stehen ihm in erster Linie die zahlreichen Fahrkartenautomaten zur Verfügung. Sie finden sich an allen Schnellbahnhöfen, an den wichtigsten Knotenpunkten der Tram- und Omnibuslinien und bei den Straßenbahnzügen im Anhänger. Der Fahrkartenservice des MVV geht weiter: In Stadt und Region – überall in der Nähe der Bürger – halten die über 350 amtlichen und privaten MVV-Agenturen ein entsprechendes Fahrkartensortiment für den Kunden bereit, einschließlich der Wertmarken für die Zeitkartenbenutzer. Fahrkarten gibt es auch bei den Fahrern von Bus und Tram. Die Zeitkartenstellen des MVV stehen dem Kunden mit Rat und Auskunft zur Verfügung.

MVV-Informationen kommen zum Kunden

Wann immer es Wichtiges, Neues oder Interessantes beim MVV gibt, die Bürger in Stadt und Region werden es erfahren. Es steht in ihrer Zeitung, sie hören es im Radio oder sehen es an der Litfaßsäule, an den Bahnhöfen oder in den MVV-Fahrzeugen. Wer schon Verbundfahrer ist, kann es ausführlich im MVV-ConTakt, der Kundenzeitung des MVV, nachlesen, die es alle drei Monate kostenlos aus den überall im MVV-Bereich angebrachten Informationsboxen gibt.

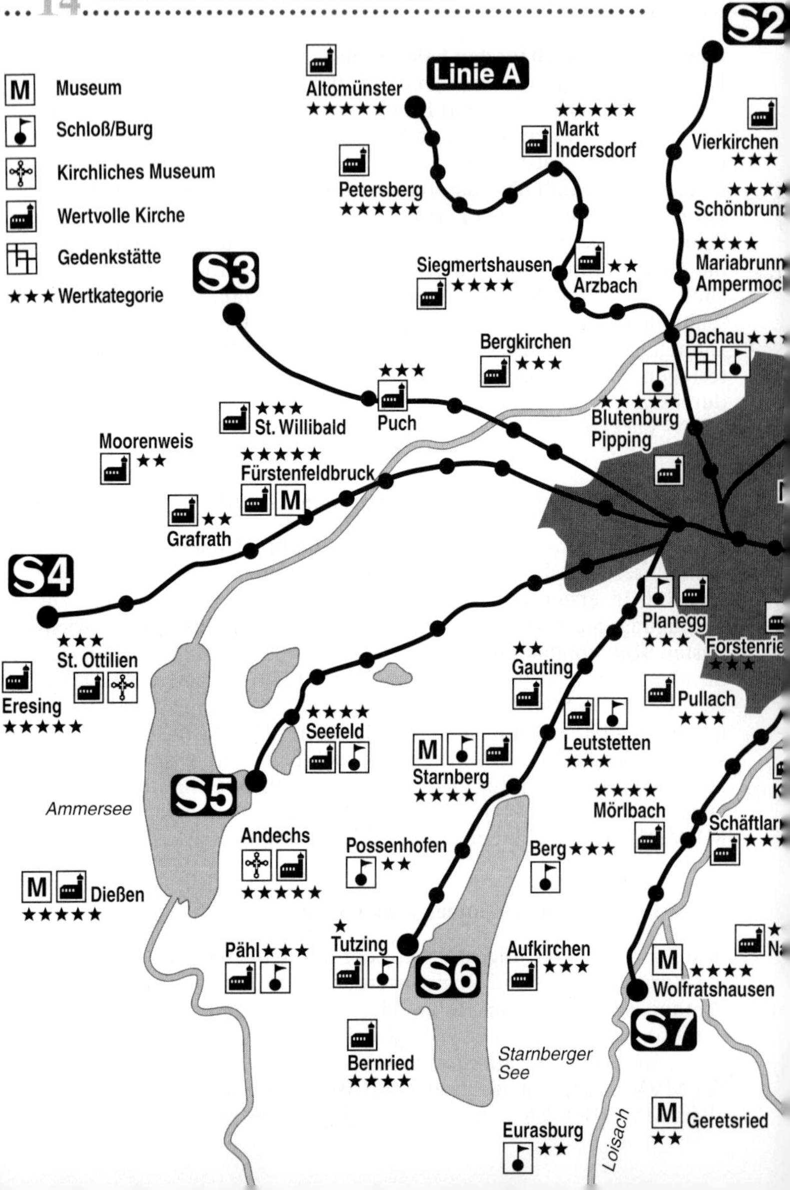
M Museum
Schloß/Burg
Kirchliches Museum
Wertvolle Kirche
Gedenkstätte
★★★ Wertkategorie
Linie A
S2
S3
S4
S5
S6
S7
Altomünster ★★★★★
Petersberg ★★★★★
★★★★★ Markt Indersdorf
Siegmertshausen ★★★★
Arzbach ★★
Vierkirchen ★★★
Schönbrunn
Mariabrunn Ampermoching
Dachau
Bergkirchen ★★★
★★★ Puch
★★★ St. Willibald
Moorenweis ★★
★★★★★ Fürstenfeldbruck
Grafrath ★★
★★★★★ Blutenburg Pipping
Planegg ★★★
Forstenried ★★★
★★★ St. Ottilien
Eresing ★★★★★
★★ Gauting
Pullach ★★★
★★★★ Seefeld
Leutstetten ★★★
Starnberg ★★★★
★★★★ Mörlbach
Schäftlarn
Ammersee
Andechs ★★★★★
Possenhofen ★★
Berg ★★★
Dießen ★★★★★
★ Tutzing
Pähl ★★★
Aufkirchen ★★★
★★★★ Wolfratshausen
Bernried ★★★★
Starnberger See
Loisach
Geretsried ★★
Eurasburg ★★

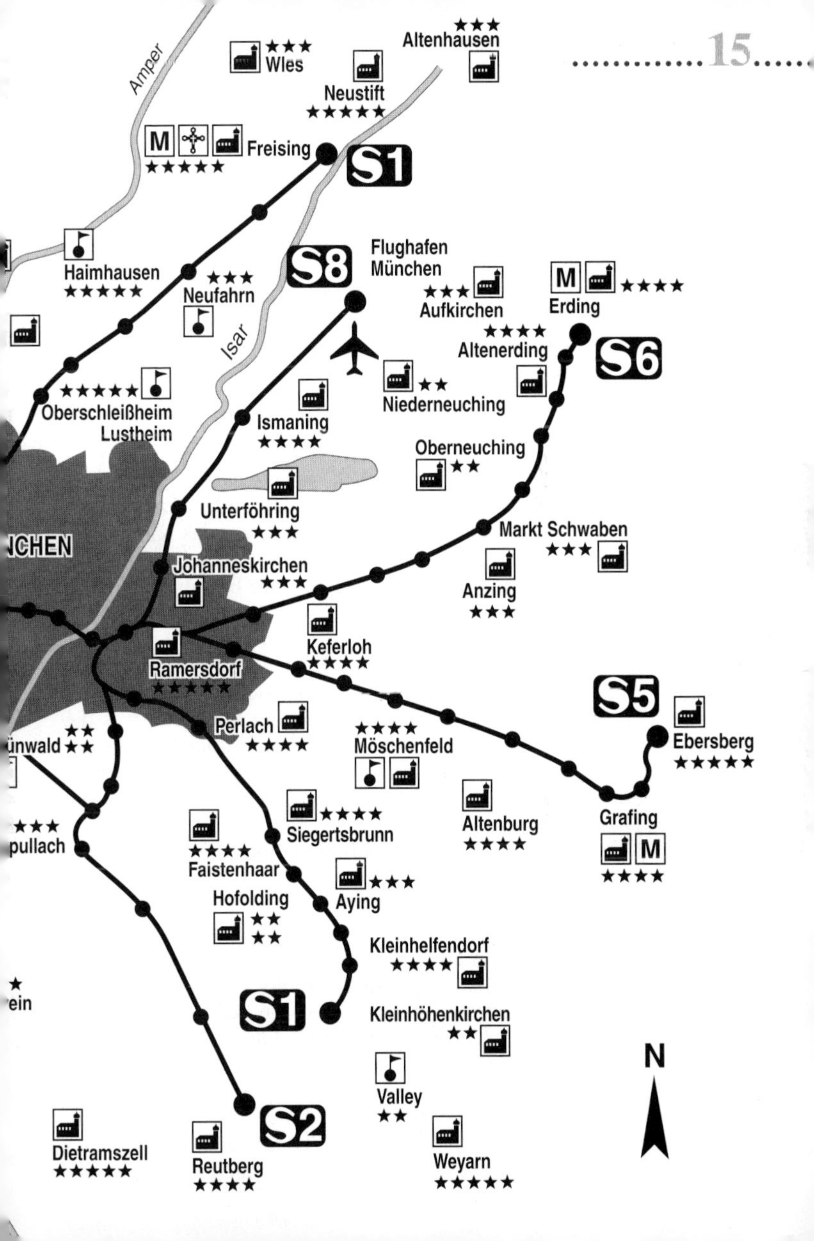

Amper
Wies
Altenhausen
Neustift
M
Freising
S1
Haimhausen
Neufahrn
S8
Flughafen
München
Isar
Aufkirchen
M
Erding
Altenerding
S6
Oberschleißheim
Lustheim
Ismaning
Niederneuching
Oberneuching
Unterföhring
Markt Schwaben
NCHEN
Johanneskirchen
Anzing
Keferloh
Ramersdorf
S5
Ebersberg
Perlach
Möschenfeld
ünwald
Siegertsbrunn
Altenburg
Grafing
M
pullach
Faistenhaar
Hofolding
Aying
Kleinhelfendorf
ein
S1
Kleinhöhenkirchen
N
Valley
S2
Dietramszell
Reutberg
Weyarn

1 Mit der S5 nach Herrsching

Abfahrt in München: mit der S5 in Richtung Herrsching, fahren bis Herrsching. Die Züge fahren alle 20 bzw. 40 Minuten. Fahrzeiten im amtlichen Fahrplan.
Fahrpreise für die Hin- und Rückfahrt: München–Herrsching und zurück = zweimal 3 Zonen.
Fahrzeit: einfache Fahrt ca. 47 Minuten.

Durchs Kiental auf den »heiligen Berg« Andechs

Die Kientalstraße von Herrsching nach Kloster Andechs wurde erst im Jahre 1853 gebaut. Vorher war das Waldgelände unzugänglich und unwirtlich. Den Erlingern und Andechsern war das Kiental ein bequemer Abflußgraben für ihre Abwässer. Inzwischen ist ein Kanal verlegt worden, die schmale Kientalstraße hat ihre Bedeutung für die Holzabfuhr, für die Pilger, Klosterbesucher und Wanderer.

In diesem Tal, das mit Kiefern bewachsen war (daher der Name), lebte einst die »Kuttermirl«, eine fromme Einsiedlerin, in einer Höhle. Kaum jemand hat sie zu Lebzeiten je zu Gesicht bekommen. Sie ernährte sich in dem unzugänglichen Waldgebiet von dem, was die Natur ihr gab. Nach ihrem Tode soll sie in Erling in der Wildnis begraben worden sein. Die Kuttermirl war längst vergessen, als man beim Straßenbau wieder an sie erinnert wurde. Man fand nämlich die legendäre Höhle und einige ihrer Habseligkeiten. Darunter einen Totenschädel, vor dem sie ihre Betrachtungen über die Vergänglichkeit des irdischen Daseins gehalten haben soll.

Der Weg ins Kiental ist heute gepflegt und wirkt einladend freundlich. Auf hölzernen Brücken überquert man mehrmals den Bach. Und bald kommt man an jenen Felsen mit der Höhle der Kuttermirl. Im Volksmund heißt der mächtige Nagelfluhblock »Teufelskanzel«. Da taucht schon hoch oben aus dem Wald die Klosterkirche von Andechs auf. Ein schöner Kontrast zum Dunkel des Tales. 177 Meter erhebt sich der Berg über dem See, auf dem die einst bekannteste und größte Wallfahrt Deutschlands zu Hause ist.

Wir wandern den steilen Hang hinauf und erfrischen uns oben im Klosterstüberl an einem kühlen Bier. Wir sind auf dem »heiligen Berg«. Jetzt versteht man, daß seine besondere Lage einst die mächtigen Grafen von Andechs zum Bau einer Burg und später die Mönche zum Ansiedeln veranlaßt hat. 60 Meter hoch ist der schlanke Turm der Klosterkirche. Der etwas abenteuerliche Aufstieg lohnt sich, oben hat man eine herrliche Aussicht auf den Ammersee und auf die Berge der Bayerischen Alpen. Das Kiental steht heute unter Naturschutz.

Wandern

Route 1: *Vom Bahnhof Herrsching durch das Kiental zum Kloster Andechs und auf gleichem Weg wieder nach Herrsching zurück. 7 km. Einige Anstiege. Auch für größere Kinder geeignet.*

Vom Herrschinger Bahnhof geht es zunächst auf der Kienbachstraße in die östliche Richtung, dann rechts über den Bach und auf der Fischergasse links ins Herrschinger Ortszentrum. Hier folgen wir der Mühlfelder Straße ein paar Schritte nach rechts, zweigen gleich wieder auf der Abertstraße links ab, folgen schräg links dem Wegweiser nach Andechs, wandern links an der hochgelegenen St.-Martins-Kirche vorbei, schließen uns rechtsgerichtet der Kientalstraße an und nehmen bei der nächsten Wegteilung das schräg links weiterführende und nach Andechs beschilderte Sträßchen, das wenig später die Ortschaft verläßt und ins waldschattige, romantische Tal des Kienbachs eintaucht.

Nach etwa 1,5 Kilometern wird der teilweise hoch über dem Bachgrund dahinführende, mäßig ansteigende Weg linksabbiegend auf einem Treppensteig verlassen (keine Markierung!), der zügig an Höhe gewinnt und oben auf einen querenden Fußweg trifft, dem nach rechts gefolgt wird. Anschließend geht es rechts um die Andechser Klostermauer herum und links zu einer Wegkapelle und Wegkreuzung hinauf (für den Rückweg merken, siehe Route 2), bei der man linksgerichtet über eine Treppe zur Andechser Klosterkirche mit dem rechts darunter gelegenen Bräustüberl hinaufsteigt.

Die Rückkehr zum Herrschinger Bahnhof kann auf gleicher Route erfolgen.

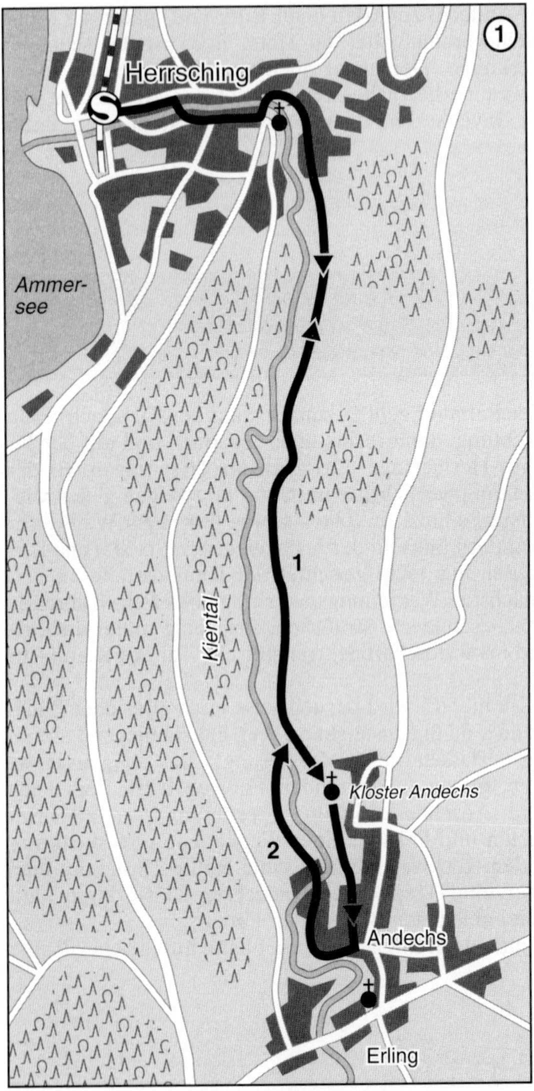
1
Herrsching
Ammer-
see
Kiental
1
Kloster Andechs
2
Andechs
Erling

Route 2: *Rückwegalternative zu Route 1 über Erling. 9 km.*

Als ebenso ansprechende Abstiegsalternative empfiehlt sich der Fußweg über Erling, der bei der oben genannten Wegkapelle unterhalb der Andechser Kirche (siehe Route 1) geradeaus (Wegweiser »Fußweg durchs Kiental nach Herrsching«) weiterführt, absteigend und stets geradeaus in südlicher Richtung (die rechts hinabführenden zwei Abkürzungsmöglichkeiten in Form einer Straße und eines Treppenabgangs bleiben unbeachtet!) zum Ortsrand von Erling kommt und hier vor dem Kienbach auf die Kientalstraße trifft, der man rechts folgt. Anschließend geht's wieder im Schatten von Laubwäldern durch das stimmungsvolle Kiental und schließlich auf der Eingangsroute zum Ausgangspunkt zurück.

Klostergeschichte in Stichworten

1080: In den Urkunden taucht erstmals das Wort Andechs als Anedehse auf. 150 Jahre vorher wird als Vertreter der Herren des Berges aber schon ein Graf Rasso genannt. Er starb als Heiliger im Jahre 954 in dem von ihm gestifteten Kloster von Grafrath.

Seit 1455 Benediktinerkloster, unterbrochen während der Säkularisation. Gotische Hallenkirche mit prachtvoller Rokokoausstattung. Johann Baptist Zimmermann, Elias Greither der Jüngere, Johann Baptist Straub, Hans Degler, Franz Xaver Schmädl und viele andere berühmte Künstler ihrer Zeit wirkten an der Innenausstattung mit. Im Hochaltar gotisches Gnadenbild Maria und Jesuskind mit Traube. (Ausführlicher Kirchenführer im Klosterladen erhältlich.)

Erling–Andechs: Auf der höchsten Erhebung am Ammersee. Wegen der Naturschönheit beliebte Sommerfrische. Schon die Römer hatten sich hier prächtige Villen gebaut.

✱ Bier aus Andechs

Der gute Ruf des Andechser Bieres ist nicht neu. Schon seit Jahrhunderten schätzen die Besucher des Heiligen Berges den frischen Kellertrank. Dazu gehörten auch die Schweden, die darüber beinahe den Krieg vergessen hätten. Und es will etwas heißen, wenn vor hundert Jahren der Münchner Professor Dr. Wittstein ohne jede Aufforderung im Juli 1875 ein Gutachten abgab, das dem Andechser Bier höchstes Lob ausspricht: »Durch Freundeshand erhielt ich vor kurzem« – so schreibt er – »mehrere Flaschen echtes Andechser Bier, dessen guter Ruf schon längst zu mir gedrungen war, ohne daß ich bis jetzt Gelegenheit gehabt hätte, es selbst zu kosten, und ich beschloß nun, dasselbe nicht nur physiologisch, sondern auch chemisch zu prüfen. Der physiologische Versuch, an mir und einigen anderen Personen angestellt, fiel bestens aus. Das Getränk schmeckt angenehm mild, nicht rauh und übermäßig bitter wie so manche andere auf Haltbarkeit berechneten Sommerbiere, und hinterließ bei keinem eine unangenehme Nachwirkung.

Die chemische Prüfung stieß auf nichts Fremdartiges oder gar Schädliches, sondern ergab, daß dieses Bier lediglich aus Gerstenmalz und Hopfen kunstgerecht bereitet worden ist.«

Bis zum Zweiten Weltkrieg wurden die Gäste auf dem Berg noch von den Mönchen bedient. Mit dem Ansturm der Touristen nach dem letzten Krieg freilich setzte sich nach und nach das weltliche Bedienungspersonal durch.

Daß der Berg schon vor dem Ersten Weltkrieg eine Fremdenattraktion war, erfahren wir von einem, der alle Wochen einmal durch das Kiental zum Stammtisch hinaufgewandert ist: Hermann Uhde-Bernays. Er berichtet: »Unsere Freitagsgesellschaft hielt das Wissen um den Labetrank sorgsam geheim. Der Lehrer von Herrsching, ein aufrechter, gebildeter Mann, der sich eifrig am Gespräch beteiligte, und der Bezirksarzt von Seefeld, klein, witzig und buchgelehrt, beide in Begleitung ihrer Frauen, haben wohl anfangs unser Eindringen in ihren Kreis nicht eben freundlich betrachtet. Aber bald entwickelte sich an dem Ecktische, an dem wir saßen, eine laute Unterhaltung, die erst mit der Schlußmaß um neun Uhr endete, worauf wir mit unseren Laternen in langem Zuge heimkehrten. Oft kam der Pater Prior zu uns und lächelte nachsichtig, wenn der Doktor allzu weltliche Anekdoten einflocht.«

Wenn es auch heute im Bräustüberl nicht mehr ganz so idyllisch zugeht, so gibt es immer noch den zünftigen Stammtisch, von dem –

gottlob – kaum jemand etwas weiß, und die alte Gemütlichkeit lebt noch immer fort.

Die Geschichte der Brauerei in Stichworten: Bei der Klostergründung 1455 hat die Brauerei wahrscheinlich schon bestanden, ihr Ursprung ist noch nicht genau erforscht. Im Jahre 1669 verheerender Brand: Wirtschaftsgebäude mit Bäckerei und Brauerei werden vordringlich wieder errichtet. 1787: Das Sudhaus wird modernisiert, um den Holzverbrauch zu reduzieren. 1871 wird die Bierproduktion auf Dampfbetrieb umgestellt. Letzte Modernisierung nach dem Zweiten Weltkrieg. Die Anlagen unter dem heutigen Bräustüberl und der Terrasse sind teilweise tief in den Felsen hineingebaut worden.

Das alte Bräustüberl, in dem auch das Bild von Grützner »Die Bierprobe« entstand, lag etwas näher am Kloster, bei dem überwölbten Durchgang. Bei Überfüllung und bei besonderen Anlässen wird die »Grütznerstube« noch heute geöffnet. Die große Gästeterrasse im Osten entstand nach dem Ersten Weltkrieg.

Wissenswertes über Herrsching und den Ammersee: Tour 7, Tour 14, Tour 20.

Einkehr am Weg

Klosterbräustüberl: Kloster Andechs. Terrasse.
Klostergasthof: Kloster Andechs. Biergarten.

2 Mit der S6 nach Tutzing

Abfahrt in München: mit der S6 in Richtung Tutzing, fahren bis Tutzing. Die Züge fahren alle 20 bzw. 40 Minuten. Fahrzeiten im amtlichen Fahrplan.
Fahrpreise für die Hin- und Rückfahrt: München–Tutzing und zurück = zweimal 3 Zonen.
Fahrzeit: einfache Fahrt ca. 48 Minuten.

Berühmte Aussichtskanzel über dem Starnberger See

711 Meter hoch ist die Ilkahöhe in der Nähe von Tutzing und eigentlich, geologisch ausgedrückt, eine »Jungmoräne«, die in der Eiszeit entstanden ist.

Einzigartig schön ist die Aussicht an klaren Sommertagen von der Höhe aus auf die umliegende Voralpenlandschaft. Über den Starnberger See mit dem Karpfenwinkel zwischen Tutzing und Bernried hinweg, über sanfte Mulden und kleine Täler, bewaldete Höhenzüge, Wiesenhänge und aus dem Grün aufragende Kirchtürme kann das Auge 200 Kilometer von Ost nach West an der Alpenkette entlangstreifen – vom Wilden Kaiser bis zu den Allgäuern. Der Reiz dieser Landschaft liegt in der gewellten Vielfalt, in ihren unerschöpflichen Grünschattierungen, in ihrem Wechsel von Wiesen und Mischwäldern, in ihrem sanften Schwung: ein herrlicher, weiter Park.

Diese Landschaft ist in vielen Millionen Jahren entstanden. Vor 100 Millionen Jahren erst begannen sich die Alpen aus einem Meer zu erheben, vor 60 Millionen Jahren nahmen sie in etwa ihre heutige Form an, die nördlichen Kalkalpen folgten »erst« vor 30 Millionen Jahren. Das Alpenvorland ist noch sehr viel jünger. Auf die Donaueiszeit vor 700000 Jahren folgten vier weitere Großeiszeiten, die nach den Flüssen benannt sind, in deren Tälern sich die Eismassen von den Alpen her vorschoben: die Günzeiszeit vor 650000 Jahren, die Mindeleiszeit vor 450000 Jahren, die Rißeiszeit vor 200000 Jahren, die Würmeiszeit, die als letzte vor etwa 10000 Jahren ihren Abschluß fand.

Aus dieser letzten Eiszeit stammen die »Jungmoränen«, eine davon ist die Ilkahöhe. Ein schöner Überblick über die Landschaft läßt sich von hier gewinnen. Man sieht, daß der Starnberger See kaum einen nennenswerten Zufluß hat. Früher einmal floß die Loisach durch ihn. Trotzdem bleibt der durchschnittliche Wasserstand des Sees erhalten. Dafür sorgen neben kleineren Bächen vor allem unterirdische Quellen. Der See verlandet auch kaum, weil kein Gewässer aus dem Gebirge Geröll in ihm abladen kann.

Wandern

Route: *Vom Bahnhof Tutzing zum Deixlfurter See, zur Ilkahöhe und wieder nach Tutzing zurück. 9 km. Einige Anstiege. Erst für größere Kinder geeignet.*

Vom Tutzinger Bahnhof wandern wir auf der Bahnhofstraße zuerst links vor, dann im Rechtsbogen der Bahnhofstraße auf der Heinrich-Vogl-Straße geradeaus weiter, unterqueren im Linksbogen die Bahn und marschieren anschließend auf der Heinrich-Vogl-Straße rechts weiter. Als nächstes überqueren wir die Kustermannstraße und tref-

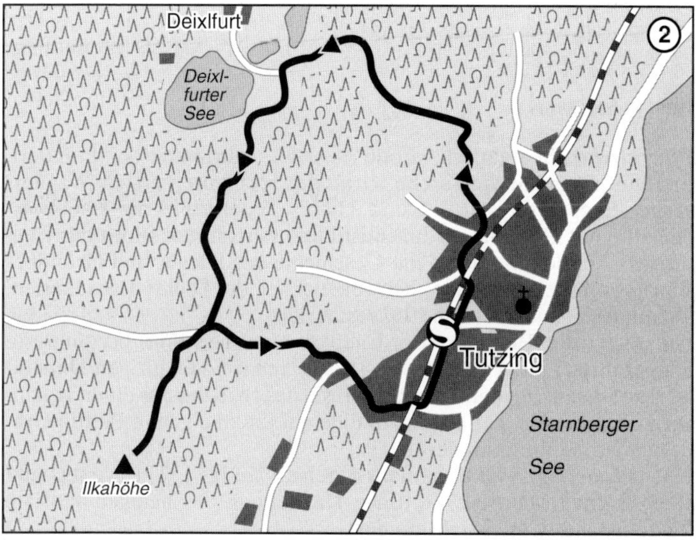

fen auf die Traubinger Straße, der wir linksgerichtet folgen. Die Straße steigt in nordwestlicher Richtung zügig an. Auf der Höhe wird die Ortschaft verlassen und ein Wiesengelände durchquert.

Dann geht es linksabzweigend in Richtung Deixlfurt und zum Deixlfurter See neben dem gleichnamigen Gut. Kurz vor dem Deixlfurter See schwenken wir, bei der ersten und gleich darauf folgenden zweiten Straßenteilung jeweils linkshaltend, in die südliche Richtung, wandern links am malerischen Moorgewässer vorbei, durchqueren ein Nadelgehölz und treffen auf die (geteerte) Kustermannstraße, der wir nur ein paar Meter nach rechts folgen, weil gleich wieder links der markierte Wanderweg zur Ilkahöhe abzweigt. Der Waldweg trifft als nächstes auf die Monatshauser Straße, von der man, kurz rechts hinauf, dann auf einem Wiesenweg links, zur Ilkahöhe am Südende des Höhenzugs gelangt, wo die Anstiegsmühe durch einen umfassenden Ausblick belohnt wird.

Für den Rückweg benutzen wir die erwähnte Monatshauser Straße, der wir nach rechts folgen. Die Straße führt nach Tutzing hinab und mündet hier in die Lindemannstraße, der wir geradeaus folgen. Anschließend unterqueren wir die Bahn und wandern schließlich auf dem linksabbiegenden Schönmoosweg wieder zum Tutzinger Bahnhof zurück.

☛ Sehenswert

Pfarrkirche: Spätgotisch, Ende des 18. Jahrhunderts verändert. Friedhof rings um die Kirche, Grab des berühmten ersten Wagnersänger-Ehepaares Heinrich und Therese Vogl (links am Friedhofseingang) mit Grabmal im Jugendstil und Porträtmedaillons des Ehepaares. – In der Kirche ist die Geschichte der Pfleger und Grundbesitzer von Tutzing in Epitaphen verzeichnet: der Dichtl, Götzengrien, Heimhausen und Vieregg. 1953 restauriert.
Gut Deixlfurt: Ehemals vom Ehepaar Vogl bewohnt, berühmteste Sänger ihrer Zeit. Von 1869 bis 1879 waren sie die einzigen Darsteller des Tristan und der Isolde. Therese, das 16. Kind aus einer Tutzinger Lehrerfamilie, ritt als Brünnhilde auf ihrem eigenen Pferd »Grane« in der »Götterdämmerung«.
Oberzeismering: Sankt-Nikolaus-Kirche, 1723 bis 1773 erweitert und 1957/58 gut restauriert. Gotische Darstellung des heiligen Florian, Madonna aus dem 18. Jahrhundert.

Berühmte Leute in Tutzing

Georg Ebers (1837 bis 1898), Ägyptologe und Verfasser spannender archäologischer Romane, lebte in Tutzing.
Ina Seidel, geboren 1885 in Halle/Saale, gestorben 1974, verlebte hier ihre Kindheitsjahre. Sie gehört mit ihren psychologisch tiefsinnigen Romanen mit historischem Hintergrund zu den bedeutendsten Schriftstellerinnen ihrer Generation.
Wilhelm Hausenstein, nach dem Krieg der erste deutsche Botschafter in Paris, schrieb als Kunsthistoriker und Essayist in Tutzing seine besten Bücher.
Johannes Brahms verbrachte den Sommer des Jahres 1873 in Tutzing. Hier schrieb er die »Haydn-Variationen« und vollzog mit ihnen den Übergang zum Symphoniker. Nach ihm ist die »Brahms-Promenade« am Seeufer benannt. An ihn erinnert auch ein Gedenkstein.
Elly Ney, Pianistin, geboren 1882, gestorben 1968, lebte Jahrzehnte in Tutzing und wurde zur Ehrenbürgerin der Gemeinde ernannt. Sie begründete im Alter von 75 Jahren die Tutzinger Musiktage. Sie finden seitdem alljährlich im Spätsommer statt. An der Brahms-Promenade wurde für sie ein Gedenkstein errichtet.
Ludwig Hoelscher (1907 bis 1996), Cellist, lebte ebenfalls jahrzehntelang in Tutzing und wurde wie Elly Ney zum Ehrenbürger der Gemeinde ernannt. Er gründete mit Elly Ney die Tutzinger Musiktage.
Mehr über Tutzing: Tour 8.

Einkehr am Weg

Forsthaus Ilkahöhe: Terrasse, Biergarten. Schöne Aussicht.
Zum Bauerngirgl: In Unterzeismering. Bayerische Küche, Garten, Metzgerei.

3 Mit der S1 nach Kreuzstraße

Abfahrt in München: mit der S 1 in Richtung Kreuzstraße, fahren bis Kreuzstraße. Die Züge fahren alle 20 bzw. 40 Minuten. Fahrzeiten im amtlichen Fahrplan.
Fahrpreise für die Hin- und Rückfahrt: München–Kreuzstraße und zurück = zweimal 3 Zonen.
Fahrzeit: einfache Fahrt ca. 43 Minuten.

✶ Stille Wege im Mangfallgrund

Münchens Trinkwasser ist, wie weithin bekannt, von hervorragender Qualität. Unsere Tour führt mitten hinein in das Quellgebiet der Münchner Trinkwasserversorgung, in die wildromantische Landschaft am Mangfallknie.

Gut 30 Kilometer nur sind es vom S-Bahnhof Kreuzstraße bis ins Zentrum der Münchner Innenstadt. Und doch ist die Landschaft in ihrem ursprünglichen ländlichen Charakter erhalten geblieben. Freilich, einen gewissen Tribut hat die Großstadtnähe bereits gefordert: Aus den einst gemischtwirtschaftlichen Betrieben der ansässigen Landwirtschaft sind heute reine Viehwirtschaftsbetriebe geworden. Man erkennt dies leicht daran, daß man weit und breit keine Felder findet, nur Wiesen und Weiden. Nur eine einzige Industrieanlage gibt es im Mangfallgebiet, das Leitzach-Kraftwerk, in dem jährlich über 100 Millionen Kilowattstunden Strom erzeugt werden.

Die Landschaft, die wir nach dem Aussteigen aus der S-Bahn durchwandern, ist uraltes Siedlungsland. Die größten Orte werden hier bereits im 8. und im 9. Jahrhundert erwähnt. Es waren Haufendörfer, deren Namen zum Teil auf -ing enden. Bajuwarische Siedlungen, keltische Wohnplätze oder Stationen an der Römerstraße Salzburg–Augsburg waren in einigen Fällen Ursiedlungen der heutigen Orte. Auf den Höhen am tief eingeschnittenen Mangfalltal errichtete man wegen der guten Schutzwirkung schon sehr bald wehrhafte Burgen, so in Weyarn, Valley oder Altenburg.

Hervorstechender Punkt in der Landschaft ist der Taubenberg, den wir auf unserer Wanderung im Süden bis zu einer Höhe von über 800 Metern aufsteigen sehen. An seinem Fuße überquert die Salzburger Autobahn auf einem imposanten Straßenbauwerk das Mangfalltal:

68 Meter hoch und 319 Meter lang ist die Mangfallbrücke. Also: Wandern wir hin zu den Quellen der Münchner Wasserversorgung, die seit dem Jahre 1883 gefaßt sind.

Wandern

Route: *Vom Bahnhof Kreuzstraße zur Grubmühle und Mangfall, dann über Kleinhöhenkirchen, Sonderdilching, Valley, Aumühle, Anderlmühle und Hohendilching wieder zum S-Bahnhof Kreuzstraße zurück. 12 km (Abkürzung 7,5 km). Einige steilere Anstiege. Wenn überhaupt, dann nur für wandergeübte, ältere Kinder geeignet.*

Vom Bahnhof Kreuzstraße wandern wir zuerst rechts vor zur Fahrstraße, überqueren rechts die Bahnschienen und folgen gleich danach dem links abzweigenden, für den Verkehr gesperrten Fußweg, der rechts des Bahndamms bergab führt und im langgezogenen Rechtsbogen im Talgrund in die östliche Richtung führt. Nach einiger Zeit unterquert der schmale Wanderweg (feuchte Wegstellen bei Naßwetter!) eine Rohrbrücke und geht anschließend in ein breiteres Forststräßchen über. Als nächstes treffen wir bei der Grubmühle auf eine Fahrstraße (links hinauf käme man mit einem 350-Meter-Abstecher zum Brotzeitstüberl Wurmsam), der wir schräg rechts folgen. Die Straße führt links an einem Wohnhaus vorbei, überquert anschließend im Rechtsbogen die Mangfall und schwenkt in die südliche Richtung. An einem Baubetrieb wird ebenfalls links vorbeigewandert.

Dann geht's leicht bergan und im Linksbogen der Straße in Richtung Breitmoos schräg rechts weiter. Nach etwa 500 Metern treffen wir auf ein einzelnes Gebäude, das wir rechts liegen lassen. Der nachfolgende Waldweg steigt leicht an und trifft nach einiger Zeit auf eine Wegteilung, bei der man im Sinne der Großroute links und in Serpentinen zuerst zum Mangfall-Hochufer, dann auf einem Wiesenweg und rechts an einer Wegkapelle vorbei nach Kleinhöhenkirchen hinaufsteigt. Hier geht's rechtshaltend in die südliche Richtung weiter und auf einer Fahrstraße nach Sonderdilching, wo abermals rechtsgerichtet die Straße nach Valley abzweigt.

Die Straße senkt sich kurvenreich zum Mangfallgrund, überquert das temperamentvolle Gewässer und trifft unmittelbar danach auf

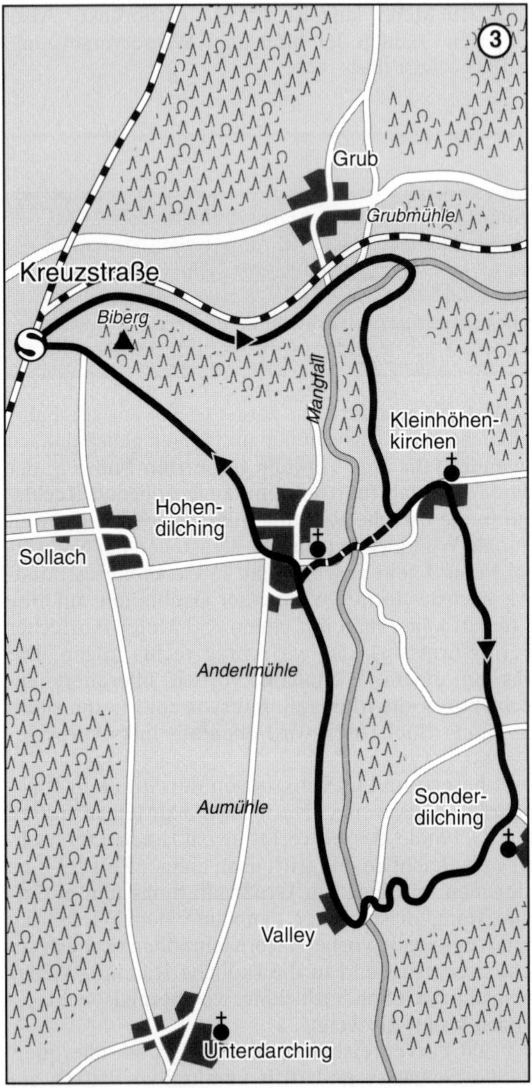
3
Grub
Grubmühle
Kreuzstraße
Biberg
S
Mangfall
Kleinhöhen-
kirchen
Hohen-
dilching
Sollach
Anderlmühle
Aumühle
Sonder-
dilching
Valley
Unterdarching

die rechts abbiegende Zufahrtstraße zur Aumühle, der wir in die nördliche Richtung folgen. Unser Wanderweg zieht sehr idyllisch am westlichen Mangfallufer dahin, kommt als nächstes zur Anderlmühle und steigt anschließend nach Hohendilching hinauf, wo das Gasthaus Vordermaier zu einer Brotzeitpause einlädt. In Richtung Kreuzstraße wandern wir links zu einer Fahrstraße hinüber, der wir uns rechtsgerichtet anschließen. Die kaum befahrene Autotrasse schwenkt in die nordwestliche Richtung, führt zunächst über freies Feld, taucht später in den Wald ein und trifft kurz vor Kreuzstraße auf die bereits bekannte breite Teerstraße, neben der man rechtsgerichtet wenig später wieder zum Ausgangspunkt gelangt.

7,5-km-Alternative: Die Großrunde läßt sich wesentlich abkürzen, wenn man bei der Waldwegteilung südlich von Grubmühle (siehe oben) nicht links und auf dem Serpentinenweg nach Kleinhöhenkirchen hinaufsteigt, sondern schräg rechts zur Mangfallbrücke weiterwandert und nach der Flußüberquerung vor Hohendilching zur Großrunde aufschließt.

☛ Wissens- und sehenswert

Grubmühle: Hier endet das tief eingeschnittene Trockental des Teufelsgrabens. Durch dieses Tal flossen einst die Schmelzwasser des letzten Isargletschers.

Kleinhöhenkirchen: Eine alte Bauernwallfahrt. Die der hl. Maria geweihte Kirche wurde im Jahre 1770 vollendet. Sie gehörte einst zum Kloster Weyarn. Anton Höttinger schuf im Jahre 1773, kurz nach Fertigstellung des Baues, die Deckengemälde. Votivtafeln aus dem 18. und 19. Jahrhundert.

Sonderdilching: Hier stand einmal eine Burg. Die kleine Kirche ist Sankt Michael geweiht. Netzgewölbe im spätgotischen Schiff aus dem Jahre 1496. Im Altarraum der Kirche steht eine wertvolle spätgotische Madonna.

Valley: Noch heute sind die Grafen von Arco-Valley die Besitzer des eindrucksvollen Schlosses. Heute ist in dem Bau aus dem Jahre 1740 eine Brauerei untergebracht. Im Vorhof ein römischer Meilenstein (Kopie, Original in München). Der Stein wurde laut Inschrift bereits im Jahre 201 aufgestellt. Hier kann man einen kurzen Abstecher – vier Kilometer – nach Weyarn machen.

Weyarn: Bekannt durch seine sehenswerte Augustiner-Klosterkirche. Johann Baptist Zimmermann stattete sie im Jahre 1729 reich mit

Stuck und Fresken aus. Ignaz Günther schuf die eindrucksvollen Rokoko-Plastiken. – Aussichtspunkt Weyarner Lindl: Sehr schöne Rundsicht ins Mangfalltal, zum Seehamer See, zum ehemaligen Kloster Weyarn, zum Taubenberg, zur Autobahnbrücke, nach Darching, Holzkirchen und in den Hofoldinger Forst. Bei Föhn kann man die Chiemgauer Berge sehen, die Allgäuer Berge und sogar den Hohenpeißenberg.
Hohendilching: Kleine Kirche Sankt Andreas aus dem Jahre 1640. Sehr schöner Talblick vom Friedhof aus.
Altenburg: Das Schloß entstand als Burg im 13. Jahrhundert. Es gehörte einmal den Reichsfreiherren von Maxlrain-Hohenwaldeck. Die Burg ging aus einer Befestigungsanlage der Faganen hervor. Ringwall und Graben sind südlich von Altenburg noch heute erkennbar.

Mehr über das Mangfallgebiet: Tour 9, Tour 16.

Einkehr am Weg

Gasthaus Vordermaier: Hohendilching.
Bartewirt: Kreuzstraße-Valley.

4 Mit der S 1 nach Aying

Abfahrt in München: mit der S 1 in Richtung Kreuzstraße, fahren bis Aying. Die Züge fahren alle 20 bzw. 40 Minuten. Fahrzeiten im amtlichen Fahrplan.
Fahrpreise für die Hin- und Rückfahrt: München–Aying und zurück = 2 Zonen.
Fahrzeit: einfache Fahrt ca. 36 Minuten.

✶ Wanderfreuden und Brotzeitgenüsse

»Das Schönste an München ist der Weg nach Aying« wirbt die Brauerei am Ort, und es gibt Münchner, die sich darüber ärgern, weil doch die bayerische Biermetropole nach wie vor München heißt. Und doch: Der Weg nach Aying ist schön, und in Aying ist's schön. Da wird noch altbayerische Gemütlichkeit gepflegt. Das Bier schmeckt herrlich zu einer kräftigen Brotzeit, und zu sehen gibt es auch einiges.

Man kann einen Blick in die alten Brauereigebäude tun, die Pfarrkirche besuchen und im Ort wie »in der guten alten Zeit« spazierengehen, um zu sehen und gesehen zu werden. Aying ist einen Ausflug wert, zumal es sich in der unmittelbaren Umgebung angenehm wandern läßt. Die Wege sind gut ausgebaut, man kann sich kaum verlaufen. Und wenn man sich doch einmal geirrt hat, möge einen trösten, daß am Ende doch wieder alle Wege nach Aying führen. Sogar eine Ayinger Bierwanderkarte wurde herausgegeben, wohl in der Erkenntnis, daß der Appetit erst recht nach einer längeren Wandertour kommt. Wollen wir es einmal ausprobieren!

Zwei Wandertouren sind vorgeschlagen. Sie lassen sich beliebig variieren. Beide führen über saftige Weiden und durch schattige Wälder. Der richtige Hunger und ein beachtlicher Durst stellen sich dabei ganz von selber ein.

Wandern

***Route 1:** Vom Ayinger Bahnhof über Graß nach Kaltenbrunn und wieder nach Aying zurück. 7 km. Auch für ältere Kinder geeignet.*

Vom Ayinger Bahnhof wandern wir zunächst auf der Bahnhofstraße in östlicher Richtung zur Ortsmitte. Schräg links, dann wieder rechtshaltend, kommen wir zum efeuumrankten renommierten Brauereigasthof Aying, an dem wir auf der Fahrstraße links vorbeispazieren. Wenig später zweigt rechts der Lindacher Weg von der Fahrstraße ab, der in nordöstlicher Richtung über freies Feld zum Wald hinführt. Kurz nach dem Waldeingang werden eine Marienstatue, eine Wegkapelle und ein Marterl passiert. Danach schwenkt der Weg, bei den folgenden Wegteilungen jeweils rechtshaltend, in die südliche Richtung. Kurz vor dem Waldausgang zweigt links ein Waldweg ab, der ansteigend zu einem Querweg gelangt, auf dem man rechtsgerichtet, dann im Linksbogen nach Graß kommt. Hier geht es rechts zum südlichen Ortsausgang und gleich danach auf einer Querstraße abermals rechts weiter. Wir passieren die Häuser von Kaltenbrunn und spazieren noch für einige Zeit in die westliche Richtung. Auf der Höhe einer Starkstromleitung zweigt schräg rechts ein Waldweg ab, der in die nordwestliche Richtung führt und bald wieder auf eine Straße trifft, der man rechtsgerichtet folgt. Schließlich treffen wir wieder in Aying ein, wo wir auf der Kaltenbrunner Straße und Oberen Dorfstraße zur Kirche und zum Dorfzentrum gelangen. Der Rest bis zum Bahnhof ist uns bereits vom Herweg geläufig.

***Route 2:** Vom Bahnhof Aying zum Hofoldinger Forst und auf der Trasse einer alten Römerstraße wieder nach Aying zurück. 8 km. Für ältere Kinder geeignet.*

Vom Ayinger Bahnhof geht es zuerst rechtsgerichtet zu den Parkplätzen, dann auf einem geteerten Weg zur Rosenheimer Straße und auf dieser scharf rechts zurück über die Bahnschienen. Etwa 200 Meter nach der Bahnüberquerung zweigt links ein Feldweg ab, der westwärts auf den Hofoldinger Forst zusteuert. Nach einem knappen Kilometer ist der Wald erreicht. Anschließend wandern wir etwa 1,5 Kilometer in gleichbleibender, also westlicher Rich-

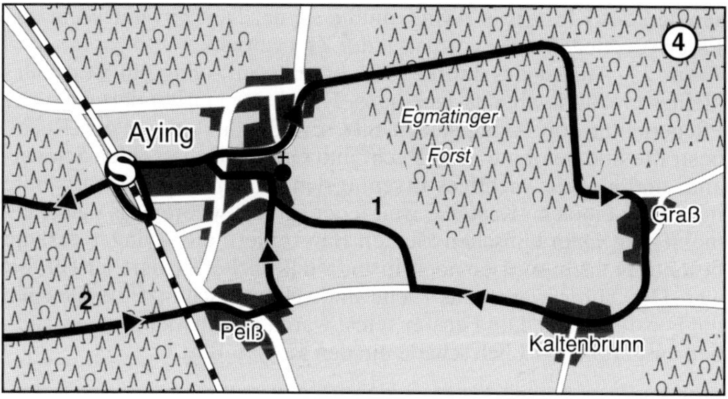

tung bis in Sichtweite der Hofoldinger Fahrstraße, vor der, schräg links zurück, die überwachsene Trasse einer alten Römerstraße abzweigt.

Auf dieser kommen wir in nordöstlicher Richtung zur »Römersiedlung«, von der wir auf einem Teersträßchen schräg links über freies Feld nach Peiß marschieren. Hier geht's nach der Bahnüberquerung zuerst zur Durchgangsstraße und auf dieser rechts durch den Ort, dann auf dem links abzweigenden Grasser Weg zum nordöstlichen Siedlungsrand, wo links ein Feld- und Wiesenweg abbiegt, der nordwärts wieder nach Aying führt. Dort kehren wir, auf der Kaltenbrunner Straße, Oberen Dorfstraße und Bahnhofstraße jeweils linkshaltend (siehe Route 1), schließlich wieder zum Bahnhof zurück.

Die Bernrieder verliehen das Zapfrecht

Die Taverne und das Zapfrecht verliehen den Ayingern die Pröpste des Klosters Bernried. Das kam daher, weil der Propst des Klosters Bernried im Jahre 1459 die Hofmark Aying, ein herzogliches Lehen, aufkaufte. In einer alten Urkunde kann man das Kaufverfahren nachlesen. Darin heiß es unter anderem: »Die Bernrieder Mönche kauften den Sedlhof zu Aying mit Dorfgericht, Wald und Tafernwirtschaft.« Der Abt des Klosters von Bernried war von da an auch der weltliche Gerichtsherr dieser Markung. Er holte sich von Aying Steuern, Grundzins und den Zehent. Weilten der Propst oder die Abgesandten des Klosters in Aying, mußte sie der Dorfwirt mit Wein und Essen verpflegen, »wie vormals jeder Zeit gewest«.

Am 27. August des Jahres 1921 brannte in Aying ein wertvolles kleines Gebäude ab: das Jacklhaus. Hier hatte jahrhundertelang der Pflegerichter von Aying seinen Sitz. Er sprach von hier aus Recht, bestrafte und belohnte nach Recht und Gesetz. Es gab einen Schwuraltar und als sehr wichtiges Inventar den Zehentkasten. Den nannte man ganz einfach »Kasten«, weil jeder im Ort wußte, was damit gemeint war. Dem hübschen kleinen Bau trauern die Ayinger deshalb besonders nach, weil er noch in mittelalterlicher Bauart ausgeführt war. Die Türen waren aus Eiche und schön geschnitzt, desgleichen die Fensterstöcke. Die Fenster selbst waren mit kleinen Butzenscheiben ausgefüllt. Wirklich schade um den kleinen Bau.

✶ Aus Ayings Ortsgeschichte

In Vagen bei Bruckmühl soll das Stammschloß des Geschlechts der Fagana gestanden haben. Aus diesem Hause kam eines Tages ein Edler namens Aygo hierher, um sich niederzulassen. Von ihm wird der Name Aying abgeleitet. Von der Pfarrei Aying hören wir zum ersten Mal im Jahre 780. Mehr über die Gründung der Pfarrei ist allerdings nicht bekannt. Bekannt ist nur, daß ein Diakon namens Uniko damals hier lebte. Im Jahre 1459 kaufte das Kloster Bernried die Ayinger Hofmark und war von nun an für das weitere Schicksal des Ortes verantwortlich. Seit dem Jahre 1632 trieben sich Kriegshorden durch die Gegend. 1634 brannte dabei auch die gotische Kirche ab. Eine neue Kirche wurde gebaut und im Jahre 1655 vollendet. Sie steht heute noch. Sie wurde dem heiligen Andreas geweiht. Kleine und große Zusammenstöße gab es in Aying immer wieder. Während des Dreißigjährigen Krieges wurden viele Ayinger bei kriegerischen Auseinandersetzungen getötet. 1634 kamen die Schweden, und im gleichen Jahr wütete in Aying die Pest. Die Schweden hinterließen deutlich ihre Spuren: Neben der Pfarrkirche wurden auch der Pfarrhof, die meisten Bauernhöfe und die Felder um Aying zerstört und verwüstet. Die Dorfbewohner konnten nur noch ihr nacktes Leben in den Wäldern ringsum retten.

In den alten Pfarrbüchern kann man nachlesen, daß in jenem Jahre in der Pfarrei 118 Personen durch kriegerische Ereignisse ihr Leben verloren. Ein Teil der Geflüchteten kehrte ebenfalls nicht mehr zurück, so daß der Ort nicht einmal mehr dreißig Personen zählte.

Aber die Ayinger gaben nicht auf. Sie taten sich zusammen und begannen mit dem Neuaufbau. Als erstes nahmen sie sich die Kirche vor. Acht Jahre nach dem Westfälischen Frieden stand der neue Bau bereits, und dazu errichteten sie auch einen Pfarrhof.

Nach ein paar Jahren der Ruhe und des friedlichen Aufbaues gab es wieder Krieg. Hatte schon der Spanische Erbfolgekrieg (1701 bis 1714) auch Aying Wunden geschlagen, so waren im Österreichischen Erbfolgekrieg (1740 bis 1748) vor allem die Panduren in Aying sehr gefürchtet. In der Kirche von Faistenhaar hängt ein altes Votivbild, auf dem die grausame Ermordung des Bauern Antonius Angerer im Jahre 1742 dargestellt wird. Und man kann sich leicht ausmalen, daß es damals manch anderen Dorfbewohnern ähnlich ergangen sein mag.

Ein halbes Jahrhundert später lagerten die Franzosen in Aying. Sie waren im Zuge der Napoleonischen Kriege (1796 bis 1809) hierher gekommen. Vier Wochen lang kampierte eine 100 Mann starke Abteilung mit Frauen und Kindern im Tal bei Kaltenbrunn. Sie lebten von Diebstahl und Raub.

Sehenswert auf dem Friedhof in Aying ist die Lamberti-Kapelle, die aus dem 15. Jahrhundert stammt.

Die St.-Nikolaus-Kirche von Peiß ist wahrscheinlich im Jahre 1365 erbaut worden.

Die Kolonie Kleinkarolinenfeld an der Landstraße nach Holzkirchen wurde im Jahre 1802 mit 15 Häusern, jeweils 200 Meter voneinander entfernt, gegründet. Benannt ist die Gründung nach der Königin Karoline von Bayern.

Einkehr am Weg

Kramerwirt: In Graß. Terrasse.
Gasthof »Zur Post«: In Peiß, Rosenheimer Landstraße. Traditionsreich, mit Garten.
Brauerei-Schänke: Aying. Biergarten.

5 Mit der S 1 nach Großhelfendorf

Abfahrt in München: mit der S 1 in Richtung Kreuzstraße, fahren bis Großhelfendorf. Die Züge fahren alle 20 bzw. 40 Minuten. Fahrzeiten im amtlichen Fahrplan.
Fahrpreise für die Hin- und Rückfahrt: München–Großhelfendorf und zurück = 3 Zonen.
Fahrzeit: einfache Fahrt ca. 40 Minuten.

✱ Zur Marterkapelle des hl. Emmeram

Das oberbayerische Land ist reich an herrlichen Barock- und Rokokokirchen, an bekannten und unbekannten Wallfahrten, an Legenden und Sagen aus längst vergangenen Jahrhunderten, aber auch an Ereignissen, von denen – obgleich sie sich vor 1000 und mehr Jahren ereignet haben – heute noch im Volke berichtet wird.

So wurde Kleinhelfendorf durch eine schreckliche Bluttat berühmt: Der Stein, auf dem der heilige Emmeram vor 1300 Jahren zu Tode gefoltert wurde, ist noch heute in der Marterkapelle von Kleinhelfendorf zu sehen.

Ein Juwel bayerischen Barocks treffen wir ein paar Schritte weiter an, die Pfarrkirche mit herrlichen Miesbacher Stukkaturen. Daneben der wundersame Brunnen, von dem erzählt wird, daß sein Wasser niemals versiegt und auch im kältesten Winter nicht gefriert. Die Geschichte des Brunnens wird auf einer langen Inschrift genau erläutert.

Beide Kirchen, gut renoviert, stehen in einer oberbayerischen Bilderbuch-Landschaft: Sanfte Hügel wechseln mit steilen Abbrüchen, Wälder mit dem saftigen Grün der Weiden. Und ganz plötzlich bietet sich in diesem schönen »Eiszeit-Garten« eine unvergeßliche Aussicht auf die nähere und weitere Umgebung.

Haben wir dann richtig Appetit bekommen, hier werden wir gut versorgt. Seit Jahrhunderten schon sind hier die Wirte auf den Besuch der Pilger aus nah und fern eingerichtet.

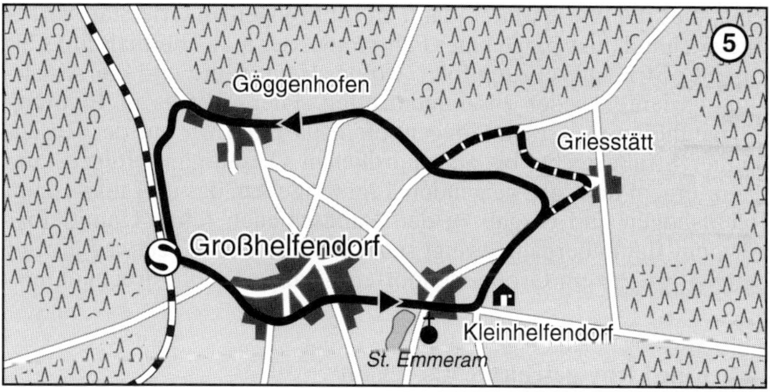

Wandern

***Route:** Vom S-Bahn-Haltepunkt Großhelfendorf nach Kleinhelfendorf und über Griesstätt und Göggenhofen wieder zurück. 6 km. Auch für größere Kinder geeignet bzw. interessant.*

Vom etwas abseits gelegenen Großhelfendorfer S-Bahn-Haltepunkt wandern wir auf der Bahnhofstraße in südöstlicher Richtung zur Ortschaft, folgen der Dorfstraße bis zur Rosenheimer Landstraße, die wir geradewegs in Richtung Kleinhelfendorf überqueren. Auf einem Gehweg neben der Kirchenstraße kommen wir als nächstes nach Kleinhelfendorf und zur Emmerams-Marterkapelle, die am Ortseingang gleich rechts der Straße steht. Nach dem Besuch der schönen Barockkirche mit der drastischen Martyriums-Darstellung geht es in Richtung Ortszentrum weiter. Unmittelbar vor der (ebenfalls sehr sehenswerten) Kleinhelfendorfer Pfarrkirche wird links abgebogen, links an der Kirche vorbeigewandert und gleich dahinter (gegenüber vom Gasthaus Oswald) dem rechts abbiegenden Teersträßchen gefolgt, das im Linksbogen und leicht ansteigend die Ortschaft verläßt und anschließend als Feld- und Waldweg in die nordöstliche Richtung führt.

Nach einiger Zeit stoßen wir auf einen Querweg, dem man sich zur Abkürzung gleich linksgerichtet anschließen könnte. Wer jedoch den Bogen über Griesstätt dranhängt, spaziert in gleichbleibender Richtung über die Wiese weiter, dann im Linksbogen an Griesstätt vorbei und nochmal links bis zu einer Fahrstraße, der man abermals links bis zu einer Straßenkreuzung folgt, wo die Hauptroute und die Abkürzungsvariante wieder zusammentreffen. Hier geht es in Richtung Göggenhofen weiter. In Göggenhofen spazieren wir auf der Rosenheimer Straße rechts bis zum nördlichen Ortsausgang, folgen kurz davor einem links abzweigenden Teersträßchen, das im Links-, dann Rechtsbogen und bergab zu den Bahnschienen führt. Unmittelbar vor dem Bahnübergang zweigt schließlich links ein Teerweg ab, auf dem wir wieder zur Großhelfendorfer S-Bahn-Station zurückkehren.

Eine Liebesgeschichte war schuld

Die Legende berichtet:
Der 22. September des Jahres 652 ist jener Tag, an dem der heilige Emmeram zu Tode gemartert wurde, als er sich auf einer Pilgerfahrt von Regensburg nach Rom befand. Die Ursache des Verbrechens war eine Liebesgeschichte.

Der junge Missionar Emmeram lebte am Hofe des Herzogs Theodo in Regensburg. Ota, die Tochter des Herzogs, hatte sich in dieser Zeit in einen jungen Mann namens Sigibald verliebt. Es entwickelte sich eine stürmische Liebe, die nicht ohne Folgen blieb: Ota wurde schwanger. Die jungen Leute waren verzweifelt. Wenn der Herzog davon erfahren würde, das wußten sie, mußten sie beide sterben.

In ihrer höchsten Not wandten sich Ota und Sigibald an Emmeram. Der hörte sich die Geschichte an und versprach, ihnen zu helfen. Sie sollten dem Herzog nur sagen, daß er, Emmeram, die junge Ota verführt habe. Das Mädchen tat es, und der Vater verzieh die Tat.

Otas Bruder Landebert hörte davon, und wütend schwor er, seine Schwester zu rächen. Er schwang sich auf sein Pferd und jagte dem inzwischen nach Rom aufgebrochenen Missionar Emmeram nach. In Kleinhelfendorf holte er ihn ein und quälte mit grimmiger Wut den gottesfürchtigen jungen Mann, der sich ihm mutig entgegenstellte, zu Tode. Auf dem Weg nach Aschheim erlag Emmeram seinen Verletzungen.

Bald kam die Bevölkerung aus der ganzen Umgebung herbei, um den tapferen Missionar zu verehren, und es entstand die große Emmeram-Wallfahrt von Kleinhelfendorf.

Wissens- und sehenswert

Großhelfendorf und Kleinhelfendorf liegen an der Grenze zwischen Münchner Schotterebene und südbayerischer Moränenlandschaft.
Der fränkische Missionar Emmeram hat auf seiner Reise nach Italien wahrscheinlich eine der alten Römerstraßen benutzt, die durch dieses Gebiet führen.
Die Marterkapelle des Heiligen wurde im Jahre 1752 errichtet. An der gleichen Stelle standen sehr viel früher Kapellen – die erste wohl sehr einfach –, die an St. Emmeram erinnerten.
In überlebensgroßen Figuren ist das Martyrium des heiligen Emmeram in der Marterkapelle von Kleinhelfendorf recht drastisch dargestellt. Emmeram liegt auf dem Marterstein an eine Leiter gefesselt. Kriegsknechte schlagen, hacken und stechen auf den Wehrlosen ein. Ihre Gesichter sind von Wut und Grausamkeit verzerrt. Die Gruppe, in Holz geschnitzt, wurde um das Jahr 1789 aufgestellt. Den Schöpfer des Werkes kennt man nicht.
Die Pfarrkirche von Kleinhelfendorf, im Jahre 1680 fertiggestellt, gehört zu den schönsten Barock-Dorfkirchen in ganz Oberbayern.
Die Kirche in Peiß ist dem heiligen Nikolaus geweiht. Sie dürfte schon im Jahre 1365 errichtet worden sein.
Nach Aying läßt sich von Groß- und Kleinhelfendorf ein kurzer Abstecher machen. Dort befindet sich der Sitz einer alten Brauerei.
Die »Taferne und das Zapfrecht« wurde den Ayingern durch die Pröpste des Klosters Bernried verliehen, nachdem sie die Hofmark Aying aufgekauft hatten. Damals mußte der Dorfwirt den Propst und die Abgesandten des Klosters Bernried in Aying mit Wein und Essen verpflegen, wenn sie hier weilten.
Vor 50 Jahren brannte in Aying ein kleines, geschichtlich wertvolles Haus ab: das Jacklhaus. Hier hatte jahrhundertelang der Pflegerichter von Aying seinen Sitz. Er sprach von hier aus Recht. In dem kleinen Haus gab es einen Schwuraltar und als sehr wichtiges Inventar den Zehentkasten.
Während der Schwedeneinfälle wurde fast ganz Aying zerstört; viele Bewohner wurden getötet. Die paar, die sich retten konnten, flohen in die nahen Wälder und versteckten sich.

Einkehr am Weg

Gasthaus Oswald: Kleinhelfendorf.

6 Mit der S6 nach Mühltal

Abfahrt in München: mit der S6 in Richtung Tutzing/Starnberg, fahren bis Mühltal. Die Züge fahren alle 20 bzw. 40 Minuten. Fahrzeiten im amtlichen Fahrplan.
Fahrpreise für die Hin- und Rückfahrt: München–Mühltal und zurück = zweimal 2 Zonen.
Fahrzeit: einfache Fahrt ca. 31 Minuten.

Alter Siedlungsboden und modernes Freizeitrevier

In eine der interessantesten und ursprünglichsten Landschaften des Münchner Umlandes führt die Wanderung vom Bahnhof Mühltal über Gut Rieden und Starnberg wieder nach Mühltal zurück. Am Anfang der mächtige Moränenriegel mit dem trutzigen Karlsberg bei Leutstetten, dem romantischen Flußlauf der Würm im Schatten des tiefen Taleinschnittes – am Ende die glitzernde weite Wasserfläche eines der schönsten oberbayerischen Seen, des Würm- oder Starnberger Sees.

Dazwischen: schattenspendende Wälder, stille Wege, saftige Weiden und, besonders bei Föhn, herrliche Ausblicke über die Weite des Wassers, die Hügelkette an dessen östlichem Ufer bis hinein in die bayerischen Berge in der so nah erscheinenden Ferne.

Ziel des Ausflugs mit der S-Bahn und Beginn der Wanderung ist der S-Bahnhof Mühltal. Die Rückfahrt erfolgt wieder vom Bahnhof Mühltal.

Die Bahnlinie, auf der die S6 zwischen München und Starnberg bzw. Tutzing verkehrt, wurde im Jahre 1854 eröffnet und später bis Gauting viergleisig ausgebaut. Mehr als 140 Jahre alt ist diese Linie also.

Staatliche Seeschiffahrt

(Fahrzeiten am Ufer-Steg und im MVV-Fahrplan)
Starnberg–Leoni–Starnberg; täglich, Fahrzeit: 45 Minuten.
Starnberg–Leoni; Fahrzeit: 22 Minuten.
Leoni–Starnberg; Fahrzeit: 23 Minuten.

Rundfahrten:
Starnberg–Seeshaupt–Starnberg; Fahrzeit: rund drei Stunden.
Tanzfahrt jeden Samstag; im Sommer, um 20 Uhr ab Starnberg.
Fahrpreise:
Große Rundfahrt Starnberg–Seeshaupt–Starnberg: ca. 20 Mark. Kinder von 4 bis 11 Jahren zahlen den halben Fahrpreis. Die Fahrkarten werden auf den Schiffen ausgegeben.

Wandern

Route: *Vom Bahnhof Mühltal über Herrgottsruh und Höllberg nach Starnberg und über Rieden wieder zurück. 9 km. Einige kleinere Anstiege. Für wandergeübte, ältere Kinder geeignet.*

Vom Bahnhof Mühltal gehen wir zunächst rechts vor zur Bahnunterführung, unterqueren rechtsgerichtet die Schienen und folgen anschließend dem abermals rechts abzweigenden, nach »Gauting« beschilderten Sträßchen, das bald im Linksbogen und leicht ansteigend in den Wald hineinführt (eine sehr früh besiedelte Gegend, wie die zahlreichen Funde von reich ausgestatteten Hünengräbern aus der Bronze- und Hallstattzeit beweisen, die man unter den kuppigen Erhebungen im Buchenwald ausgegraben hat).

Bei der anschließenden Wegteilung geht es linkshaltend weiter und in nordwestlicher Richtung zum kleinen Ziegelbau der Waldkapelle Herrgottsruh.

Hier wird bei der Wegkreuzung der links abbiegenden bequemen Forststraße gefolgt, die in südlicher Richtung nahezu eben dahinzieht, nach einiger Zeit eine Teerstraße überquert und nach sonnigen Abschnitten wieder in den schattigen Hochwald hineinführt. Dann zweigt schräg rechts ein Fußpfad ab (MVV-Markierung beachten!), der stimmungsvoll unterm Blätterdach dahinzieht, im Anschluß an die Überquerung einer Forststraße leicht ansteigt, teilweise nahezu weglos (stets die grünen MVV-Dreiecks-Markierungen im Auge behalten!) rechts am Höllberg (684 m) vorbeiführt (ein lohnender Aussichtspunkt mit See- und Gebirgsblick, der mit einem kurzen Abstecher schnell zu erreichen ist!), dann zur umzäunten »Schießstätte« am nördlichen Starnberger Stadtrand gelangt, an der man rechts vorbei zum Gasthaus Schießstätte wandert.

An diesem Punkt geht es auf der Hofbuchet- und Wernbergstraße

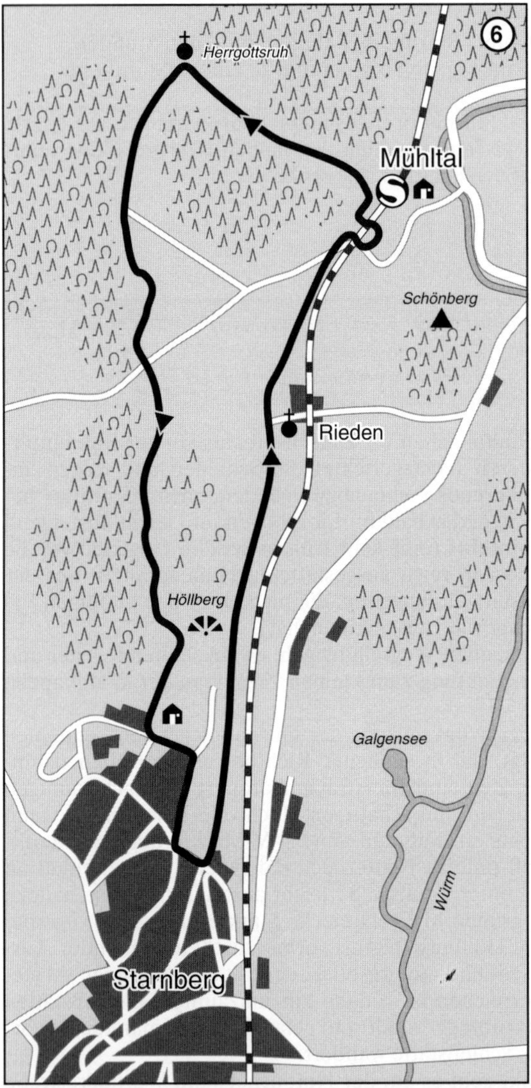
6
Herrgottsruh
Mühltal
Schönberg
Rieden
Höllberg
Galgensee
Würm
Starnberg

links hinab zur Josef-Sigl-Straße, der rechts gefolgt wird. Als nächstes wird links in den Riedener Weg eingebogen, auf dem wir Starnberg in nördlicher Richtung wieder verlassen. Nach einem Waldabschnitt kommen wir zur Golfanlage von Rieden. Ansteigend marschieren wir links am Golfplatz und Gebäudekomplex vorbei und zur kleinen, malerisch postierten Kirche hinauf, dann rechts am Friedhof vorbei und schließlich auf einer Teerstraße wieder bergab und zuletzt links der Bahnschienen zum Ausgangspunkt zurück.

Alternative: Wer mit der S-Bahn von Starnberg nach Mühltal zurückkehren möchte oder am Starnberger Seeufer einen Zwischenaufenthalt beabsichtigt, wandert in Starnberg von der erwähnten Josef-Sigl-Straße über die Ferdinand-Maria-Straße rechts zur Münchner Straße hinab, ein paar Meter rechts vor zum Tutzinger-Hof-Platz und auf der Wittelsbacherstraße schräg links zum Starnberger Bahnhof und zur angrenzenden Seepromenade.

☛ Wissens- und sehenswert

Beim Bahnhof Mühltal: Hünengräber aus der Bronzezeit. Ausgrabungen förderten Gebrauchs- und Kunstgegenstände zutage. Siehe Wanderbeschreibung.

Rieden: Der kleine, spätgotische Bau der St.-Peters-Kapelle wurde im 18. Jahrhundert umgebaut. Der dem heiligen Petrus geweihte Altar stammt aus dem Jahre 1669. Der Heilige, auf dem Altarbild dargestellt, steht zwischen den Bischöfen Erasmus und Nikolaus.

Vor dem Altar das marmorne Grabmal der Prinzessin Mathilde von Sachsen-Coburg-Gotha, gestorben im Jahre 1906. Sie war eine Tochter König Ludwigs III., des letzten bayerischen Königs.

Im Friedhof von Rieden: Die Grabmäler von Prinzessin Maria von Bayern (Herzogin von Calabrien) und des Herzogs Ferdinand von Calabrien und beider Sizilien, ihres Gatten. Ferdinand starb als Oberhaupt des Hauses Bourbon-Sizilien im Januar 1960 in Lindau.

Mehr über das Mühltal: Tour 11, Tour 21.

Einkehr am Weg

Gasthaus Schießstätte: Starnberg.
Café-Restaurant Gut Rieden: Starnberg.
Wirtshaus Obermühltal: an der S-Bahn-Station Mühltal. Biergarten.

7 Mit der S 5 nach Herrsching

Abfahrt in München: mit der S5 in Richtung Herrsching, fahren bis Herrsching. Die Züge fahren alle 20 bzw. 40 Minuten. Fahrzeiten im amtlichen Fahrplan.
Fahrpreise für die Hin- und Rückfahrt: München–Herrsching = 3 Zonen, Geltendorf–München = 3 Zonen.
Fahrzeit: einfache Hinfahrt ca. 47, Rückfahrt ca. 43 Minuten.

Minispaziergang und Schiffspartie

Strenggenommen »wandern« wir bei dieser Tour nur etwa einen Kilometer: vom Bahnhof Herrsching zur Schiffsanlegestelle am See. Und doch bietet dieser Ausflug genug Interessantes. Wir lernen den Ammersee kennen und erleben neben der S-Bahn die Regionalbahn.

Höhepunkt unserer Tour jedoch ist der Ammersee. Fast eine halbe Stunde sind wir auf dem Wasser, wenn der Dampfer in Herrsching vor Anker gegangen ist. Eine frische Brise bläst uns ins Gesicht, und der Bug des Schiffes gräbt sich seinen Weg quer über den fast fünf Kilometer breiten See.

Spaziergang und Schiffsausflug

Route: *Vom Bahnhof Herrsching zur Ammersee-Promenade und zur Schiffsanlegestelle, mit dem Schiff nach Utting, von dort mit der Bahn nach Geltendorf (S-Bahn-Anschluß, S 4). Insbesondere für Kinder ein vergnüglicher Ausflug.*

An der Nordseite des Herrschinger Bahnhofs ist eine Fußgängerunterführung, durch die wir linksgerichtet die Bahngleise unterqueren. Dann wird dem Wegpfeil zum Kurparkschlößchen gefolgt, auf einem geteerten Fußweg rechts an der Evangelisch-Lutherischen Erlöserkirche vorbeispaziert, die Madeleine-Ruoff-Straße schräg links überquert und entsprechend dem Hinweisschild das öffentliche Schwimmbad angesteuert. Vor dem Bad geht's links über einen Steg, dann schräg rechts am Kurparkschlößchen vorbei zur Seepromenade.

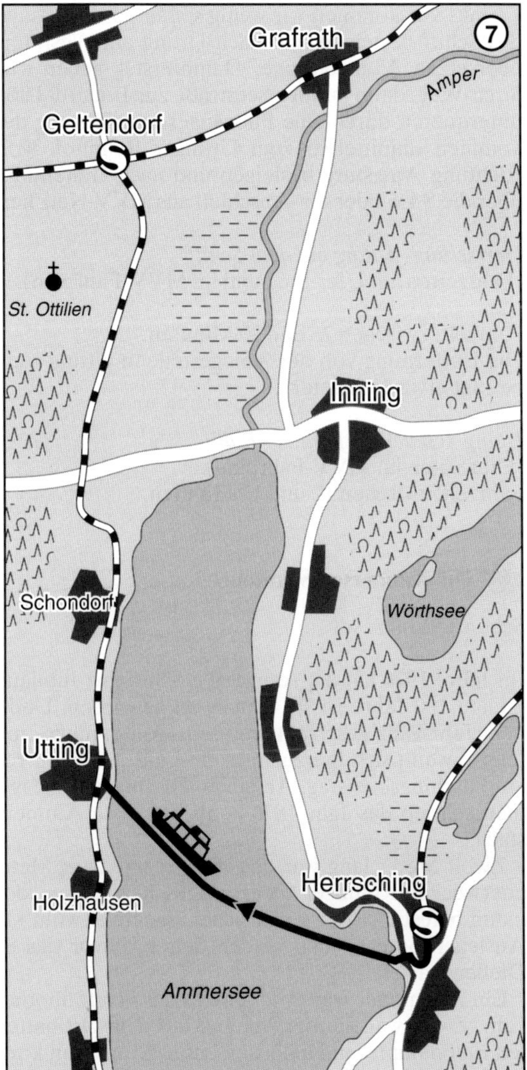
7
Grafrath
Amper
Geltendorf
S
St. Ottilien
Inning
Schondorf
Wörthsee
Utting
Herrsching
S
Holzhausen
Ammersee

Links vor kommen wir wenig später zur Schiffsanlegestelle, wo wir das Schiff besteigen und nach Utting am Westufer des Ammersees übersetzen. Vom Uttinger Dampfersteg gehen wir auf dem Michl-Sirch-Weg, dann auf der Seestraße zur Eduard-Thöny-Straße hinauf, unterqueren durch eine Fußgängerunterführung die Bahngleise und kommen unmittelbar zum Uttinger Bahnhof, wo wir den Zug in Richtung Augsburg besteigen und nach Geltendorf fahren. Hier ist über die S4 wieder der Anschluß ans MVV-Netz hergestellt.

Herrsching–Utting mit dem Schiff
(Fahrzeiten am Ufer-Steg und im MVV-Fahrplan).

Fahrzeit: zwischen 25 und 30 Minuten.
Die Entfernung von der Anlegestelle in Utting zum Bahnhof Utting beträgt etwa 250 Meter.

Utting–Geltendorf mit der Bahn
(Fahrzeiten im MVV-Fahrplan).
Fahrzeit: zwischen 12 und 19 Minuten.

✱ Die Ammersee-Schiffahrt

Schon 120 Jahre alt

Im Jahre 1976 hat die Ammersee-Schiffahrt Jubiläum feiern können: Genau 100 Jahre ist sie damals alt geworden. Und wenn man in jenem Jahr ganz geschichtstreu sein wollte, mußte man das Fest dann feiern, wenn sich hierzulande die Leute ohnehin reichlich austoben: am Faschingsdienstag. An einem Faschingsdienstag nämlich war es – man schrieb das Jahr 1876 –, als das erste Ammersee-Schiff in See stach.

Zwölf Meter lang war der »Kahn« und zwei Meter breit. Vertrauenerweckend muß er nicht ausgesehen haben, denn ein Zimmermann befestigte – sicher ist sicher, dachte er wohl – noch schnell zwei Auslegerboote an den beiden Seiten, bevor das Schiff erstmals in Dießen startete.

Ein Abenteuer war es schon, bis das Schiff überhaupt nach Dießen kam. Zwölf wagemutige Männer aus dem Ort hatten den ausgedienten Flußdampfer in Heilbronn entdeckt und ihn kurzentschlossen gekauft. Teils auf Straßen, teils auf der Bahn transportierten sie das ausrangierte Wasserfahrzeug nach Dießen und machten es dort wieder seetüchtig. Drei Tage dauerte die Probefahrt. Am ersten Tag ging's – immer vorsichtig am Ufer entlang – nach Utting, am zweiten Tag nach Stegen, und am dritten Tag lief der Dampfer mit seiner stolzen Mannschaft wieder Dießen an. Das Experiment war geglückt, und gleich darauf gründete man eine »Dampfschiffahrts-Aktiengesellschaft«. Die Ammersee-Schiffahrt war geboren.

Plötzlich war das Schiff weg…

Einmal, es war im Jahre 1956, verschwand auf dem Ammersee ein schönes, großes Schiff. Am Abend ordnungsgemäß vor Anker gelegt, fehlte am nächsten Morgen jede Spur von ihm. Das Schiff, ein dieselbetriebenes Motorschiff mit dem Namen »Herrsching« war funkelnagelneu und hatte gerade tags zuvor seine Jungfernfahrt hinter sich gebracht. Eine große Suchaktion setzte ein. Gar nicht lange dauerte es, da hatte man es gefunden – auf dem Grund des Sees. Wie es dahin kam? Ein Konstruktionsfehler war schuld daran, daß es in der Nacht ganz einfach gesunken war.

Man war zunächst ratlos und verlor beinahe die Fassung: An der Jungfernfahrt hatten zahlreiche Persönlichkeiten des öffentlichen Lebens teilgenommen.

In einer umfangreichen Hebeaktion wurde die »Herrsching« dann schließlich wieder vom Grund geholt.

Die ersten Schiffe auf dem Ammersee nach der Gründung der Aktiengesellschaft waren die »Marie«, die »Maximilian« und die »Gisela«. Im Jahre 1907 wurde der erste größere Raddampfer in Betrieb genommen. Er hatte ein Fassungsvermögen von 400 Personen. Zwei Jahre später folgte die »Schondorf« – der erste Schraubendampfer auf dem Ammersee.

Einkehr am Weg

Einkehrmöglichkeiten im Zentrum von Herrsching, in Utting und Geltendorf.

8 Mit der S6 nach Tutzing

Abfahrt in München: mit der S6 in Richtung Tutzing, fahren bis Tutzing. Die Züge fahren alle 20 bzw. 40 Minuten. Fahrzeiten im amtlichen Fahrplan.
Fahrpreise für die Hin- und Rückfahrt: München–Tutzing und zurück = zweimal 3 Zonen.
Fahrzeit: einfache Fahrt ca. 48 Minuten.

Park- und Erholungsdorados südlich von Tutzing

Die Landschaft zwischen Tutzing und Bernried ist ein einziger Naturpark, geprägt schon vor Jahrtausenden von den riesigen Gletschern, die Berge und Täler, Hügel und Ebenen modellierten, gestaltet von den heimatliebenden Menschen vieler Generationen.

Ein wunderschöner Aussichtspunkt in der freundlich und einladend wirkenden Landschaft ist der Johannishügel. Die Wege sind gut ausgebaut, Bänke laden zum Ausruhen ein.

Ziel unserer Wanderung ist Bernried mit seiner uralten Klosteranlage, den herrlichen Seewanderwegen, dem erholsamen und gepflegten Park von Wilhelmine Busch-Woods und dem Naturschutzgebiet mit den zahlreichen Moorseen. Der Ausflug bringt so viel Schönes und Interessantes, so viel Eindrucksvolles und in Erinnerung Bleibendes, daß man dazu schon früh aufbrechen sollte, um Zeit zu haben, all das in sich aufzunehmen, wobei jede Jahreszeit – insbesondere aber der Herbst – an dieser Stelle des Starnberger Sees ihre eigenen Reize hat.

Und noch eins soll angemerkt werden: Ist die natürliche Vegetation am Starnberger See im allgemeinen stark zurückgedrängt worden, hier im Gebiet um Bernried ist der See noch recht natürlich geblieben, so natürlich, daß man teilweise nicht am Ufer entlanggehen kann und ausweichen muß. Dies ist vor allem südlich von Bernried der Fall.

Wandern

Route: *Vom Bahnhof Tutzing über den Johannishügel nach Unterzeismering, dann über Höhenried nach Bernried und wieder auf gleichem Weg zurück. Mit Rückweg 13 km. Nur für wandergeübte Kinder geeignet.*

Vom Tutzinger Bahnhof geht man zuerst auf dem Schönmoosweg rechts hinab, dann vor dem Textilwerk auf der Lindemannstraße kurz linksgerichtet bis zu einem Metallbetrieb, vor dem rechts ein Fußweg abzweigt, auf dem man im Linksbogen zur Bernrieder Straße kommt. Die Fahrstraße wird geradewegs überquert. Anschließend geht's auf einem Fußsteig zum Johannishügel und zur Johannisstatue hinauf, wo man wieder auf einen Fußweg trifft, der den aussichtsvollen Moränenrücken in nordsüdlicher Richtung überquert.

Wir wandern rechts vor, dann schräg links zu einer Tennisanlage hinab, vor der rechtsgerichtet die Lindenallee abzweigt. Der idyllische, schattige Kiesweg durchquert eine kleine Häusergruppe und trifft anschließend auf einen Abenteuerspielplatz, vor dem sich schräg links der markierte Fußweg nach Bernried vom Alleeweg trennt. Der schmale Pfad führt zunächst links am Spielplatz vorbei, dann nach einem Rechtsbogen in südlicher Richtung geradeaus und links an dem Tutzinger Vorort Unterzeismering vorbei. Am Südrand von Unterzeismering geht's rechts zur Bernrieder Straße hinauf und linksgerichtet für kurze Zeit neben der Autotrasse her.

Dann zweigt schräg links wieder ein stimmungsvoller Spazierweg ab, der in Seenähe ein schilfdurchsetztes Wiesengelände durchquert, anschließend in eine Allee übergeht, die mit schönen Ausblicken auf Tutzing und den Starnberger See nach Höhenried hinaufzieht. An der Umfriedung des ausgedehnten Klinikgeländes wandern wir rechts vorbei, überqueren dann geradewegs die Zufahrt zur Kurklinik und marschieren auf einem Teersträßchen weiter, das noch für einige Zeit am Klinikareal entlangführt. Der Rad-und Fußweg erreicht wieder die Fahrstraße und läuft links daneben her. Nach einer kurzen Gefällstrecke erreichen wir bei einem Wildgehege die südliche Grenze des heutigen Klinik- und einstigen Schloßgeländes, das ehedem der steinreichen amerikanischen Brauereibesitzerstochter Wilhelmina Busch-Woods gehörte.

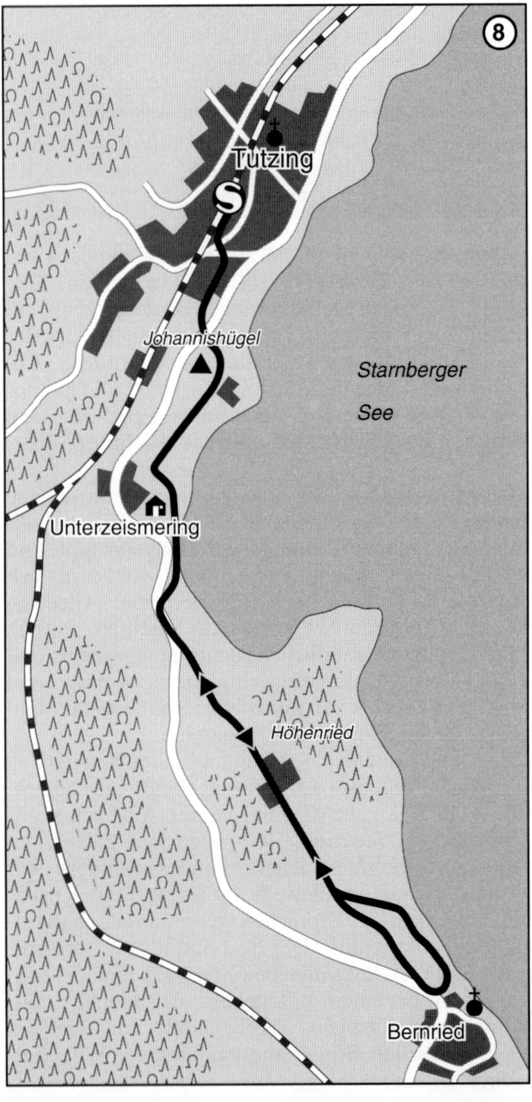
8
Tutzing
S
Johannishügel
Starnberger
See
Unterzeismering
Höhenried
Bernried

Hier zweigt links ein Kiesweg von dem straßenbegleitenden Teerweg ab, der zum Seeufer hinabführt und rechtsgerichtet dicht am Wasser dahinzieht. Vor dem Segelhafen müssen wir allerdings rechts hinauf und einen kleinen Umweg in Kauf nehmen (Wegweiser zum Schiffssteg beachten!). Dann kommen wir jedoch auf einem Teerweg unterhalb des Bernrieder Hofguts links hinab wieder zum Strand und wenig später zum Bernrieder Dampfersteg, wo die gemütlicheren Wanderer möglicherweise die Segel streichen und mit dem Schiff zurückkehren.

Andernfalls wird man noch rechts hinauf zur Bernrieder Pfarrkirche, zum Kloster, zur kleinen Hofmarkskirche und zum malerischen Dorf einen Abstecher unternehmen und anschließend auf gleichem Weg wieder zum Ausgangspunkt bzw. Tutzinger Bahnhof zurückkehren.

✱ Klostergründung im Zeichen des Streits zwischen Papst und Kaiser

Als das Kloster Bernried gegründet werden sollte, stritten sich Papst und Kaiser noch heftig über das Recht, Bischöfe und Äbte einzusetzen. Schließlich siegte der Papst im Jahre 1122. Ein Jahr vorher hatte der Graf vonValley seine Burg, die er hier am Starnberger See besaß, den Augustiner-Chorherren geschenkt. Sie wollten darin ein Kloster einrichten. Die Bestätigung hierfür bekamen sie allerdings erst zwei Jahre später, im Jahre 1123, von Papst Calixtus II. Neben dem Chorherrenstift gab es um diese Zeit noch ein kleines Nonnenkloster. Hierher kam im Jahre 1122 die aus Schwaben stammende selige Herluca. Sie war mit einer überirdischen Sehergabe ausgestattet, doch ihre meist düsteren Prophezeiungen gefielen den Bauern nicht, und sie mußte in das Kloster am See flüchten. Hier starb sie auch.

Die weitere Geschichte Bernrieds in Stichworten: Die einstige Pfarrkirche Mariä Himmelfahrt (1382) wurde im 17. Jahrhundert barock umgestaltet und im Jahre 1769 von Tassilo Zöpf mit neuen Altären versehen. Die Klosterkirche St. Martin wurde im Jahre 1659 von einem unbekannten Baumeister errichtet, unter dem Fußboden im Chor der Kirche befinden sich die sterblichen Überreste des Klostergründers Graf von Valley und der seligen Herluca. Unterhalb der Empore an der linken Kirchenwand eine gotische Holzplastik der Seligen. Auf der anderen Seite aus der früheren Kirche ein dreiteiliges Altarbild mit der heiligen Sippe aus dem Jahre 1500. Bemerkenswerte Plastiken: die vier abendländischen Kirchenväter am Hochaltar. Noch kurz vor der Säkularisation ließen die Chorherren von Bernried für die Altäre neue Bilder malen.

Nach der Säkularisation kam das Kloster in Privatbesitz. Im Jahre 1949 übernahmen es die Missionsbenediktinerinnen von Tutzing und richteten eine Haushaltungsschule für Mädchen ein. Die frühere Klosterkirche St. Martin ist heute Pfarrkirche von Tutzing. Die ehemalige Pfarrkirche Mariä Himmelfahrt dagegen steht wieder im Mittelpunkt alljährlicher Wallfahrten. Das Gnadenbild ist eine holzgeschnitzte Pietà, die der Legende nach im 15. Jahrhundert bei der Klostermauer aus dem See angespült worden sein soll. Die Gläubigen bauten an dem Fundort eine Kapelle. Höhepunkt der Wallfahrt war im 17. Jahrhundert.

Die Wallfahrt der Neuzeit begann im Jahre 1949. Seitdem findet jedes Jahr am Vorabend von Mariä Himmelfahrt die berühmt gewordene Bernrieder Lichterprozession statt. In der Kapelle wird dabei, festlich geschmückt, das Bild der »liab woanet Frau« ausgestellt. Kloster- und Wallfahrtskirche werden festlich beleuchtet.

Mehr über Tutzing: Tour 2.

Sehenswert

Johannishügel: Sehr schöner Blick über den See mit Karpfenwinkel. Bei Föhn herrliches Alpenpanorama.

Einkehr am Weg

Zum Bauerngirgl: In Tutzing-Unterzeismering. Bayerische Küche, eigene Metzgerei, kleiner schattiger Garten, eigener Badestrand.
Seerestaurant Marina: In Bernried.
Midgardhaus: In Tutzing. Biergarten.

9 Mit der S1 nach Kreuzstraße

Abfahrt in München: mit der S1 in Richtung Kreuzstraße, fahren bis Kreuzstraße. Die Züge fahren alle 20 bzw. 40 Minuten. Fahrzeiten im amtlichen Fahrplan.
Fahrpreise für die Hin- und Rückfahrt: München–Kreuzstraße und zurück = zweimal 3 Zonen.
Fahrzeit: einfache Fahrt ca. 43 Minuten.

✶ »Goldader« mit Schattenseiten

Einmal, es war im vergangenen Jahrhundert, mußte die Mangfall viele Jahre hindurch den »Leichenträger« so mancher vorher noch waldreichen Landschaft spielen. Schuld daran waren die Rosenheimer, die aus ihrer Saline damals für den Preis ungeheuerer Holzabschläge aus den Waldungen der Umgebung ein Geschäft machen konnten. Ganze Wälder schwammen dabei als Flöße die Mangfall hinunter nach Rosenheim. Das begann genau am 18. Juli des Jahres 1810, als die Saline eröffnet wurde.

Jährlich wurden in der Saline an die 250000 Zentner Salz gewonnen, eine beträchtliche Menge. Die Sole war mit einer Rohrleitung aus Traunstein hierher gebracht worden. Doch bei dieser beachtlichen Produktionsleistung war auch der Holzverbrauch gewaltig. Nicht weniger als 15 Forstämter waren in die Holzbeschaffung eingeschaltet. 22000 Klafter mußten die Forstbeamten pro Jahr schlagen lassen und auf dem Fluß via Rosenheim schicken. In sechs Holzöfen wurde es dort im Salinenbereich aufgeklaftert.

So wurde die Mangfall für manche waldreiche Landschaft zum »Leichenträger«, für die aufblühende Stadt Rosenheim aber zur »Goldader«.

Wandern

***Route:** Vom Bahnhof Kreuzstraße über Hohendilching hinab ins Mangfalltal, dann nach Kleinhöhenkirchen und über Hohendilching nach Kreuzstraße zurück. 9,5 km. Einige steilere Wegabschnitte. Auch für wandergeübte ältere Kinder geeignet.*

Vom Bahnhof Kreuzstraße geht's zunächst kurz rechts bis zur Fahrstraße, auf der man rechtsgerichtet die Bahngleise überquert und etwa 400 Meter bis zur linksabzweigenden Straße nach Hohendilching wandert. Die Hohendilchinger Straße durchquert zunächst den Wald, führt dann für einige Zeit in südöstlicher Richtung über freies Feld und erreicht den westlichen Siedlungsrand von Hohendilching. Hier geht es links in die Ortschaft, dann rechts in Richtung Valley und ins Mangfalltal hinab, im Talgrund bei der Wegteilung links in Richtung Kleinhöhenkirchen und über den Fluß, anschließend links und in nördlicher Richtung in den Wald hinein und bei einer Wegteilung rechtshaltend (MVV-Markierungen; siehe Rückweg) in Serpentinen zum östlichen Mangfall-Hochufer hinauf (siehe auch Tour 3!).

Auf der Höhe wird eine Wiese überquert, eine Feldkapelle passiert und Kleinhöhenkirchen erreicht, wo man auf der Gruber Straße linksgerichtet und nordwärts die Wanderung fortsetzt. Im Linksbogen wandern wir wieder zum Mangfallgrund hinab, dann in der scharfen Rechtskurve des Teersträßchens links in Richtung Breitmoos weiter und schräg links an einem einzelnen Wohngebäude vorbei. Der nachfolgende, leicht ansteigende und südwärts orientierte Waldweg trifft schließlich auf die oben genannte, vom Herweg bereits bekannte Wegteilung, bei der es links nach Kleinhöhenkirchen hinaufgeht.

Ab hier benutzen wir in der Gegenrichtung ein zweites Mal die Anmarschroute, spazieren rechtshaltend zur Mangfallbrücke hinab und schließlich über Hohendilching wieder zum Bahnhof Kreuzstraße zurück.

Auf dem Weg vom Tegernsee zum Inn

Die Mangfall kommt aus dem Tegernsee – sie ist der natürliche Abfluß dieses Sees, den sie bei Gmund verläßt. Sie fließt in ihrem ersten Abschnitt nach Norden und speist recht großzügig eine Reihe

Mühlen, Papierfabriken und Sägewerke, die an ihrem Ufer angesiedelt wurden. Bei Thalham, kurz vor dem Taubenberg, nimmt die Mangfall den Fluß Schlierach auf – den natürlichen Abfluß des Schliersees. Durch das Gebiet der Münchner Quellwasserversorgung fließt sie nach Norden und wendet sich dann ganz plötzlich bei Grub nach Osten und wenig später nach Südosten um. Von oben grüßt auf dem Weg dahin das einstige Kloster Weyarn, die moderne Mangfall-Autobahnbrücke überspannt das tiefe Tal in 68 Meter Höhe mit einer Länge von 319 Metern. Ein einzigartiges Verkehrsbauwerk.

Hier sind wir auch in jenem Gebiet zwischen der Mangfall und der Leitzach – sie mündet bei Westerham in die Mangfall –, in dem eine moorreiche Moränenlandschaft den Fluß begleitet. Sie ist überreich an herrlichen Aussichtspunkten. Man kann sie gar nicht alle nennen. Sie bieten sich ganz plötzlich und unvermittelt beim Wandern an. Naturschönheiten wechseln mit alten Kapellen und Kirchen. Es ist uraltes Kulturland, das wir durchwandern, und eine Landschaft von hohem Reiz für jene Wanderer, die beschauliche und stille Wege suchen.

Und immer wieder sehen wir die Vitalität des Gebirgsflusses bestätigt: Hat er schon die Schlierach und die Leitzach in sich aufgenommen, führen ihm auch noch die Glonn, der Jenbach und der Kaltenbach ihre Wasser zu. Als respektabler Fluß passiert die Mangfall schließlich Bad Aibling, und dann gibt es für sie ein Ende: Nahe Rosenheim mündet sie in den Inn.

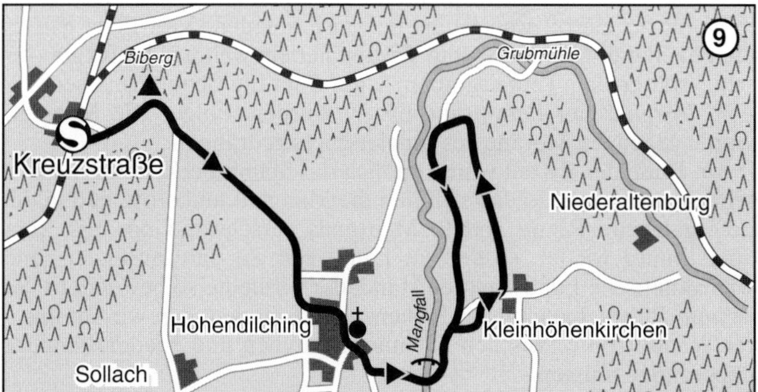

✱ Das Knie war nicht immer da

Die Mangfall ist schon ein recht merkwürdiger Fluß, vielleicht der merkwürdigste aller größeren Alpenvorlandflüsse. Obwohl im Alpenvorland das allgemeine Oberflächengefälle von Süden nach Norden zu verläuft, durchbricht die Mangfall, ihren eigenen Weg suchend, bei Grub eine Hügelkette im rechten Winkel nach Osten und schwenkt dann abermals, jetzt nach Südosten, um schließlich wieder auf's Gebirge zuzufließen – wenn man will: bergauf.

Die Geologen haben sich des interessanten Phänomens angenommen und haben festgestellt: Das war nicht immer so. Etwa 30000 Jahre dürften vergangen sein, seitdem die Mangfall, am Ende unserer S-Bahnlinie, bei Kreuzstraße ein kräftiges Knie bildet. Vorher floß sie, wie es ganz natürlich ist, nach Norden. Bei Grub erkennt man, wenn man es weiß, ein etwa 500 Meter breites und zehn Meter tiefes Tal, das in nördliche Richtung führt.

Dieser Eigensinn des Flusses hat seinen Grund in seiner recht komplizierten Entwicklung am Westrand des seinerzeitigen würmeiszeitlichen Inngletschers. Während er sich nämlich im Osten mit dem Chiemseegletscher zu einer riesigen Eismasse verschmolzen hatte, blieb im Westen zwischen ihm und dem Isargletscher eine eisfreie Zone nördlich und südlich des Taubenberges bestehen.

Langsam drang der Inngletscher vor und schob die Leitzach, die Schlierach und die Mangfall in den freien Raum. Der freilich wurde zwischen Eismassen und Taubenberg immer kleiner, so daß nur noch eine schmale Öffnung als Ausweiche für den Weg nach Norden übrigblieb. Erst nördlich von Weyarn konnten die Wassermassen das mitgeführte Geröll wenigstens teilweise abladen. Viel Platz gab es aber auch hier nicht, weil vom Westen her ein weiterer Fluß kam – er schuf später den Teufelsgraben –, auf dem die Schottermassen aus dem Isargletscher herantransportiert wurden. Folge: Die Mangfall wurde gegen die Moräne des Inngletschers gedrängt.

Am Ende der Eiszeit wurde endlich das Stammbecken des Inngletschers wieder frei, so daß sich nun die Mangfall umkehrte und in die tiefergelegene Rinne abfloß. Mehrmals verschwand das Eis, kam aber immer wieder, so daß im Laufe von Zig-Jahrtausenden jene wildromatische Landschaft entstand, die wir heute so bewundern. So ist zum Beispiel auch jener Höhenzug entstanden, den wir auf unserer Wanderroute zwischen Kleinhöhenkirchen und Niederaltenburg überwinden müssen.

Wissens- und sehenswert

Hohendilching: Kirche St. Andreas aus dem Jahre 1640. Sehr schöner Talblick vom Friedhof aus.
Kleinhöhenkirchen: Eine alte Bauernwallfahrt. Die Marienkirche wurde im Jahre 1770 vollendet. Sie gehörte einst zum Kloster Weyarn.
Altenburg: Das Schloß entstand als Burg im 13. Jahrhundert. Es gehörte einmal den Reichsfreiherren von Maxlrain-Hohenwaldeck.
Grubmühle: Hier endet das tiefeingeschnittene Trockental des Teufelsgrabens.
Mehr über das Mangfallgebiet: Tour 3, Tour 16.

Einkehr am Weg

Gasthaus Vordermaier: Hohendilching.

10 Mit der S6 nach Starnberg

Abfahrt in München: mit der S6 in Richtung Tutzing/Starnberg, fahren bis Starnberg. Die Züge fahren alle 20 bzw. 40 Minuten. Fahrzeiten im amtlichen Fahrplan.
Fahrpreise für die Hin- und Rückfahrt: München–Starnberg und zurück = zweimal 2 Zonen.
Fahrzeit: einfache Fahrt ca. 35 Minuten.

Schiffahrtsgeschichte mit kuriosem Auftakt

Es war ein aufregendes Ereignis, als 1851 das erste Schiff, ein Raddampfer, auf dem Starnberger See auf Fahrt geschickt wurde. Wie wenn man in den Krieg ziehen wollte oder damit ein Sinken verhindern könnte, hatte der Dampfer vorne drei schwere Kanonen postiert, hinten allerdings wehte recht friedlich die weiß-blaue Flagge. Der pechschwarze Schornstein war mit der Königskrone geschmückt. Das Schiff hatte drei Masten. Es war 33 Meter lang und 4,6 Meter breit und trug den Namen des damaligen Königs: »Maximilian«. Mit Recht, denn Maximilian war es, der im Jahre 1849 die Bildung einer See-Schiffahrts-Aktiengesellschaft genehmigte. Sein Vorgänger, König Ludwig I., stand einem solchen Plan noch negativ gegenüber.

Am Ende unserer Wandertour machen wir eine kleine Fahrt auf dem Starnberger See. Deshalb soll die Geschichte der Schiffahrt auf dem bekanntesten der oberbayerischen Seen kurz aufgerollt werden.

Diese Geschichte begann mit einem Mann namens Ulrich Himbsel, seines Zeichens Reeder und Kapitän (er starb im Jahre 1860 und liegt in Aufkirchen begraben). Fünfzig Jahre alt, kämpfte Himbsel 1837 gegen viele Widerstände für die Schiffahrt auf dem Starnberger See – übrigens auch für die Eisenbahnlinie München–Starnberg.

Nach der »Maximilian« im Jahre 1851 mit ihrem Fassungsvermögen von 300 Personen folgte im Jahre 1872 die »Ludwig« (bis 1936) und 1878 die »Bavaria«, ein stattliches Schiff, das Lorenz Gedon künstlerisch ausgestattet hatte. Sie tat bis 1940 ihren Dienst. Die Heckfigur, den bayerischen Wappenlöwen, stellte man zur Erinnerung am Südende der Starnberger Seepromenade auf. Im Jahre 1886 war es die »Wittelsbach«, die mit einem Fassungsvermögen von 800 Personen bis 1950 eingesetzt wurde. 1890 folgte die »Luitpold« – tausend Passagiere (bis 1954). Dann kam die Revolution von 1918, und die fürstlichen Namen verschwanden. Aus der »Luitpold« wurde die »München«, aus der »Wittelsbach« die »Starnberg« und aus der »Ludwig« die »Tutzing«. Das erste Motorschiff auf dem See war 1926 die »Leoni«. Sie faßte nur 120 Passagiere und diente dem Berufsverkehr zwischen Starnberg und dem Ostufer. 1937 stach die neue »Tutzing« mit 250 Personen erstmals in See und 1948 die »Bayern«. Sie wurde für 600 Personen gebaut. 1955 wurde sie von der »Seeshaupt« mit einem Fassungsvermögen von 1200 Personen überholt. 1961 wurde die »Berg« (170 Personen) in Dienst gestellt.

Die großen Rundfahrten werden heute mit der »Bayern« und mit der »Seeshaupt« durchgeführt.

Wandern

***Route:** Vom Bahnhof Starnberg am Nord- und Ostufer des Starnberger Sees über Percha, Kempfenhausen und Berg nach Leoni und mit dem Schiff wieder nach Starnberg zurück. 6,5 km. Auch für Kinder geeignet.*

Vom Starnberger Bahnhof gehen wir zunächst durch die Unterführung zur Seepromenade, auf der schmalen Promenade links vor, am Strandcafé und am Stammquartier eines Ruderclubs vorbei und kommen zum rechts abbiegenden Nepomukweg, der uns zum Hallen- und Strandbad bringt. Vor dem Hallenbad geht's auf der Strandbadstraße ein paar Schritte links vor, dann rechts auf dem Nepomukweg weiter und am Hallenbad vorbei. Gleich sind wir bei einer Zugbrücke zu einer Bootswerft, wandern über die Brücke und danach rechts am Seeufer entlang zu einer zweiten Kippbrücke.

Anschließend bleiben wir weiterhin am Seeufer, durchqueren einen Parkplatz und kommen zum Erholungs- und Badegelände Kempfenhausen. Am Südrand des Freizeitreviers geht es auf einem schmalen Fußweg weiter, der nach einem Linksknick teilweise über Treppen zur geteerten Seestraße am Ostufer des Starnberger Sees hinaufzieht, auf der wir geradewegs weiterwandern.

Wenig später sind wir beim Dampfersteg von Berg. Kurz danach macht die Straße einen scharfen Linksbogen und läuft ansteigend an der Mauer des Berger Schlosses entlang. Am nordöstlichen Ende der Schloßmauer bringt uns rechts die Wittelsbacher Straße zum noch

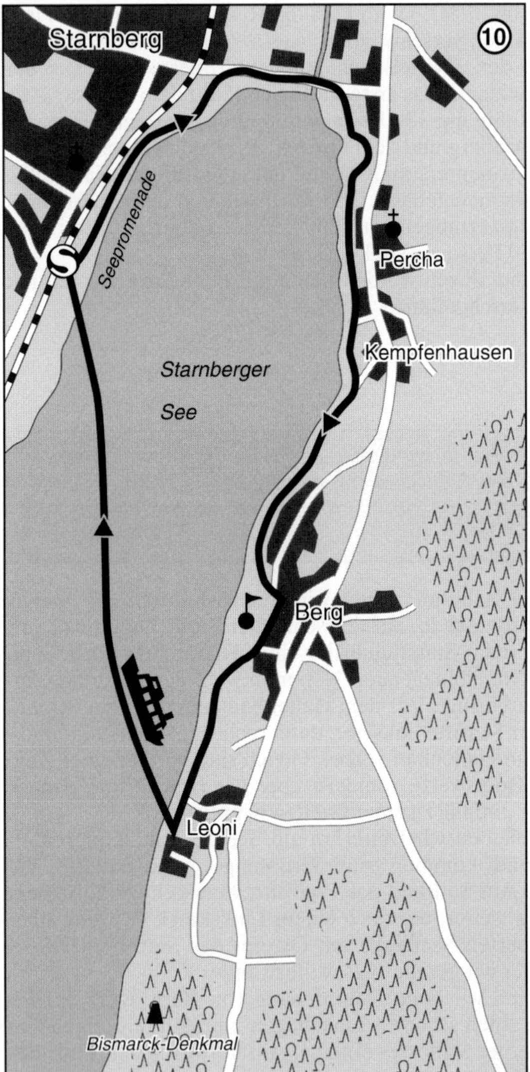

Starnberg
10
Seepromenade
Percha
Kempfenhausen
Starnberger
See
Berg
Leoni
Bismarck-Denkmal

mal rechts abzweigenden Weg »Am Hofgarten«, auf dem wir den Berger Schloßpark betreten. Der Park läßt sich auf mehreren Wegen durchqueren. Am besten nimmt man den mittleren Weg, der zur Votivkapelle führt, die oberhalb der Unglücksstelle entstand, an der Ludwig II. am 13. Juni 1886 im seichten Ufergewässer ertrank.

Anschließend spaziert man zum südlichen Ausgang des Schloßparks und zur Fahrstraße, die links von der Ortschaft Berg herabkommt. Auf dieser ist's nur noch ein kurzes Stück bis nach Leoni, von wo aus wir mit dem Schiff wieder zum Ausgangspunkt Starnberg zurückkehren können.

Unentwegte Wanderer werden natürlich auf der kaum frequentierten Anliegerstraße am Ostufer noch bis Ammerland oder Ambach weitermarschieren.

Der Starnberger See

Der Starnberger See ist 21 Kilometer lang, bis zu 5 Kilometer breit und bis zu 123 Meter tief. Die Uferlänge beträgt 49 Kilometer, die Wasserfläche 5700 Hektar, die Höhe über Normalnull 584 Meter. Im Winter friert der See nur selten zu. Tausende durchziehender und überwinternder Wasservögel stellen sich in den kalten Monaten hier ein.

In der fischwirtschaftlichen Rangskala liegt die Renke an erster Stelle, es folgt der Aal. Die Raubfische sind vertreten durch Zander und Barsch, zu ihnen gesellen sich Hecht und Waller. Neuerdings werden auch wieder Krebsfänge gemeldet.

Der Starnberger See ist in seiner ganzen Fläche Landschaftsschutzgebiet. Es reicht im Westen noch weit in das Hinterland hinein.

Etwa die Hälfte des Seeufers ist zugänglich. Längere offene Uferstücke liegen südlich von Ambach, im Ortsgebiet von Bernried und südlich daran anschließend sowie zwischen Niederpöcking und Garatshausen. Neue Uferteile sollen erschlossen werden.

Im Jahre 1928 erprobte Max Valier seinen Raketenschlitten auf dem vereisten Starnberger See. Ein Jahr danach, im Jahre 1929, »landete« auf dem See das Riesenwasserflugzeug DO X.

Seit dem Jahre 1969 besteht der Verein »Freier Zugang zu den Seen«.

Wissens- und sehenswert

Starnberg: Würmgau-Heimatmuseum, nur 100 Meter von der Seepromenade entfernt, täglich geöffnet. Holzbau aus dem 16. Jahrhundert, interessante Innenräume. – Alte Pfarrkirche St. Josef, in den Jahren 1764 bis 1766 an der Stelle des ehemaligen Sommerhauses für die Gäste der prunktvollen Seefeste des Hofes erbaut. Hochaltar mit der Heiligen Familie, eines der reifsten Schnitzwerke von Ignaz Günther. Der Rokokobau, heute das Wahrzeichen von Starnberg, gilt als eine der besten Lösungen des alpenländischen Dorf-Kirchenbaues.
Percha: Alte Kirche St. Valentin, Ende des 15. Jahrhunderts, Votivbilder und gotische Glastafeln. Neue Kirche südlich des Ortes.
Haarkirchen: Kleine Kirche St. Peter mit Zwiebelturm. Typisch ländlich. Innen Figuren in der Art des Mörlbacher Meisters um 1500: Petrus und Paulus, auf Konsolen »rassige« zwölf Apostel.
Berg: Schloß, erbaut im Jahre 1640; 1851 und 1949 verändert. Im Jahre 1876 fügte König Ludwig II. eine neugotische Kapelle an. Ausgedehnter Schloßpark von Kurfürst Ferdinand Maria, von König Maximilian I. erweitert. – Kirche St. Johann Baptist, spätromanisch, schönes Holzrelief »Marientod« mit Aposteln aus dem 15. Jahrhundert.
Votivkapelle: An der Uferböschung in neuromanischem Stil im Jahre 1900 von Architekt Julius Hofmann zum Gedenken an den tragischen Tod von König Ludwig II. am 13. Juni 1886 errichtet. Fresken von August Spiess.
Leoni: Benannt nach dem Hofopernsänger Leoni, der hier in seiner im Jahre 1824 errichteten Villa die Münchner Künstlerwelt zu Gast hatte. Eigentlich heißt der Ort Assenbuch.

Staatliche Seenschiffahrt
(siehe auch S. 40/41)

Es fahren Schiffe auf folgenden Routen:
Starnberg – Leoni – Starnberg; täglich, Fahrzeit: 45 Minuten.
Starnberg–Leoni; Fahrzeit: 22 Minuten.
Leoni – Starnberg; Fahrzeit: 23 Minuten.

Rundfahrten:
Starnberg–Seeshaupt–Starnberg, Fahrzeit: rund drei Stunden.
Tanzfahrt jeden Samstag im Sommer um 20 Uhr ab Starnberg.

Fahrpreise:
Kinder von 4 bis 11 Jahren zahlen den halben Fahrpreis. Die Fahrkarten werden auf den Schiffen ausgegeben.

Einkehr am Weg

Strand-Hotel Schloß Berg: In Berg. Eigener Badestrand, Garten, Tennisplatz, Seeterrasse.

11 Mit der S6 nach Gauting

Abfahrt in München: mit der S6 in Richtung Tutzing/Starnberg, fahren bis Gauting. Die Züge fahren alle 20 bzw. 40 Minuten. Fahrzeiten im amtlichen Fahrplan.
Fahrpreise für die Hin- und Rückfahrt: München–Gauting und zurück = zweimal 2 Zonen.
Fahrzeit: einfache Fahrt ca. 27 Minuten.

✱ Durch den Königswieser Forst zum idyllischen Würmtal

Fünfunddreißig Meter tief reichen im Gebiet zwischen Königswiesen und Leutstetten die würmeiszeitlichen Schotterlager, einst von riesigen Gletschern aus dem Gebirge hierher transportiert. Bis auf acht Meter und weniger fallen diese Lager im Gebiet von Gräfelfing ab, wo der Schotter abgebaut, gequetscht und Tag für Tag in alle Himmelsrichtungen an die Baustellen gefahren wird.

Hier jedoch, wo das Tal der Würm gerade noch für eine schmale Straße Platz ließ, donnern kaum schwerbeladene Lastwagen durch die noch ursprünglich gebliebene Landschaft. Nirgends sind von Menschenhand Wunden in den Moränenkamm geschlagen, um das begehrte Baumaterial auszubeuten; denn das gesamte Gebiet des Würmtaldurchbruchs mit den alten Buchenwäldern, der ursprünglichen, reichen Vegetation und der selten artenreichen Fauna, wurde in weiser Voraussicht unter Landschaftsschutz gestellt. »Die Landschaft ist ein Paradies, reich an Wäldern, bringt Wein hervor und hat Eisen, Gold, Silber und Purpur im Überfluß«, so schrieb einst im achten Jahrhundert der gelehrte Freisinger Bischof Arbeo. Man trank damals, wie zu hören ist, Wein. Das Bier gab es zwar schon, aber es spielte offenbar als Volksgetränk noch nicht die Rolle von heute.

Eine gepflegte und »kultivierte« alte Landschaft ist das Würmtal. In ihr haben noch heute die Feststellungen des einstigen bayerischen Geschichtsschreibers Aventinus ihre Gültigkeit: »In den Wäldern gibt es Hirsche, Gemsen und jegliches Wildbret in Menge« (die Gemsen ausgenommen).

Und dann stelle man sich, oben am Bahnhof Mühltal soeben aus dem Zug gestiegen, den Blick ins Tal gerichtet, vor: Bis hierher reichte einmal der Würmsee, bevor der kleine Fluß gleichen Namens den

Durchbruch schaffte und der Spiegel des Sees damals beinahe schlagartig um elf Meter fiel.

Schloß Leutstetten

Um das Schloß mit Gut von Leutstetten gab es 1971 einigen Wirbel. Der Planegger Baron von Hirsch hatte es für einen beträchtlichen Geldbetrag gekauft, worauf es im Hause Wittelsbach Ärger gegeben haben soll. Immerhin: Die Prinzen Ludwig und Rasso – Ludwig betreibt eine Pferdezucht in Leutstetten, Rasso bewirtschaftet das Gut Rieden – machten von ihrem Vorkaufsrecht Gebrauch und annullierten den Kauf des Barons von Hirsch. So wurde das hübsche Landschloß für die Wittelsbacher gerettet.

Die Zukunft des Schlosses ist auch bereits entschieden: Nachdem es einige Zeit unbewohnt war, soll es jetzt wieder möbliert und der Öffentlichkeit zugänglich gemacht werden. Das Schloß hat eine interessante Vorgeschichte: Um das Jahr 1316 wurde die Karlsburg auf dem nahen Karlsberg – es muß nach alten Beschreibungen eine imposante Anlage gewesen sein – im Krieg zwischen Ludwig dem Bayern und seinem Bruder Rudolf zerstört. 250 Jahre später, im Jahre 1565, errichtete Hans Urmiller, Hofkämmerer von Herzog Albrecht V., aus den Quadersteinen der alten Burg das Schloß Leutstetten. 1875 kaufte Prinz Ludwig, ab 1913 König von Bayern, das Schloß und machte daraus ein Mustergut. Nach 1945 bewohnte es im Sommer Prinz Rupprecht. Er starb am 2. August 1955. Prinz Albrecht und Prinz Franz waren dann Eigentümer des Schlosses mit dem rund 450 Hektar großen Besitz, zu dem auch das Gut Schwaige gehört.

Wandern

***Route:** Vom Bahnhof Gauting zur Reismühle, dann durchs Mühltal und über Königswiesen wieder nach Gauting zurück. 10 km. Einige Anstiege. Für ältere, wandergeübte Kinder geeignet.*

Vom Bahnhof Gauting wandern wir zunächst auf der Bahnhofstraße in südöstlicher Richtung zur Gautinger Ortsmitte, folgen bei der Straßenkreuzung dem Wegweiser in Richtung München-Pasing, überqueren die Würm, spazieren noch ein kurzes Stück auf der Mün-

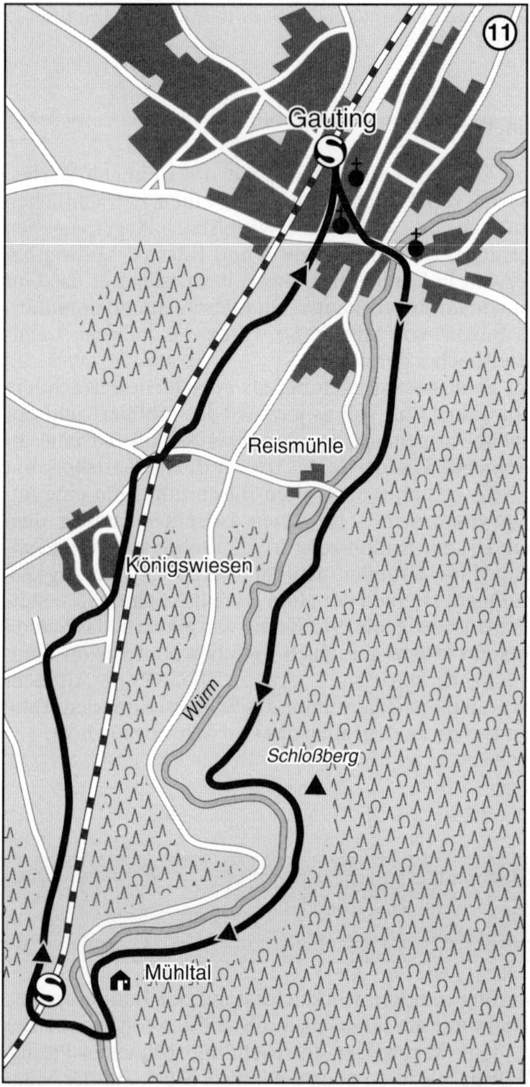
11
Gauting
Reismühle
Königswiesen
Würm
Schloßberg
Mühltal

chener Straße weiter und biegen anschließend in die rechtsabzweigende Leutstettener Straße ein. In südlicher Richtung geht's zunächst über freies Feld und links an der legendären Reismühle vorbei, dann im Waldschatten ins malerische Mühltal.

Links der Würm und meist dicht am idyllischen Fluß kommen wir nach einem kleinen Zwischenanstieg zum Gasthof Mühltal und zur Fahrstraße, neben der wir (Fußweg rechts der Straße) linksgerichtet bis zu einer Brücke wandern, auf der wir rechts die Würm überqueren. Anschließend geht es auf der Straße bergauf, dann auf einem rechtsabzweigenden Fußweg weiterhin bergauf zum Bahnhof Mühltal.

Links vor kommen wir zu einer Bahnunterführung, durch die wir im Rechtsbogen die Schienen unterqueren. Bei der nachfolgenden Wegteilung folgen wir dem rechtsgerichteten Wegpfeil nach Gauting, wandern auf einem Forstweg in nördlicher Richtung bis zu einer weiteren Weggabelung, bei der wir abermals rechts unsere Wanderung fortsetzen. Späterhin teilen sich erneut die Wege. Rechtshaltend kommen wir in Nähe der Bahnschienen zum Waldausgang und zu einem Weg, der uns linksgerichtet und am Waldrand entlang schnurgerade nach Königswiesen führt.

Hier geht's zuerst auf einem Fußweg neben den Schienen geradeaus weiter, dann im Linksbogen zu einer Fahrstraße, rechts unter der Bahn hindurch und gleich danach auf einem Teersträßchen wieder links. Im nachfolgenden Rechtsbogen des Teerwegs marschieren wir auf einem Fußpfad geradeaus weiter und erreichen wieder Gauting, wo wir auf einem Anliegersträßchen, anschließend auf der Bahnhofstraße linkshaltend, zum Ausgangspunkt zurückkehren.

☛ Wissens- und sehenswert

Gauting: Gotische Frauenkirche aus dem Jahre 1465, Hochaltar mit schöner, spätgotischer Madonna aus dem 15. Jahrhundert. Gute Figuren aus der Werkstatt von Johann Baptist Straub. – Pfarrkirche St. Benedikt, ursprünglich 15. Jahrhundert, in den Jahren 1934/35 neu gebaut. Sehr schöne Glasgemälde von Johann Kistenfeger, um 1500. – Gauting ist die älteste Siedlung des Würmtales. 753 bereits in einer Schenkung an das Kloster Wessobrunn urkundlich erwähnt. Heute die größte Gemeinde des Würmtales. 1855 hatte der Ort 527 Einwohner. Die älteste Einwohnerliste aus dem Jahre 1430 sagt, daß Gauting damals von 26 Familien bewohnt war. – Aus altem karolingischem Königshof hervorgegangen, als Schnittpunkt zweier bedeutender Straßen in der Römerzeit wichtiger Handelsplatz. Der alte Ortskern befand sich an den Ufern der Würm. Hier wurden auch Reste eines römischen Bades ausgegraben. 600 nach Christus gründeten Bajuwaren eine völlig neue Siedlung.

Reismühle: Ehemals »Reichsmühle«. Hier soll nach der Sage Pippins Sohn Karl der Große geboren worden sein. – Nördlich der Reismühle befand sich in römischer Zeit, von 15 bis 488 nach Christus, eine stattliche Niederlassung, als »Bratananium« bezeichnet, mit großem Terra-Sigillata-Lager. Reiche Funde.

Leutstetten: Auf dem Karlsberg soll im Jahre 742 Karl der Große geboren worden sein. Noch sechs andere Stätten (in Frankreich, Belgien und Deutschland), darunter auch Reismühle, nehmen diesen Titel für sich in Anspruch.

– Ort Leutstetten schon 800 urkundlich erwähnt, ehemals agilolfingischer Besitz.

– Karlsberg, einst karolingischer Besitz. Früher stand hier eine Burg, die nur über eine Hochbrücke zu erreichen war. Mauern und Türme bewehrten sie. Heute sind nur noch einige Steintrümmer und Erdwälle zu sehen. – Kirche St. Alto, erbaut zwischen 1480 und 1490, am linken Seitenaltar kostbares Hochrelief des Pfingswunders von Erasmus Grasser. – Wirtshaus von Leutstetten: Interessantes Wirtshausschild mit drachentötendem Ritter in einem Kahn, darunter der Wirtshausstern mit Putten. Moritz von Schwind hat das Schild in sein Bild »Die Hochzeitsreise« komponiert, heute in der Schackgalerie in München.

Mühltal: Würmtaldurchbruch: der schönste Teil des Würmtales. Bis hierher reichte einst der Starnberger See. – An der Brücke nach Obermühltal links: Das Giebelhaus war eine der beiden Mühlen, die schon zu Zeiten Kaiser Ludwigs des Bayern erwähnt werden. Die zweite Mühle steht noch und ist in Betrieb (neben dem Forsthaus im Tal). – Nach der ehemaligen Mühle Rundturm, »beim Kapeller«: Dies war um 1736 eine Eremitage, heute ist, mit angebautem Haus, darin eine Försterei. In einer Nische in der Fassade steht eine Tonfigur der Diana, von Prinzessin Irmingard gestaltet und als Hauszeichen gestiftet.

Königswiesen: Die Häuser des ehemaligen kleinen Ortes kamen 1865 an die Forstverwaltung und wurden abgerissen. Nur die Kirche blieb stehen. St. Ulrichskirchlein, spätgotisch, um 1500, mit zwiebeltürmigem Dachreiter, im Chor Wandmalereien.

Mehr über das Mühltal: Tour 6, Tour 21.

Einkehr am Weg

Forsthaus Mühltal: Beliebte Ausflugsgaststätte im Mühltal. Große Terrasse.
Gasthaus Obermühltal: Am S-Bahn-Haltepunkt Mühltal. Schattiger Garten, Terrasse.

12 Mit der S 7 nach Ebenhausen

Abfahrt in München: mit der S 7 in Richtung Wolfratshausen, fahren bis Ebenhausen/Schäftlarn. Die Züge fahren alle 20 bzw. 40 Minuten. Fahrzeiten im amtlichen Fahrplan.
Fahrpreise für die Hin- und Rückfahrt: München–Ebenhausen und zurück = zweimal 2 Zonen.
Fahrzeit: einfache Fahrt ca. 35 Minuten.

Zur »lustigen Tirolerin« und zur Pupplinger Au

Viele Namen und Attribute hat die Isar, der vitalste und »bayrischste« aller Alpenflüsse, im Lauf der Jahrhunderte und Jahrtausende schon bekommen. Die Römer sprachen von der »Reißenden«, die Kelten sahen in ihr die »Ungebändigte, die Wilde«, wir nennen den interessanten Flußlauf eine »Tochter der Berge«, die »grüne Isar« oder, ihrer Abstammung wegen, eine »lustige Tirolerin…«

Eine reizvoll herbe Landschaft ist das Isartal bis heute geblieben, obwohl der Fluß, der dem Tal seinen Namen gab, längst nicht mehr wild oder gar ungebändigt ist.

Am ehesten wird die Isar ihrem Namen noch bei Kloster Schäftlarn gerecht. Dort, beim Bruckenfischer, wird das Tal eng und kantig, ungemütlich beinahe. Die Landschaft ist in ihrer Ursprünglichkeit hier noch am besten erhalten. Dabei ist sie gar nicht so alt. Vor 20000 Jahren noch – geologisch gesehen keine lange Zeit – gab es in der Umgebung von Wolfratshausen einen riesigen Gletscher mit einem Durchmesser von etwa 100 Metern. Aus der mächtigen Eiszunge quollen Schmelzwasser und schütteten im Lauf von Jahrzehnten und Jahrhunderten die Schotterebene vor München auf. Eine Isar, die nach München floß, gab es damals noch nicht. Erst später gelang es der »Tochter der Berge«, sich durch den aus Deckenschotter und Nagelfluh bestehenden Endmoränenzug zu graben und ein kanonenartiges tiefes Tal zu bilden.

Wandern

Route: *Von Ebenhausen am Dreispitz vorbei und rund um Holzen. 6 km. Leichte Bergaufpassagen. Bei Naßwetter robusteres Schuhwerk empfehlenswert. Auch für Kinder geeignet.*

Vom Bahnhof Ebenhausen gehen wir zunächst auf der Poststraße zur Wolfratshauser Straße und neben dieser auf dem Gehsteig rechts bis zum südlichen Ortsausgang. Hier zweigt links ein Fußweg ab (der Einstieg am Ende des Gehsteigs ist nicht auf Anhieb zu erkennen!), der in Richtung »Dreispitz–Gregoriweg–Icking« markiert ist und im Waldschatten in die südwestliche Richtung führt.

Nach einiger Zeit kommt der idyllische Fußpfad zum Waldausgang. Hier geht es geradeaus über eine Querstraße und anschließend neben einer Himbeerplantage über eine Wiese und zur Auffahrtsallee von Gut Holzen, der man linksgerichtet bis zum Beginn der kleinen Siedlung folgt. Hier wird rechtsabbiegend weiterhin dem Wegpfeil »Dreispitz–Gregoriweg–Icking« gefolgt und die Häusergruppe westlich umgangen.

Als nächstes nimmt uns ein von Linden gesäumter, sehr stimmungsvoller Alleeweg auf, der mit einiger Distanz rechts am Gut Holzen vorbeizieht, einen kreuzenden Feldweg überquert, dann nach kurzem Abstieg auf ein Verbindungssträßchen zwischen Icking und Gut Holzen trifft, dem man kurz rechtsgerichtet bis zu einer Wegteilung folgt. Wir wandern links weiter und stoßen wenig später auf den »Dreispitz«, ein Wegdreieck mit einer malerischen Birkengruppe. Hier wird die Wanderung linksgerichtet fortgesetzt (rechts ginge es nach Icking). Der Weg führt wieder in den Wald und teilt sich abermals. Auch hier geht's linkshaltend weiter und bis zu einem gelben Markierungsdreieck (links am Baum, nicht übersehen!!), vor dem wir das Forststräßchen linksabzweigend verlassen und auf einem überwachsenen, bei Naßwetter stellenweise aufgeweichten Ziehweg schräg links über den Waldhang zu einer Forststraße hinabstiefeln, auf der wir rechtsgerichtet weiterwandern.

Die Straße beschreibt einen Linksbogen und bringt uns ansteigend wieder nach Holzen zurück, wo man unmittelbar hinter dem ersten Haus mit der Nr. 13 rechts in einen nordwärts orientierten Feldweg einbiegt, der ein Wohnhaus passiert, rechts erneut an der bereits bekannten Himbeerplantage vorbeiführt und auf eine Querstraße trifft, bei der man sich für zweierlei Routen entscheiden kann.

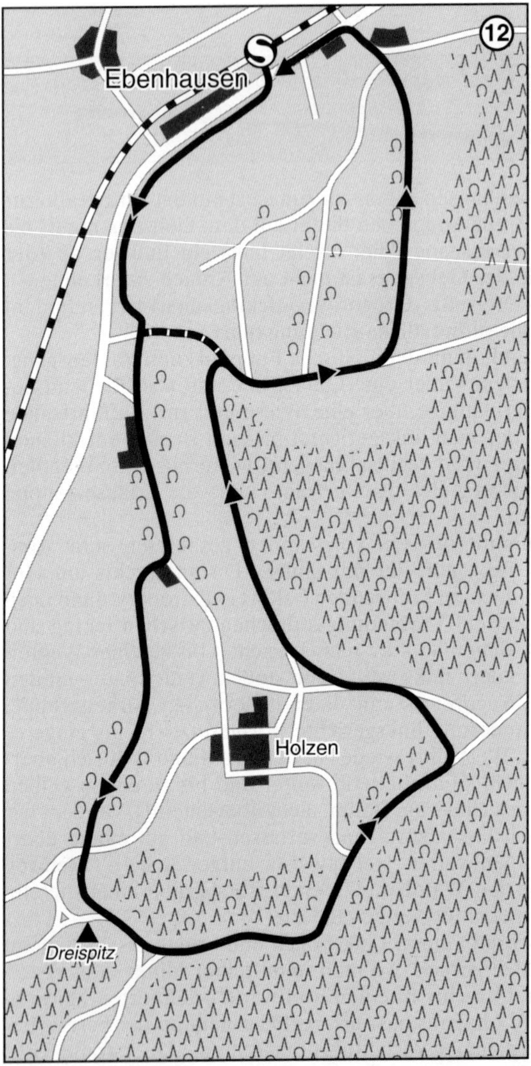
12
S
Ebenhausen
Holzen
Dreispitz

Links vor kommt man wieder zum ersten Teil des Herwegs. Im Sinne einer Rundwanderung kann man aber ebensogut rechtshaltend, dann im Linksbogen bis zum Beginn einer Allee spazieren, vor der (aufpassen!) links ein reizender Fußsteig abzweigt, der zwischen Hecke und Obstbäumen in nördlicher Richtung wieder auf Ebenhausen zusteuert.

Am Ortseingang von Ebenhausen nimmt uns bei einem Wegkreuz wieder ein Sträßchen auf, das uns rechtshaltend zu einer Wohnsiedlung führt. Schließlich wandern wir auf der Straße »Am Sommerfeld« linksgerichtet zur Wolfratshauser Straße, neben dieser links ein paar Meter bis zur rechts abbiegenden Poststraße, auf der wir wenig später wieder beim Ebenhausener Bahnhof und Ausgangspunkt der kleinen Runde eintreffen.

✶ Die Pupplinger Au – ein Geschenk der Isar

Das Naturschutzgebiet der Pupplinger Au ist ein Geschenk der Isar an die Bewohner des Oberlandes und insbesondere an die Münchner. Sie hat die reiche Flora an Alpenblumen und anderen Alpengewächsen einst aus dem Gebirge hierher gebracht und an den unzähligen Kiesbänken abgeladen.

Auf dem östlichen Ufer der Isar erstreckt sich die Pupplinger Au zwischen Wolfratshausen und Icking. In einer Länge von 14 Kilometern und einer Breite von 4,5 Kilometern wurde die Au vom Landratsamt Wolfratshausen zum Naturschutzgebiet erklärt. Heute sieht man die urtümliche, überaus wertvolle Landschaft durch den Ansturm der Erholungssuchenden gefährdet. Staatliche Stellen werden angerufen, um diese Landschaft auch für zukünftige Generationen zu erhalten. Seitdem der Münchner Architekt Gabriel von Seidl im Jahre 1900 den Isartalverein gegründet hatte, kaufte der Verein 16 Naturschutzgebiete mit mehr als 20 Hektar Fläche auf.

Im vorigen Jahrhundert waren es die Maler, die Münchens Landschaft hier, im letzten Stück der Ur-Isar, zu entdecken begannen. Maler wie Edmund Schleich, Hagemeister, Haider oder Wenglein und Pitzsch – sie liebten diese Landschaft und den herrlichen Blick nach Süden bis hinein zur Benediktenwand und hinauf zur Zugspitze.

Da wandert man in Waldstrecken, springt über Tümpel, entdeckt abenteuerliche Gestalten von Wacholderbüschen, seltene Schmetterlinge flattern zwischen forellenfrischen Bächen und lassen sich auf vermoosten Baumstämmen nieder. Da sehen wir Pflanzen, die Botaniker als Raritäten ansehen: Gipskraut, Alpenleinkraut, Silberwurz und Steinbrech gehören zu ihnen. Der Blumenfreund wird bisweilen auch vom Frühlingsenzian überrascht oder von der rundblättrigen Felsenbirne, er findet den Seidelbast, den so seltenen Frauenschuh, die Alpenrebe oder verschiedene Orchideenarten. Und das Schönste an alledem: Es wächst und wuchert in einem einzigartigen Wildgarten, und dazu noch so nahe vor der Millionenstadt München.

In Tirol geboren – in Bayern aufgewachsen

In Tirol ist sie geboren, unsere »grüne Isar«, doch sehr früh schon verläßt sie ihr Heimatland, um sich, ein kurzes Stück auf österreichischem, dann aber voll auf bayerischem Boden zu entfalten. Recht ungeordnet und ungezügelt – so, als wüßte sie nicht recht, was sie eigentlich will – beginnt sie im Tirolerischen, hoch oben im Karwendel. Überschalljoch, Spekkarspitze: Geriesel, Geplätscher, hier ein Rinnsal, dort ein Wassergerinne auf steinigem Boden – eine Isar ist das noch nicht. Lafatscherbach nennt sie sich etwas schamhaft zuerst, dann aber, nach einem Gefälle von 900 Metern kräftig und vital geworden – einige Zuflüsse haben sich ihr inzwischen anvertraut –, ist sie endlich da, die Isar. Aus mehreren Quellbächen hat sie sich bei Scharnitz stattlich herausgemacht und betritt nun bei Mittenwald bayerischen Boden. Sie erreicht bei Bad Tölz die Hochebene und schlängelt und windet sich auf Bayerns Metropole München zu. Dort freilich wird sie etwas schwächer. Der Mensch, der Industriemensch, macht ihr zu schaffen. So fließt sie, ein bißchen »alt« geworden, bei Deggendorf in die Donau.

283 Kilometer legt sie auf dem Weg vom Karwendel bis zur Donau zurück. 1500 Meter Gefälle überwindet sie dabei, und sie speist unterwegs zahlreiche Elektrizitätswerke mit ihrer Wasserkraft. Die Hauptmasse des Wassers am Oberlauf wird bei Wallgau durch den Obernachstollen in den Walchensee geleitet. Es gelangt durch den Walchensee und Kochelsee in die Loisach und mit ihr bei Wolfratshausen wieder in die Isar zurück.

Bei dem durch Ludwig Ganghofer bekannt gewordenen Gebirgsdorf Fall wird die Isar im Sylvensteinspeicher aufgestaut. Acht Jahre lang, von 1950 bis 1958, wurde daran gebaut. Sein Vorzug: Die Niederwasser der Isar sind seitdem kräftig aufgebessert worden. Ein anderer guter Nebeneffekt: Die einst bis nach München gefürchteten Hochwasser bleiben größtenteils aus. Vor dem Bau des Speichers nämlich hatten sich jedes Jahr regelmäßig im Frühjahr nach der Schneeschmelze riesige Wassermassen gebildet, die sich ungehindert bis nach München wälzen konnten. Jetzt fängt der Stausee einen Großteil der Hochwasser ab und gibt den Wasservorrat erst langsam, nach und nach, im Laufe des Jahres an die Isar ab.

Die einst Wilde, die Reißende ist heute gebändigt, und doch hat das Isartal nichts von seiner ursprünglichen Schönheit und Ausstrahlung verloren. Der Wanderer und der Naturfreund empfinden den Fluß als heiter, fröhlich, jugendlich. Die wohl schönsten Attribute, die man einem Flußlauf geben kann.

Mehr über das Isartal: Tour 15, Tour 17, Tour 19.

Einkehr am Weg

Gasthof Zur Post: An der Wolfratshauser Straße in Ebenhausen. Biergarten.

13 Mit der S2 nach Sauerlach

Abfahrt in München: mit der S2 in Richtung Holzkirchen, fahren bis Sauerlach. Die Züge fahren alle 20 bzw. 40 Minuten. Fahrzeiten im amtlichen Fahrplan.
Fahrpreise für Hin- und Rückfahrt: München–Sauerlach und zurück = zweimal 2 Zonen.
Fahrzeit: einfache Fahrt ca. 31 Minuten.

Waldesstille, malerische Kapellen und eine verschwundene Wildnis

Wir wollen wieder einmal die Lungen durchblasen und frische, reine Luft atmen: diesmal im Deisenhofener Forst.

Ausgangspunkt für die Wandertour ist der hübsche Ort Sauerlach mit seiner leuchtend hellen Kirche und den einladenden Wirtshäusern. Zwischen bebauten Feldern hindurch haben wir bald den Wald erreicht, einen gepflegten Forst. Die Wege sind übersichtlich angelegt, wir können uns kaum verlaufen, zumal Hinweisschilder immer wieder die Richtung angeben.

In den letzten Jahren wurde das Gelände rund um die uralte St. Anna-Kapelle hübsch angelegt. Bänke bieten sich an, und wenn wir eine Brotzeit eingepackt haben, können wir sie hier auspacken und uns für den Weitermarsch stärken. Abfallkörbe stehen bereit, so daß niemand das Papier frei in der Gegend liegen lassen muß.

Wenn wir ein wenig Phantasie haben, können wir uns an diesem idyllischen Plätzchen leicht die einstige Gestalt des Waldes vorstellen. Fichten und Kiefern gab es kaum, dafür um so mehr Buchen und Eichen. Der Wald war allerdings mit dichtem Unterholz versehen. Wilde Tiere gab es in großen Mengen: Der Wald war zu jener Zeit noch recht gefährlich. Heute ist er nahezu nur noch eine »Holzfabrik«, wenngleich man mehr und mehr auch seine wichtige Funktion als Erholungswald erkennt. Im Programm Freizeit und Erholung hat die Bayerische Staatsregierung ein Langzeitprogramm aufgestellt, nach dem unter anderem auch die nahen Forste rund um München ausgebaut werden sollen. Dazu gehören vor allem Radl- und Wanderwege, Waldlehrpfade, Ruheplätze und Parkmöglichkeiten an den Waldrändern.

1900 Hektar groß ist der Deisenhofener Forst noch heute. Im Vergleich dazu: Höhenkirchener Forst 2900 Hektar, Hofoldinger Forst 3000 Hektar, Grünwalder Forst 2400 Hektar, Perlacher Forst 1500 Hektar, Forstenrieder Park 3900 Hektar und Forst Kasten 1200 Hektar.

Wandern

Route: *Vom Bahnhof Sauerlach in den Deisenhofener Forst und zur St. Anna-Kapelle, dann zur St. Ulrich-Kapelle und wieder zum Sauerlacher Bahnhof zurück. 8,5 km. Völlig eben. Für ältere Kinder geeignet.*

Vom Bahnsteig des Sauerlacher S-Bahnhofs läuft man zunächst durch die Unterführung rechts zum Bahnhof, geradeaus vor zur Münchener Straße, dann schräg rechts über die vielbefahrene Fahrstraße und auf der Bahnhofstraße bis kurz vor den Gasthof Neuwirt (links der Straße), wo rechts ein Teersträßchen abzweigt. Die Badergasse bringt uns zur Von-Aychsteter-Straße, der wir nach links folgen. Am Gasthaus Glaslwirt vorbei kommen wir zur querenden Deisenhofener Straße, in die wir nach rechts einbiegen.

Als nächstes treffen wir am Sauerlacher Siedlungsrand bei einem Wegkreuz auf eine Straßenteilung, bei der wir (entsprechend dem Holzwegweiser »St.-Anna-Kapelle«) dem geradeaus weiterführenden Stauchartinger Weg folgen. Das völlig ebene Sträßchen durchquert zunächst weiträumiges Bauernland und erreicht nach etwa 1,5 Kilometern den Deisenhofener Forst. Anschließend wandern wir auf dem Weg »Hirschbrunnen-Geräumt« weiterhin in die nordwestliche Richtung, überqueren das »Sauboden-Geräumt« und stoßen auf das »Stauchartinger-Geräumt«, auf dem wir rechtsgerichtet nach wenigen Schritten bei der idyllischen Waldinsel mit der St.-Anna-Kapelle eintreffen, die als einziges Relikt vom einstigen Weiler Staucharting übriggeblieben ist. Von der Kapelle geht's in nordöstlicher Richtung und auf dem »Stauchartinger-Geräumt« über das »Ötz-Geräumt«, dann schräg rechts auf dem schnurgeraden Lanzenhaarer Weg weiter und nach einiger Zeit durch eine Bahnunterführung.

Anschließend kreuzt unser Weg die überwachsene Trasse einer ehemaligen Römerstraße und kommt nach einer leichten Linkskrüm-

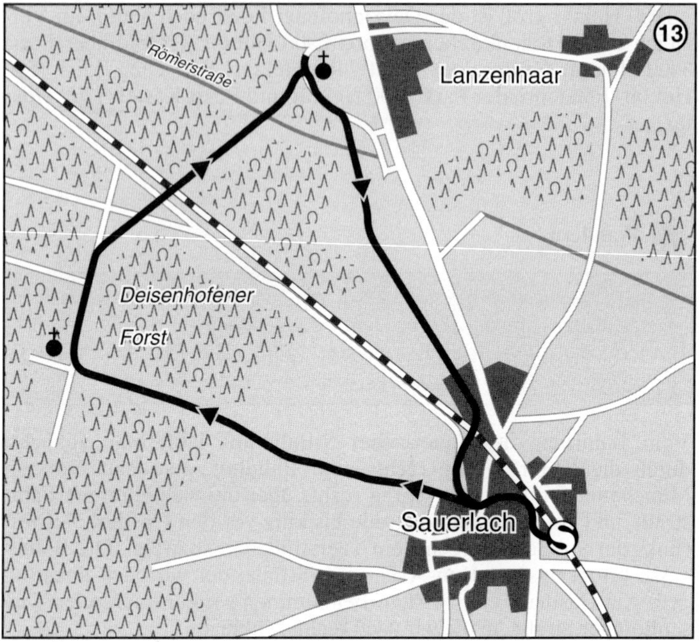

mung zum Waldausgang und zur St.-Ulrich-Kapelle. Wie die St.-Anna-Kapelle ist auch dieses kleine, malerisch gelegene Gotteshaus meist versperrt, so daß wir uns mit dem äußeren Anblick begnügen müssen. Dann machen wir uns wieder auf den Rückweg und gehen zunächst auf dem Herweg etwa 100 Meter bis zu einer Wegteilung am Waldeingang zurück, bei der wir jedoch nicht wieder dem rechtsabbiegenden Lanzenhaarer Sträßchen folgen, sondern linkshaltend und links am Waldrand weiterwandern.

Nach etwa 300 Metern zweigt schräg rechts der Lanzenhaarer Kirchenweg ab, der in südlicher Richtung und immer geradeaus für längere Zeit im Waldschatten dahinführt, späterhin wieder den Waldausgang und freies Feld erreicht und zuletzt inmitten ausgedehnter ländlicher Fluren nach Sauerlach zurückführt. Hier geht es bei einer ersten Straßenteilung rechts vor, dann kurz links zu einer kleinen Fußgängerunterführung, durch die wir rechtsgerichtet die Bahnschienen unterqueren und auf die Deisenhofener Straße treffen, der wir linksgerichtet folgen. Wenig später sind wir wieder bei der eingangs bereits angetroffenen Weggabelung, wo rechts der Stauchartinger Weg abzweigt. Jetzt kehren wir aber linksgerichtet auf bereits bekannter Route zum Sauerlacher Bahnhof zurück.

✱ Wir kreuzen eine Römerstraße

Römerstraßen findet man allenthalben in unserer Gegend. Sie tauchen plötzlich mitten im Gelände auf, auf freiem Feld, in Wäldern, auf Wiesen – oft aber auch als noch benützte Straßen, mit einem Teerbelag. Bisweilen ist es auch ein Gedenkstein, der uns an eine solche Straße erinnert. Eine solche? *Die* Römerstraße im Süden Münchens verband die Städte Salzburg und Augsburg miteinander. Es gab Verbindungsstraßen und Zufahrtswege. Diese bedeutendste der einstigen Römerstraßen, teilweise heute noch benützt, kreuzen wir auf unserer Wanderung, wenn wir von der St.-Ulrich-Kapelle aus wieder auf die vielbefahrene Straße zwischen Haching und Sauerlach gestoßen sind. Hier gehen wir südwärts durch Lanzenhaar. An der Waldbausiedlung Sauerlach macht der Fußweg eine Ausbuchtung nach links: Hier steht ein kleiner Obelisk, und noch deutlich können wir lesen, daß hier einmal die Straße von Juvavum (Salzburg) nach Augusta Vindelicorum (Augsburg) kreuzte. Nach Osten zu führte sie von hier aus weiter über Otterloh, Hofolding und Kleinhelfendorf. Gegen Westen können wir den Verlauf dieser Straße über Laufzorn, Grünwald, Buchendorf und in der Gegend von Gauting noch gut verfolgen. In Gauting wird die einstige Römerstraße – mit Teerdecke – noch heute benützt. Vor 2000 Jahren angelegt, diente die Straße vor allem als Heerstraße. Aus den Garnisonen entlang der Straße marschierten die römischen Kohorten nach Augsburg oder Salzburg.

Von dieser wichtigsten südbayerischen Straße sagte Aurelius Victor im vierten Jahrhundert n. Chr., daß man auf ihr bequem vom Schwarzen Meer bis nach Gallien (Frankreich) reisen könnte.

Gut erkennt man noch heute entlang der Römerstraße bisweilen die Aushubgruben zu beiden Seiten, aus denen Militär- und Arbeiterkolonnen das Material für die ursprünglich wohl zwei Meter hohen und an der Basis zehn Meter breiten Straßen entnommen haben.

Von Schottland bis nach Afrika reichte das große römische Straßennetz. Mehr als 100000 Kilometer konnte man auf ihnen zu jener Zeit fahren. Die noblen Römer reisten bequem, wenn sie beispielsweise nach Augsburg fuhren. Sie saßen in gefederten Wagen mit gepolsterten Sesseln. Mit allerlei Spielen vertrieben sie sich unterwegs die Zeit. Auf Klapptischen konnten sie schreiben oder auch kleine Mahlzeiten einnehmen. Besonders gut gestellte Römer fuhren in Spezialwagen, in denen es Aktenständer gab und Schreibtische. Unterwegs diktierten sie ihren Sekretären. Nachdem sie im Jahre 15 v. Chr. das Land südlich der Donau erobert hatten, gehörte es ein halbes Jahrtausend lang zum Römischen Reich. In den Orten, die wir auf unserer Tour durchwandern, hatten sich die Römer angesiedelt. Zahlreiche Funde aus der Zeit der römischen Kaiser von Trajan bis Kaiser Probus, 98 bis 282 n. Chr., geben Zeugnis vom Leben jener Zeit im Hachinger Tal.

Wissens- und sehenswert

St.-Anna-Kapelle: Bis um das Jahr 1800 stand hier auf der Waldlichtung das Dorf Staucharting. Dann fielen die Häuser der Aufforstung zum Opfer, nur das Kirchlein durfte stehenbleiben. Am 26. Juli, dem Anna-Tag, hielten die Bauern aus der Umgebung in früheren Jahren einen feierlichen Umritt, ähnlich dem Leonhardi-Ritt.
St.-Ulrich-Kapelle: Bei Lanzenhaar. Die kleine, von Lärchen umgebene Kirche stammt aus dem 15. Jahrhundert. Der achteckige Spitzturm ist mit Schindeln gedeckt. In dem gewölbten Chor steht ein Hochaltar aus dem Jahre 1650.
Sauerlach: Der Ort wird bereits im 8. Jahrhundert urkundlich erwähnt. Seit dem 11. Jahrhundert war er Edelsitz. Die Pfarrkirche St. Andreas wurde Mitte des 18. Jahrhunderts errichtet, der Erweiterungsbau ist neueren Datums.

Einkehr am Weg

Gasthaus Neuwirt: In Sauerlach, Bahnhofstraße. Schöner, großer Garten, schattig.
Zum Glaslwirt: In Sauerlach, Von-Aychsteter-Straße. Abseits und ruhig gelegen.

14 Mit der S5 nach Herrsching

Abfahrt in München: mit der S5 in Richtung Herrsching, fahren bis Herrsching. Die Züge fahren alle 20 bzw. 40 Minuten. Fahrzeiten im amtlichen Fahrplan.
Fahrpreise für die Hin- und Rückfahrt: München–Herrsching und zurück = zweimal 3 Zonen.
Fahrzeit: einfache Fahrt ca. 47 Minuten.

Zur einstigen Waldsiedlung Ramsee

Nur ein einfacher Gedenkstein, von Waldpflanzen überwuchert, erinnert noch daran, daß einmal auf halber Höhe zwischen Wartaweil und Erling der Weiler Ramsee stand. Sechs stattliche Bauernhöfe zählte er, und 40 Einwohner lebten hier. Da brach ein Brand aus und äscherte den größten Teil der Siedlung ein. Im Jahre 1860 kaufte der Bayerische Staat die letzten beiden Höfe, riß sie ab und forstete das ganze Gelände auf. Die kleine Kirche blieb zunächst stehen, bis auch sie im Jahre 1864 der Spitzhacke zum Opfer fiel.

Ein Gedenkstein wurde gesetzt, vor mehr als 100 Jahren, um die nachfolgenden Generationen an die einstige Siedlung zu erinnern.

Auf dem Weg zum Ramsee-Denkmal kommen wir am Schlößchen Mühlfeld mit seiner charakteristischen alten Mauer vorbei. Herzog Wilhelm V. hatte es im Jahre 1597 den Benediktinern geschenkt. Es diente den Mönchen von Andechs daraufhin als Sommeraufenthalt. Heute befindet sich das Schloß in Privatbesitz.

Paradies der Vögel

Der Ammersee liegt im Gebiet des ehemaligen Ammersee-Gletschers, des westlichsten und zugleich größten Zweigbeckens des Isar-Gletschers. Der heutige See füllt den tiefstgelegenen zentralen Teil dieses Zweigbeckens aus und ist von Moränenwällen umgeben. Darüber hinaus bestimmen weite Verlandungsflächen im Norden und Süden des Sees das Bild der Ammerseelandschaft. Große Waldgebiete und landwirtschaftlich genutzte Flächen überziehen die Höhen westlich und östlich des Sees.

Von den früher am Ammerseeufer und den umliegenden Höhen verbreiteten Pflanzengesellschaften sind heute nur noch an wenigen Stellen geringe Restbestände erhalten geblieben. Es sind dies insbesondere die wertvollen Röhrichtzonen auf den Verlandungsflächen im Süden und Norden des Sees, südwestlich von Lochschwab und im Bereich des Röthelmooses nördlich von Dießen. Das gesamte Ammerseegebiet spielt für die Vogelwelt eine bedeutende Rolle. Vor allem sind das Süd- und das Nordufer der Lebensraum für eine artenreiche Brutvogelwelt. Im Winter, wenn die Buchten des Sees zufrieren, weichen die Vögel auf die offene Seefläche aus. Dann rasten oft mehr als 30000 Schwimmvögel auf dem Ammersee.

Für die Fischerei ist im Ammersee die Renke der bedeutendste Fisch. Ihr folgt an zweiter Stelle der Aal. Berufs- und Sportfischer schätzen daneben vor allem die Brachse, den Hecht, Zander, Schleie und Karpfen.

Mehr über das Ammerseegebiet: Tour 1, Tour 7, Tour 20.

Wandern

Route: *Vom Herrschinger Bahnhof auf der südlichen Seepromenade zum Schloß Mühlfeld, auf Forstwegen zum Ramsee-Denkmal und auf der Panoramastraße wieder zur Seepromenade und nach Herrsching zurück. 8 km. Leichte Anstiege. Auch für wandergeübte Kinder geeignet.*

An der Nordseite des Herrschinger Bahnhofs geht es zuerst linksgerichtet durch eine Fußgängerunterführung unter den Bahnschienen hindurch, anschließend links in Richtung Kurparkschlößchen weiter, rechts an der evangelischen Erlöserkirche vorbei, schräg links über die Madeleine-Ruoff-Straße und in Richtung Schwimmbad weiter, vor dem Schwimmbadtor links über eine kleine Brücke, dann am Kurparkschlößchen rechts vorbei und zur Seepromenade.

Auf dieser wandern wir linksgerichtet und südwärts am Seeufer dahin und am Dampfersteg vorbei. Unmittelbar vor dem Ristorante Seespitz und kurz bevor die Promenade endet, müssen wir links zur Mühlfelder Straße hinauf, neben der wir rechtsgerichtet weitermarschieren. Der gesonderte Rad- und Fußweg trennt sich etwas von der vielbefahrenen Verkehrsachse und steuert auf das Schlößchen Mühl-

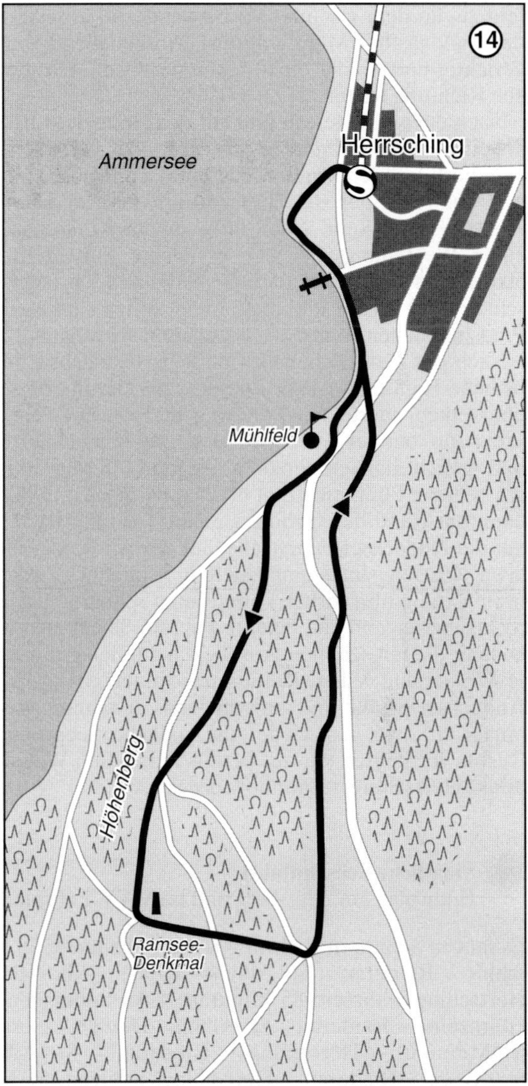
14
Herrsching
Ammersee
Mühlfeld
Höhenberg
Ramsee-
Denkmal

feld zu, an dem wir links vorbeiwandern (jenseits der Straße wartet der Landgasthof Mühlfeldbräu). Anschließend wandern wir rechtsgerichtet und wieder dicht neben der Ostuferstraße in die südwestliche Richtung weiter.

Nach etwa 400 Metern und auf der Höhe des Ortsschilds von Wartaweil wird die Fahrstraße jedoch wieder verlassen, weil auf der gegenüberliegenden Straßenseite ein nach Ramsee beschilderter Forstweg abzweigt, der südwärts und mit maßvollem Anstieg im Waldschatten dahinzieht. Nach etwa einem Kilometer kommen wir zu einer Wegteilung, bei der es rechts weitergeht. Nach weiteren 500 Metern stoßen wir abermals auf eine Mehrfachkreuzung, bei der, schräg links zurück und nicht ohne weiteres erkennbar, ein schmaler Pfad zum nahen Ramsee-Gedenkstein abzweigt.

Nach der historischen Besinnungspause geht's linkshaltend in die östliche Richtung (MVV-Dreiecksmarkierung beachten), geradeaus über einen querenden Forstweg und zu einer erneuten Mehrfachkreuzung, bei der wir zunächst schräg links einen Bach überqueren und gleich danach, links abbiegend, in die nördliche Richtung schwenken. Für einige Zeit bleiben wir noch im Waldschatten, folgen dann am Rand des Gehölzes einem Feldweg nach links und treffen auf die Andechser Fahrstraße, auf der wir (leider nicht zu umgehen) etwa 400 Meter links hinabstiefeln. Schließlich zweigt rechts die Panoramastraße ab (vorher könnte man schon, auf der Strittholzstraße rechtsabzweigend, die belebte Fahrstraße ein paar Meter früher verlassen), die mit schönen Ausblicken auf den Ammersee eine gepflegte Wohn- und Villensiedlung durchquert, dann im Linksbogen zur Andechser Straße und zum eingangs erwähnten Ristorante Seespitz hinabführt, wo uns wieder die südliche Seepromenade aufnimmt. Rechts vor kehren wir auf bereits bekannten Wegen zum Ausgangspunkt Herrschinger Bahnhof zurück.

Staatliche Seeschiffahrt
(Fahrplan am Ufer-Steg und im MVV-Fahrplan)

Es fahren Schiffe in Richtung Dießen, Fahrzeit: 65 Minuten. – Herrsching – Riederau – St. Alban – Dießen – St. Alban – Riederau – Herrsching, Fahrzeit: 85 Minuten. – An Sonntagen und Feiertagen: Herrsching – Riederau – St. Alban – Dießen – Herrsching, Fahrzeit: 65 Minuten. – Herrsching – Riederau – St. Alban – Dießen – St. Alban – Riederau – Herrsching, Fahrzeit: 81 Minuten. – Herrsching – Dießen – St. Alban –Riederau – Herrsching, Fahrzeit: 66 Minuten. – An Sonntagen und Feiertagen: Herrsching – Dießen – Herrsching, Fahrzeit: 56 Minuten. – Herrsching – Riederau – St. Alban – Dießen – Herrsching, Fahrzeit: 70 Minuten. – Herrsching – Riederau – St. Alban – Dießen – St. Alban – Riederau – Herrsching, Fahrzeit: 80 Minuten. – An Sonntagen und Feiertagen: Herrsching – Riederau – Dießen – Herrsching, Fahrzeit: 63 Minuten. – Herrsching – Dießen – St. Alban – Riederau – Herrsching, Fahrzeit: 66 Minuten.

Schiffe in Richtung Stegen:
Herrsching – Holzhausen – Utting – Breitbrunn – Schondorf – Buch – Stegen, Fahrzeit: 68 Minuten. – Sonntag und Feiertag: Herrsching – Breitbrunn – Buch – Stegen, Fahrzeit: 42 Minuten. – Herrsching – Holzhausen – Utting – Breitbrunn – Schondorf – Buch – Stegen, Fahrzeit: 72 Minuten. – Herrsching – Utting – Schondorf – Stegen, Fahrzeit: 56 Minuten. – Herrsching – Holzhausen – Utting – Breitbrunn – Schondorf – Buch – Stegen, Fahrzeit: 71 Minuten. – Sonntag und Feiertag: Herrsching – Utting – Schondorf – Stegen, Fahrzeit: 56 Minuten. – Herrsching direkt nach Stegen, Fahrzeit: 45 Minuten.

Einkehr am Weg

Ristorante Seespitz: Herrsching. Biergarten.
Landgasthof Mühlfeldbräu: Beim Schloß Mühlfeld, Herrsching.

15 Mit der S7 nach Wolfratshausen

Abfahrt in München: mit der S7 in Richtung Wolfratshausen, fahren bis Wolfratshausen. Die Züge fahren alle 20 bzw. 40 Minuten. Fahrzeiten im amtlichen Fahrplan.
Fahrpreise für die Hin- und Rückfahrt: München–Wolfratshausen und zurück = zweimal 3 Zonen.
Fahrzeit: einfache Fahrt ca. 45 Minuten.

✶ Zwischenstation für Italienreisende

Den Ortskern von Wolfratshausen bildet heute wie ehedem die Marktstraße. Seit urdenklichen Zeiten gilt sie als wichtiger Rastplatz auf dem Weg nach Italien. Ein Rastplatz, der wegen seiner hervorragenden Gastlichkeit gerühmt wurde und wird.

Städtebaulich reizvoll ist Wolfratshausen besonders in seinem alten Kern. Die Häuser mit den buntbemalten Fassaden und den weit ausladenden Dächern verraten die nahe Verwandtschaft mit dem Baustil im Isarwinkel.

Neben der sehenswerten Stadtpfarrkirche und dem Rathaus breiten sich Gasthöfe in einladender Behäbigkeit zwischen schmalbrüstigen Häusern aus. Ein Bild, das Geborgenheit ausstrahlt und zum Verweilen einlädt. Heute ist die Straße ein lebendiges Einkaufszentrum geworden. Aus dem weiten Umkreis kommen die Landbewohner »in die Stadt«, um sich mit den lebensnotwendigen und auch den nicht so notwendigen Dingen einzudecken.

Wie die Jahresringe um den Baum schmiegen sich die neueren Stadtviertel um den alten Ortskern: die Behörden- und Schulstadt mit dem Bahnhof als Endhaltepunkt der Münchner S-Bahn, Eigenheimsiedlungen und Wohnanlagen. Grünanlagen und Baumbestände durchziehen die Stadt und leiten in eine großartige Alpenlandschaft über. Am südlichen Horizont, oft zum Greifen nahe, die Alpenkette mit der Zugspitze, Deutschlands höchstem Berg. Getrost darf man Wolfratshausen als ein Zentrum für Wanderer bezeichnen. Ein ganzes Netz von Wanderwegen erschließt das bäuerliche Land mit seinen Weiden, Hochmooren, Weihern und Seen, mit schmucken Dörfern, prächtigen Kirchen und Klöstern. Stattliche Bauernhöfe auf beherrschenden Höhen künden von der vielhundertjährigen Geschichte freien Bauerntums im bayerischen Oberland. Als besonderes Erlebnis gelten die Floßfahrten, die von Wolfratshausen aus auf der Isar veranstaltet werden. Dabei geht es meist recht feucht-fröhlich zu. Alte Uferwirtshäuser werden gern angesteuert, und so mancher verläßt eine solche Wasserfahrt im Seemannsgang.

Wandern

Route: *Vom Wolfratshauser Bahnhof zum Märchenwald, dann in die Altstadt und zum Kalvarienberg und über Weidach wieder zum S-Bahnhof zurück. 5 km. Auch für Kinder (Märchenwald!) sehr geeignet.*

Vom S-Bahnhof Wolfratshausen geht man zuerst auf der Bahnhofstraße links vor zur Sauerlacher Straße und auf dieser abermals linksgerichtet über die Bahnschienen. Wenig später zweigt rechts die Gebhardstraße ab, die sich jenseits der querenden Schießstättstraße im Fichtenweg fortsetzt. Der Fichtenweg passiert eine Wohnsiedlung, macht dann einen Rechtsknick und trifft am Nordrand des Märchenwalds ein. Scharf links zurück, dann zweimal rechtshaltend umrunden wir die phantasievoll inszenierte Anlage, spazieren dann auf der Kräuterstraße in die südwestliche Richtung weiter und links am Wolfratshausener Sportstadion vorbei.

Als nächstes geht's auf der Margeritenstraße rechtsgerichtet bis zur bereits bekannten Schießstättstraße, in die wir nach links einbiegen. Nach etwa 100 Metern stoßen wir auf die Königsdorfer Straße, die von einem Rad- und Fußweg begleitet wird, auf dem wir rechtshaltend und in nordwestlicher Richtung stadteinwärts wandern. Über die Loisachbrücke und die anschließende Johannisstraße kommen wir linksgerichtet zum Obermarkt im Wolfratshausener Stadtzentrum. Bei der Verkehrsampel geht es rechts weiter und durch die südliche Hälfte der behaglichen Altstadt bis zum Marienplatz.

Am Platz steht die (besuchenswerte) Pfarrkirche St. Andreas, hinter der links ein Treppensteig abzweigt, der rasch an Höhe gewinnt. Oben geht es hinter dem letzten Haus (in dem Rainer Maria Rilke einige Monate verbrachte) kurz rechtsgerichtet bis zu einer Wegteilung, bei der man geradeaus über eine weitere Treppe zu einem querenden Teersträßchen gelangt. Hier kann man nach rechts weiterwandern. Wer einen kleinen Umweg und zusätzlichen Anstieg in

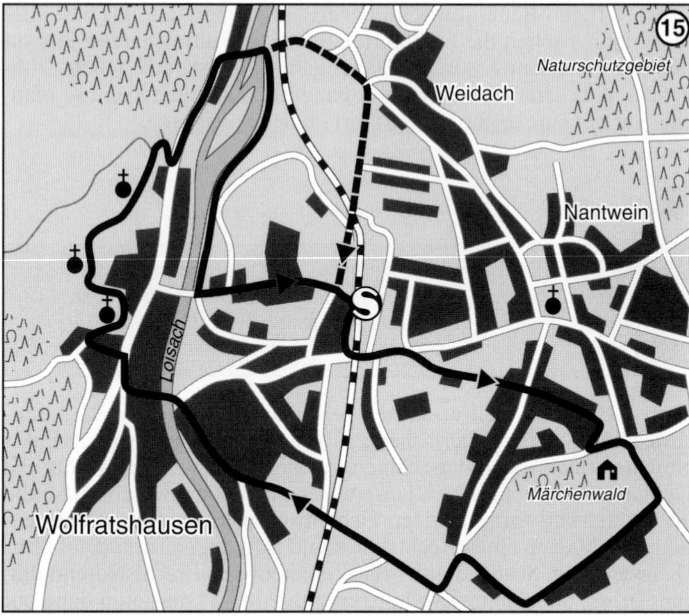

Kauf nimmt, kann allerdings gegenüber der Straße auf einem Treppen- und Serpentinensteig noch zur Dreifaltigkeitskapelle auf dem Kalvarienberg hinaufpilgern und von hier aus schräg rechts wieder zum genannten Teersträßchen zurückkehren, das bei der Frauenkapelle erreicht wird. Anschließend spazieren wir auf dem Teerweg für kurze Zeit in die nordöstliche Richtung weiter und treffen nach einem Rechtsbogen in der nördlichen Wolfratshauser Siedlungshälfte auf die Münchner Straße.

Neben dieser spazieren wir nach links vor und kommen zur Weidachmühle und zur rechtsabbiegenden Weidacher Hauptstraße, die abermals die Loisach überquert. Hier kann man zwischen zwei Routen entscheiden. Wer die Idylle liebt, wird unmittelbar nach der Loisachüberschreitung auf der östlichen Loisachpromenade rechts vor bis zur Andreasbrücke wandern und von dort auf der Bahnhofstraße linksgerichtet zum Ausgangspunkt zurückkehren.

Andernfalls bleibt man auf der Weidacher Hauptstraße, unterquert die Bahn und folgt nach etwa 300 Metern dem rechts abzweigenden Mühlpointweg, der südwärts an einer Siedlung vorbeizieht, abermals die Bahngleise quert und in den Weg »Am Floßkanal« einmündet. Wenig später kreuzt die Bahnhofstraße, auf der man linksgerichtet wieder zum Wolfratshausener S-Bahnhof zurückkehrt.

✱ Wo sich einst der Wolfratshausener See erstreckte

In der Kreisstadt Wolfratshausen – im Jahre 1961 wurde ihr das Stadtrecht verliehen – befinden wir uns auf uraltem Seegrund. In der Urzeit nämlich hatte ein mächtiger Moränenriegel nördlich von Wolfratshausen der Isar den Weg versperrt. Im weiten Talgrund von Wolfratshausen stauten sich die Schmelzwasser, und es entstand ein weit ausgedehnter See, der Wolfratshausener See. Von dem Ort selbst gab es damals noch keine Spur. Erste Ansiedlungen wurden an den nördlichen Hängen entdeckt.

Im Laufe von Jahrtausenden sägte sich das Wasser langsam durch das Bergmassiv, und eines Tages hatte es die Isar geschafft: Sie durchbrach die Sperre und schoß nun gegen Norden. Die letzte große Barriere auf ihrem Weg zur Donau war überwunden.

Der Wolfratshausener See sank nun allmählich ab. Noch heute kann man die Terrassen an den östlichen Uferhängen erkennen. Ihrer verkehrsgünstigen Lage verdankt Wolfratshausen seine reiche geschichtliche Vergangenheit. Schon zur Zeit der Agilolfinger wurde die Stadt urkundlich erwähnt. Um 1100 gründete Graf Otto von Dießen-Andechs eine Burg. Geblieben davon ist heute nur noch der Burgplatz (auf dem Schloßberg). Im 12. und im 13. Jahrhundert wurde die Burg mehrmals zerstört. Einzelne Reste waren bis zum Jahre 1734 erhalten geblieben. Nach dem Aussterben der Andechser kam Wolfratshausen im Jahre 1248 an die Herzöge von Bayern. Im 13. Jahrhundert entwickelte sich dann die zwischen Steilhang und Loisach eingeengte Straßensiedlung. Im Jahre 1312 erhielt der Ort das Marktrecht. Straße und Flößerei sicherten ihm Wohlstand auf lange Zeit.

Wissens- und sehenswert

St. Andreas: Dreischiffige Hallenkirche aus dem Jahre 1484; barockisiert. Hochaltar von Lukas Herle (1661) mit vier großen, leicht gewundenen, weinlaubumrankten Säulen in weiß-goldener Fassung. Figuren von Kaspar Niederreiter. Gemälde »Kreuzigung des heiligen Andreas« von Adam Griesmann, Ölbild »Marienleben« an der Westempore von Kaspar Albrecht. Die Kreuzigungsgruppe schnitzte im Jahre 1770 Paul Rempl.
Bürgerhäuser: Fortentwicklung des im Isarwinkel heimischen Bauernhauses. Behäbige Wirtshäuser erinnern an die Einkehr der Handelsleute und Isarflößer.
Dreifaltigkeitskirchlein: Auf dem Kalvarienberg, im Jahre 1715 erbaut.
Märchenwald: Ein Erlebnis für Kinder und Erwachsene. Größter mechanischer Märchenwald in Europa. Rundgang etwa zwei Stunden. Vom Bahnhof an beschildert (im Winter geschlossen).
Mehr über das Isartal: Tour 12, Tour 17, Tour 19.

Einkehr am Weg

Mehrere Gasthäuser und Einkehrmöglichkeiten in Wolfratshausen.

16 Mit der S1 nach Kreuzstraße

Abfahrt in München: mit der S1 in Richtung Kreuzstraße, fahren bis Kreuzstraße. Die Züge fahren alle 20 bzw. 40 Minuten. Weitere Fahrzeiten im amtlichen Fahrplan.
Fahrpreise für die Hinfahrt: München–Kreuzstraße = 3 Zonen.
Fahrpreise für die Rückfahrt: Aying–München, Marienplatz = 2 Zonen
Fahrzeit: einfache Fahrt ca. 43 bzw. 36 Minuten.

✱ Gemütlicher Forstspaziergang mit süffigem Bier-Finale

In dieser Wanderung ist alles »drin«: eine herrlich urwüchsige Landschaft mit steilen Höhen und tiefen Tälern, mit saftigen Wiesen und stillen Teichen, ein schöner, »langer« Wald zum Ausschnaufen mit ebenen, gepflegten Wegen und schließlich, am Ende, eine bekannte Brauerei, in der wir uns von den Anstrengungen der Tour bei einer Brotzeit und einem kühlen Bier wieder munter machen können.

Wir fahren zum S-Bahnhof Kreuzstraße. Mitten in der freien Natur steigen wir aus dem Zug. Die Luft ist gut hier draußen. Bis ins Tal herunter reichen die dunklen Wälder. Darüber ein (hoffentlich) blauer Himmel. Man kann verstehen, daß sich viele Maler in vergangenen Jahrzehnten und Jahrhunderten in diese Gegend verliebten.

Gleich zu Beginn unseres Weges müssen wir uns ein wenig anstrengen. Über das geteerte Sträßchen geht es hinauf zum Gasthof Kreuzstraße. Es ist sicher etwas zu früh, hier schon einzukehren, es sei denn, wir haben uns das Frühstück bis jetzt aufgehoben. Dann freilich läßt sich hier in aller Gemütlichkeit rasten.

Nur ein paar Schritte sind es noch, dann haben wir den Wald erreicht, den Hofoldinger Forst. Die Wege sind gut erkennbar und gepflegt. Wir können uns kaum verlaufen. Und sind wir dennoch einmal vom richtigen Weg abgekommen: die Ruhe nicht verlieren. Wenn die Richtung in etwa stimmt, kommen wir auch so an unser Ziel. Die Wege haben nämlich »System«. Da wird der Wald schon wieder lichter, die Sonne dringt durch, wir haben wieder freies Feld erreicht.

Wenn wir Hunger und Durst haben, legen wir einen Gang schneller zu; denn weit ist es nicht mehr nach Aying mit seiner alten Brauerei,

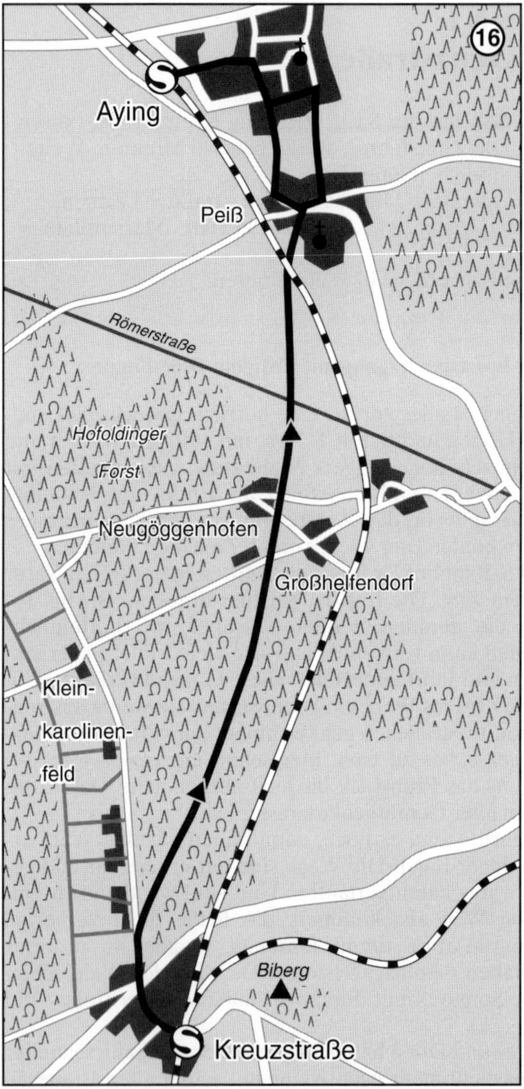
16
Aying
Peiß
Römerstraße
Hofoldinger Forst
Neugöggenhofen
Großhelfendorf
Klein-
karolinen-
feld
Biberg
Kreuzstraße

der Schänke und dem Bierstüberl. Ist es warm, können wir dort im Freien sitzen, ist es kühl, setzen wir uns in die gemütliche Wirtsstube. Zu essen und zu trinken gibt's dort immer etwas.

Wandern

Route: *Von der S-Bahn-Station Kreuzstraße durch den Hofoldinger Forst nach Peiß, weiter nach Aying und von dort mit der S-Bahn wieder nach Kreuzstraße zurück. 7,5 km. Auch für größere Kinder geeignet.*

Vom Bahnhof Kreuzstraße geht's zuerst auf einem Fußweg rechts vor zur Fahrstraße, dann auf dieser links und leicht ansteigend zum Gasthof Kreuzstraße, wo man bereits eine erste Brotzeitpause einlegen könnte. Hier wird bei der Straßenkreuzung dem Wegweiser nach München gefolgt und auf der nordwärts orientierten Fahrstraße etwa 300 Meter in Richtung Kleinkarolinenfeld gewandert. Dann zweigt schräg rechts die (ungeteerte, für den öffentlichen Verkehr gesperrte) Peißer Straße ab, auf der man wie am Lineal gezogen nordostwärts den Ostrand des Hofoldinger Forsts durchquert.

Nach einiger Zeit geht es ohne Richtungsänderung über eine Querstraße und anschließend auf einem asphaltierten Fahrweg weiter, der wenig später den Wald verläßt, die kleine Siedlung Neugöggenhofen passiert und über freies Feld nach Peiß führt. Hier wandern wir zunächst über die Bahnschienen, dann ins Ortszentrum, folgen der Rosenheimer Straße rechts bis zum links abzweigenden, in Richtung Kaltenbrunn ausgewiesenen Grasser Weg und am nordöstlichen Ortsrand (siehe auch Tour 4/Route 2) dem links abzweigenden Wiesenweg, der uns nach Aying bringt. Dort geht es schließlich auf der Kaltenbrunner Straße, Oberen Dorfstraße und Bahnhofstraße linkshaltend zum Ayinger Bahnhof westlich der Ortschaft, wo man wieder die S-Bahn in Richtung Kreuzstraße besteigt und auf schonende Art und Weise zum Startpunkt der Wanderung zurückgebracht wird.

Wissens- und sehenswert

Peiß: Die St.-Nikolaus-Kirche in Peiß ist wahrscheinlich im Jahre 1365 erbaut worden.

Kleinkarolinenfeld: Die Kolonie an der Landstraße nach Holzkirchen wurde im Jahre 1802 mit 15 Häusern, jeweils 200 Meter voneinander entfernt, gegründet. Benannt ist die Gründung nach der Königin Karoline von Bayern.
Aying: Sehenswert auf dem Friedhof die Lamberti-Kapelle aus dem 15. Jahrhundert.
Aus der Ayinger Ortsgeschichte: In Vagen bei Bruckmühl soll einst das Stammschloß des Geschlechtes der Fagana gestanden haben. Aus diesem Haus ließ sich eines Tages ein Edler namens Aygo hier nieder. Von ihm wird der Name Aying abgeleitet. Die Pfarrei Aying wird zum ersten Mal im Jahre 780 erwähnt.
Mehr über Aying: Tour 4.
Auf der Mangfall wurden im vergangenen Jahrhundert ganze Wälder transportiert. In Rosenheim wurde die Salzproduktion betrieben, und der Bedarf an Heizmaterial war ungeheuer. In riesigen Mengen wurde das Holz geschlagen. – Der Fluß kommt aus dem Tegernsee. Er ist dessen natürlicher Abfluß. Als respektabler Fluß passiert die Mangfall Bad Aibling und mündet bei Rosenheim in den Inn.
Mehr über das Mangfallgebiet: Tour 3, Tour 9.

Einkehr am Weg

Gasthof Kreuzstraße: In Kreuzstraße. Terrasse.
Brauereigasthof Aying: In der Ortsmitte an der Bräuhausgasse. Bräustüberl und Schänke, großer schattiger Garten, weitere Sitzmöglichkeiten im Freien.

17 Mit der S7 nach Großhesselohe

Abfahrt in München: mit der S7 in Richtung Wolfratshausen, fahren bis Großhesselohe. Die Züge fahren alle 20 bzw. 40 Minuten. Fahrzeiten im amtlichen Fahrplan.
Fahrpreise für die Hin- und Rückfahrt: München–Großhesselohe = zweimal 1 Zone
Fahrzeit: einfache Fahrt ca. 19 Minuten.

Gepflegte Wege über der einstigen Flößer-Arena

Es müssen schon tollkühne und abenteuerliche Gestalten gewesen sein, die Männer, die da bei Wind und Wetter auf der ungezügelten, reißenden Isar mit ihren Holzflößen flußabwärts fuhren. Von Sonne, Wind und Wasser war ihre Haut gegerbt, zäh und sehnig waren ihre Körper, ihre Arme sahen jenen knorrigen Stämmen gleich, die sie den Fluß hinuntersteuerten. Die Flößerei als Gewerbe gab es auf der Isar vom 13. Jahrhundert an. Sie hörte fast ganz am Ende des 19. Jahrhunderts auf, als die Eisenbahn (1891) gebaut wurde. Heute gibt es sie wieder: als Vergnügungsattraktion. Wer mitmachen will, muß wissen, daß dies mitunter eine feuchte und oft genug auch lautstarke Angelegenheit ist. Auf dem Floß wird kräftig musiziert, gesungen und getrunken. Die Flößer üben ihr Handwerk fast nur noch im Nebenberuf aus.

Doch noch einmal einen Blick zurück in die Vergangenheit, als die Flößerei noch ein lebensgefährliches Unternehmen war. Viele Sagen und Geschichten gibt es darüber. Der Schleusenwärter und Wasserbaumeister Martin Achleitner ließ bei Thalkirchen vor mehr als 100 Jahren an der rauhen Isar eine Kapelle bauen und erfüllte damit ein Gelübde seines Vaters, der dies »aus Dankbarkeit und für die Rettung aus Wasser- und Felssturzgefahr« versprochen hatte.

Immer wieder kamen Flößer bei ihrer Arbeit auf dem Fluß ums Leben. Und auch andere Menschen. In München stürzte am 13. September 1813 die Steinerne Isarbrücke ein, um halb sieben Uhr am Abend geschah das Unglück, das von der Urgewalt des Flusses aus damaligen Zeiten zeugt. Zweihundert Menschen, die neugierig auf der Brücke gestanden hatten, wurden in die reißenden Fluten gerissen, nur die Hälfte konnte gerettet werden.

Wenn man auf der Großhesseloher Brücke in Richtung München schaut, kann man rechts unten im Tal die kleine »Marienklause« des Martin Achleitner erkennen.

Wandern

Route: *Vom Isartalbahnhof Großhesselohe auf dem Isar-Hochufer nach Höllriegelskreuth, Buchenhain und Baierbrunn. 9 km. Auch für wandergeübte Kinder bereits geeignet.*

Von der Unterführung der Großhesseloher S-Bahn-Station geht man zuerst auf der Sollner Straße rechts vor, überquert dann geradeaus die Pullacher Straße und folgt auf der anderen Straßenseite einem Fußweg, der über einen Wiesenhang zu einem Spielplatz hinabführt. Rechts am Spielplatz vorbei kommen wir zu einem Querweg, dem nach rechts gefolgt wird. Der gepflegte Spazierweg zieht unter schattigen Kastanien zur Waldwirtschaft Großhesselohe. Der Wirtsgarten wird rechts umgangen. Dann wandern wir auf einem breiten Forstweg in die südliche Richtung weiter. Im Rechtsbogen der Straße geht's geradeaus und stets an der Hochuferkante auf einem außergewöhnlich stimmungsvollen, von Ruhebänken gesäumten Waldweg bis zur Umfriedung der Burg Schwaneck. Hier wandern wir rechtsgerichtet und am Zaun entlang zu einer Fahrstraße, der wir linksgerichtet folgen.

Der Burgweg passiert die Zufahrt zur heutigen Jugendherberge Schwaneck und geht wieder in einen Fußweg über, der stellenweise sehr aussichtsvoll dicht an den Abbrüchen des Isar-Hochufers dahinzieht. Als nächstes kommen wir auf der Heilmannstraße zum Zentrum der vornehmen Villensiedlung Pullach. Hier spazieren wir auf dem Kirchplatz links vor und am Gasthaus Rabenwirt vorbei zur Pullacher Hl.-Geist-Kirche, deren Besuch kein Kunstfreund versäumen sollte.

Gleich nach der Kirche geht's am ehemaligen Café Habenschaden vorbei und auf der Habenschadenstraße in die südliche Richtung weiter. Durch eine Wohnsiedlung kommen wir zum Josef-Breher-Platz und zu einer Dreifach-Wegteilung, bei der wir den mittleren Fußweg wählen, der sich in einen Kiesweg und ein Teersträßchen aufteilt und eine kultivierte, langgezogene Grünfläche durchquert, eine Kriegergedächtniskapelle, dann einen Gedenkstein für den tat-

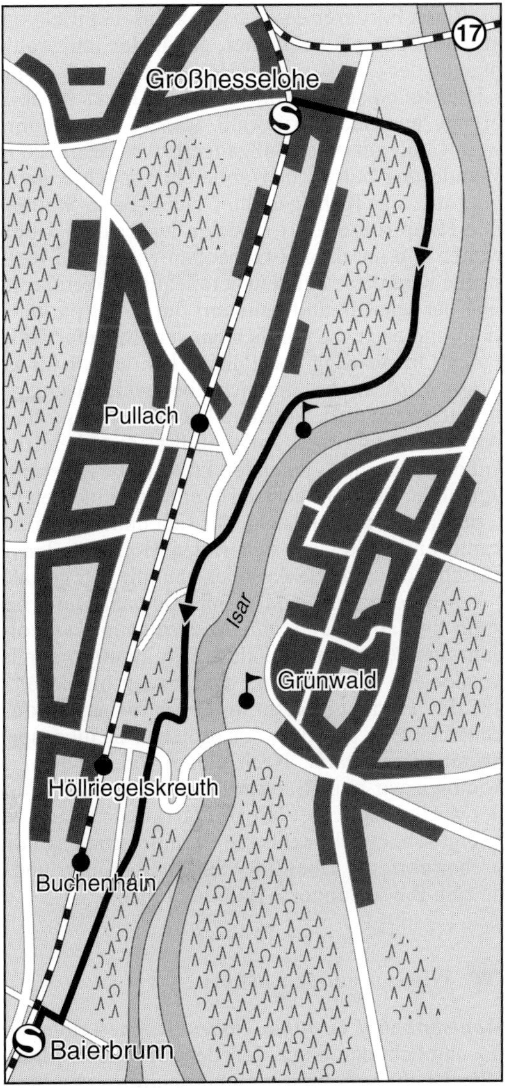
17
Großhesselohe
Pullach
Isar
Grünwald
Höllriegelskreuth
Buchenhain
Baierbrunn

kräftigen Förderer des Isartalvereins, Gabriel von Seidl, passiert und anschließend als bequemer, gepflegter und waldschattiger Wanderpfad an der Uferkante auf Höllriegelskreuth zusteuert.

Hier teilen sich erneut die Wege. Links hinab käme man zur Isarbrücke und nach Grünwald. Unsere Route führt jedoch geradeaus weiter und auf einer Fußgängerbrücke über die Fahrstraße. Wer die Wanderung bereits hier abbrechen möchte, geht nach der Straßenüberquerung rechtsgerichtet zur S-Bahn-Station Höllriegelskreuth. Die Hauptroute führt indessen hinter dem Übergang linksgerichtet weiter und an einigen Gebäuden vorbei. Im Rechtsbogen der Teerstraße wird diese auf dem geradeaus weiterführenden Fußweg verlassen, der schattig und kultiviert durch das parkähnliche Waldgelände zieht und nach wie vor dicht an der Hochuferkante bleibt.

Am Ortsausgang von Pullach kehren wir für kurze Zeit zur Teerstraße zurück, von der sich aber gleich wieder links ein Waldweg trennt, der naturbelassen und abwechslungsvoll mit einigem Auf und Ab am Steilabbruch entlangführt. Zwischendrin quert ein Graben mit einer talwärts ziehenden Forststraße unseren Weg, den wir rechts umgehen. Bei der nächsten Wegteilung bleiben wir linkshaltend weiterhin auf dem Waldsteig, der sich unmittelbar neben der Hochuferkante und später am sichernden Holzgeländer dahinschlängelt und zwischendrin schöne Ausblicke auf die Isar gewährt.

Vor Baierbrunn wandert man ein paar Meter neben der B 11 dahin, dann linksabbiegend zum Aussichtspunkt »Georgensteinblick«, von dem aus der schlanke Felszacken inmitten der Isarfluten gut zu erkennen ist. Anschließend geht's noch mal kurz zur B 11, dann aber auf der Hermann-Roth-Straße schräg links von der belebten Verkehrsachse weg und an der östlichen Siedlungsperipherie von Baierbrunn ortseinwärts. Nach einem Rechtsbogen des Teersträßchens kommen wir zum Baierbrunner Ortszentrum und wieder zur B 11, der wir linksgerichtet bis zur Pfarrkirche folgen. Vor dem Gotteshaus zweigt schließlich rechts die Bahnhofstraße ab, die links am Rathaus vorbeiführt, die Oberdiller Straße überquert und zuletzt schnurgerade zum Baierbrunner S-Bahnhof führt.

Wissens- und sehenswert

Staatsbahnhof Großhesselohe: Großhesselohe besitzt zwei Bahnhöfe, nämlich den kurz vor der Großhesseloher Brücke gelegenen »Staatsbahnhof« an der Bundesbahnstrecke München–Holzkirchen und den Bahnhof an der ehemaligen Isartalbahnstrecke München–Bichl/Kochel. Nachdem die frühere Isartalbahn stillgelegt und durch einen Bahnbusbetrieb ersetzt wurde, kann man vom ehemaligen »Isartalbahnhof Großhesselohe« aus nur noch zum Holzkirchner Bahnhof in München gelangen beziehungsweise von diesem ins Isartal hinausfahren.

Großhesseloher Brücke: Im Jahre 1960 gründlich überholt, überspannt die Brücke das Isartal. 270 Meter lang und 30 Meter hoch. Von der Brücke aus prächtiger Blick auf die Stadtsilhouette von München.

Menterschwaige war früher ein Dorf und hieß Harthausen. 1012 als Harthusun erwähnt. In alter Zeit stand hier ein herzogliches Jagdschloß. 1783 Rittersitz, 1803 nur noch eine Schwaige (Gutshof). Führte nach den jeweiligen Besitzern die Namen: Marquartsreuth, Nockherschwaige und zuletzt Menterschwaige.

Burg Schwaneck: Die dicht am Isarsteilufer stehende Burg wurde von Friedrich Gärtner 1842/44 im Stile einer mittelalterlichen Ritterburg mit Zugbrücke, Ringmauer, Bergfried, Hauskapelle St. Hubertus als romantischer Wohnsitz für den Bildhauer Ludwig Schwanthaler erbaut. Im Jahre 1902 umgebaut und erweitert. Heute eine der meistbesuchten Jugendherbergen der Bundesrepublik.

Hl. Geist in Pullach: Eine um 1500 entstandene spätgotische Kirche mit charakteristischem Turm auf der Westseite. Reiche Ausstattung mit Resten der früher barockisierten Kirche. Im Schrein des Hochaltars Darstellung des Pfingstwunders aus dem Ende des 15. Jahrhunderts. Die Gemälde an den Außenseiten der Flügel sind neuen Datums, jene an den Innenseiten sind alt. Im Altarraum hl. Leonhard (Ende 15. Jahrhundert) und hl. Katharina (Anfang 16. Jahrhundert). – An der südlichen Außenmauer große Kreuzigungsgruppe mit Maria und Johannes (um 1500). Im Altarraum an der Ostwand zwei Altargemälde: die Steinigung des hl. Stephan und die Marter des hl. Veit, wahrscheinlich von Jan Polack (1489).

Römerschanze: Sie liegt etwa zwei Kilometer südlich von Grünwald auf einem das Isartal beherrschenden Vorsprung des Hochufers. Eigentlich handelt es sich um eine Befestigung zum Schutze der Straße Salzburg–Augsburg, wahrscheinlich auf der Grundlage einer keltischen Ringburg. Der Durchmesser der Anlage beträgt etwa 170 Meter. Vier tiefe, konzentrische Gräben und Wälle bis zu vier Meter Höhe sind gut erhalten. Eingang zur Anlage von Süden her.

Georgenstein: Ein mächtiger Nagelfluhfelsen, 9 Meter hoch, der sich einst vom Steilufer unterhalb der Römerschanze löste und in das

Flußbett der Isar herabrollte. Bei niedrigem Wasserstand kann man ihn ersteigen, bei Hochwasser bilden sich dort gefährliche Strudel. Mit Ausnahme des »Michael-Steines« nördlich des Georgensteines haben mehrere Felsblöcke bei ihrem Absturz über den Hang das Flußbett nicht erreicht und sind in den unteren Partien des Hangwaldes liegengeblieben, so zum Beispiel am Römerschanzen-Hangweg.
Klettergarten: Ein Nagelfluhhang mit eingeschlossenen Felsblöcken im Isartal bei Baierbrunn. Wird von den Bergsteigern, vor allem aus München, zum Training benutzt.
Baierbrunn: Von der Konradshöhe, an der Stelle einer alten Burg auf dem Steilufer der Isar, prächtiger Blick auf das Flußbett und die Bergkette im Hintergrund. – Alte Kirche St. Peter und Paul, spätgotisch, 1709 umgestaltet, kräftige Turmzwiebel, Hochaltar aus der ersten Hälfte des 18. Jahrhunderts, alte Ikonenmalerei, neue Pfarrkirche mit markantem Turm nördlich auf der Höhe.

Mehr über das Isartal: Tour 12, Tour 15, Tour 19.

Einkehr am Weg

Waldwirtschaft Großhesselohe: Großhesselohe. Großer Garten.
Gasthaus Rabenwirt: Pullach.

18 Mit der S1 nach Höhenkirchen

Abfahrt in München: mit der S1 in Richtung Kreuzstraße, fahren bis Höhenkirchen/Siegertsbrunn. Die Züge fahren alle 20 bzw. 40 Minuten. Fahrzeiten im amtlichen Fahrplan.
Fahrpreise für die Hin- und Rückfahrt: München–Höhenkirchen und zurück = zweimal 2 Zonen.
Fahrzeit: einfache Fahrt ca. 28 Minuten.

★ Zur Wallfahrtskirche des hl. Leonhard

Wer vor 100 Jahren zum hl. Leonhard nach Siegertsbrunn pilgerte, bekam als Andenken eine Wallfahrtsmünze – man nannte sie den »Gnadenpfennig«. Diese achteckige, dünne Münze war geweiht, und man sollte sie zum Schutz vor Unheil bei sich tragen. Dieser alte Brauch ist heute nicht mehr lebendig. Dennoch kommen alljährlich viele Wallfahrer nach St. Leonhard, um den bayerischen Volksheiligen zu verehren und ihn um Schutz zu bitten. Die Wallfahrt von Siegertsbrunn muß eine sehr große Bedeutung gehabt haben. Im Jahre 1710 liest man von Pilgern, die sogar bis aus Bamberg hierher gekommen waren.

Mit Pferden läßt sich der Tag des heiligen Leonhard heute kaum noch feiern, weil es fast keine Pferde mehr im Ort gibt. Statt dessen wird der feierliche Umzug am Leonhardisonntag mit geschmückten Festwagen, Traktoren und Autos durchgeführt.

Bei dieser Tour können wir uns Zeit lassen. In Höhenkirchen wie in Siegertsbrunn gibt es allerlei Interessantes aus der Geschichte zu berichten. Einige Zeugnisse alter Zeit sind noch heute vorhanden. Gute und gastliche Einkehr finden wir in beiden Orten. Wir brauchen für diese Tour deshalb nicht in aller Frühe aufzubrechen. Wir können auch am Sonntagnachmittag »schnell einmal« nach Siegertsbrunn fahren, dort ein wenig spazierengehen, die Leonhardikirche besuchen und uns dann bei einer behaglichen Kaffeepause gütlich tun. Wer früh aufbricht, hat den Vorteil, daß der Betrieb noch nicht so groß ist.

Wandern

Route: Vom Bahnhof Höhenkirchen/Siegertsbrunn zur Wallfahrtskirche St. Leonhard und wieder zur S-Bahn-Station zurück. 2,5 km. Kleiner Rundspaziergang, der sich auch für Kinder eignet.

Die kleine 2,5-km-Runde führt vom Höhenkirchner Bahnhof zuerst links zur Bahnhofstraße und auf dieser rechts bis zur links abzweigenden Haringstraße. Anschließend geht es rechtsabzweigend auf der Wiesenstraße und nachfolgenden Korbinian-Westermair-Straße in die östliche Richtung und nach Siegertsbrunn. Als nächstes spazieren wir auf der Hohenbrunner Straße rechtsabzweigend zur Egmatinger Straße, der ein paar Meter linksgerichtet bis zur abermals rechtsabbiegenden Leonhardistraße gefolgt wird, die uns zur Wallfahrtskirche bringt. Von der St.-Leonhard-Kirche kommen wir auf dem westwärts orientierten, schnurgeraden Kirchweg, zuletzt auf dem rechtsabzweigenden Molkereiweg, wieder zum Ausgangspunkt zurück.

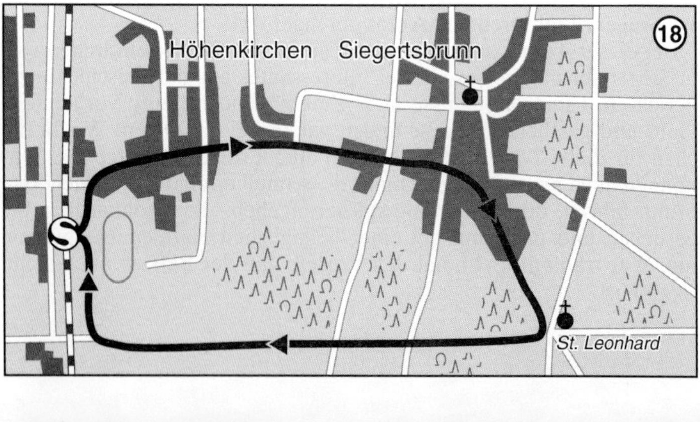

»Durch Vorbitte behüt worden«

Der hl. Leonhard gilt in Altbayern seit etwa dem 11. Jahrhundert als der volkstümlichste Heilige. Man nennt ihn sogar den »bayerischen Herrgott«; die bajuwarischen Bauern riefen in ihrer Not den »Hartl« oder den »Liendl« an.

Der Heilige starb im 6. Jahrhundert. Am 6. November wird sein Todestag begangen. Dieser Tag gehört zu den großen bäuerlichen Festen des Kirchenjahres. Doch Leonhard wird nicht nur an diesem Tag gefeiert. Die Siegertsbrunner begehen ihr Leonhardifest an Kiliani, dem zweiten Sonntag im Juli. Weitere Leonhardifesttage sind über das ganze Jahr verteilt.

Wenn wir die kleine, hübsch renovierte Wallfahrtskirche besuchen, fällt uns als erstes die große Zahl der Votivgaben auf, die beide Kirchenwände bedecken. Darunter sind Hufeisen, Bilder von Tieren, Höfen und Bauern, Wachskerzen mit Widmungen, und dazu sind auch immer die unglücklichen Vorkommnisse genau beschrieben. So liest man auf einem dieser Bilder: »Anno 1746 verlobt der ehrbare und bescheidene Stephan Obermaier, Hueber von Perlach, und Maria, seine Hausfrau, ihre reudigen Roß und Küh allhero zu dem hl. Leonhard mit einem gewissen Gelübde und der Ehrentafel. Ist ihnen durch Vorbitte des hl. Leonhard behüt worden.«

Die heutige Kirche stammt aus dem Jahre 1460. Damals wurde sie an der Stelle eines einfachen Holzbaues in gotischem Stil errichtet. Den Auftrag zum Bau der neuen Kirche hatte Herzog Sigismund von Bayern gegeben, der gleiche, der auch die Frauenkirche von München errichten ließ.

Im Glockenhaus sieht man noch die ursprüngliche spätgotische Gestaltung des Innenraumes. Im Jahre 1592 war der Andrang bei den Wallfahrten so groß geworden, daß man an der Kirche einen Saalbau anfügen mußte. 17 Jahre danach erfolgte die erste gründliche Restaurierung. Dabei ging der gotische Stil fast ganz verloren.

Am 17. August des Jahres 1769 schlug der Blitz in den hohen Spitzturm ein, und das ganze Langhaus der Kirche brannte aus. Da taten sich die Wallfahrer zusammen und spendeten so viel Geld, daß der Bau in den Jahren von 1785 bis 1793 wieder vollkommen hergestellt werden konnte. Die Arbeiten gelangen hervorragend. Der Hofmaler Augustin Demmel schuf zu dieser Zeit das Chorfresko, das den hl. Leonhard als hilfreichen Menschen darstellt. 1793 wurde das Deckenfresko vom letzten Rokokomaler Christian Winck fertiggestellt. Es zeigt Leonhard unter den Seligen im Himmel. Die sieben großen Tafelbilder, die das Leben des Heiligen darstellen, stammen aus dem 17. Jahrhundert.

☛ Wissens- und sehenswert

Höhenkirchen: Ursprünglich hieß der Ort »Marchwartsbrunn«, weil ein Mann gleichen Namens im achten Jahrhundert den lebensnotwendigen Brunnen bauen ließ. Dieser Brunnen ist heute noch zu sehen. Er gehört zum Brunnhof gegenüber der Pfarrkirche. Er ist 32,75 Meter tief und hat einen Durchmesser von zwei Metern. Mit großen Tuffsteinquadern sind die Wände ausgemauert. Ursprünglich dürfte der Brunnen Mittelpunkt des Ortes gewesen sein.

In der gleichen Zeit dürfte auch schon die erste Kirche von Höhenkirchen entstanden sein. Sie bestand aus Holz und war etwa fünf Meter breit und 7,5 Meter lang. Sie stand an der gleichen Stelle wie die heutige Pfarrkirche. Als die heutige Kirche in den Jahren 1963 bis 1965 restauriert wurde, kamen verkohlte Teile dieser alten Kirche zum Vorschein. Sie war durch Brand zerstört worden.

Um das Jahr 1470 wurde das herzogliche Jägermeisteramt von Schloß Grünwald nach Höhenkirchen verlegt. Sitz war das Schloßanwesen, Rosenheimer Straße 11.

Der »Alte Wirt« in Höhenkirchen ist über 500 Jahre alt. Zwischen 1690 und 1701 war er die einzige Taverne in der Pfarrei Hohenbrunn, zu der damals sechs Dörfer zählten. Hier kehrten oft hohe Persönlichkeiten ein. Alle bedeutenden Hochzeiten wurden hier gehalten.

Die große Eiche an der Straßenkreuzung Münchner Straße/Holzapfelstraße erinnert an den Friedensschluß von 1871, nach dem deutsch-französischen Krieg, an dem auch vier Höhenkirchner Bürger teilgenommen hatten. Die Gemeinde ließ ihnen zu Ehren damals die Eiche pflanzen.

Siegertsbrunn: Die Pfarrkirche St. Peter wurde im Jahre 1681 vollendet. Vorher stand an der gleichen Stelle eine gotische Kirche. 1952 wurde die Kirche innen renoviert.

Der Gründer von Siegertsbrunn war der Edle Sigiho. Er mußte zunächst einen Brunnen bohren lassen, um eine Ansiedlung zu ermöglichen. Der Ortsname leitet sich davon ab.

Im Jahre 1868 erlegte der Fürst Löwenstein den letzten Hirsch in dieser Gegend. Am Ausgang des Forstes in Richtung Oberpframmern wurde aus diesem Anlaß für ihn ein Denkmal errichtet.

Einkehr am Weg

Zum alten Wirt: In Höhenkirchen. Schattiger Garten.
Zum alten Wirt: In Siegertsbrunn, Egmatinger Straße. Terrasse.
Gasthaus Inselkammer: In Siegertsbrunn. Gartenbetrieb.

19 Mit der S7 nach Höllriegelskreuth

Abfahrt in München: mit der S7 in Richtung Wolfratshausen, fahren bis Höllriegelskreuth. Die Züge fahren alle 20 bzw. 40 Minuten. Fahrzeiten im amtlichen Fahrplan.
Fahrpreise für die Hin- und Rückfahrt: München–Höllriegelskreuth = 1 Zone.
Ebenhausen–München, Marienplatz = 2 Zonen.
Fahrzeit: Hinfahrt ca. 23 Minuten, Rückfahrt ca. 35 Minuten.

Auf altem Siedlungs- und Kulturboden

Uraltes, geschichtsträchtiges Land durchwandern wir bei dieser Tour: Die Germanen, die Kelten, die Römer – sie hinterließen hier im Isartal und auf den Höhenzügen ihre Spuren. Wir begegnen ihnen in Bauwerken, deren Steine, Wälle und Gräben Geschichte erzählen.

Wir blättern Jahrhunderte zurück und bestaunen die Schöpfungen spätbarocker Baumeister und wir bewundern die urtümliche Landschaft des »bayerischsten« aller Flüsse, der Isar.

Am Anfang unserer Wanderung steht die Burg von Grünwald (1293 erbaut), in der einst politische Häftlinge gefoltert wurden und die dann 250 Jahre lang ein höchst gefährliches Dasein hatte: Im Burgfried war ein Pulvermagazin untergebracht. Hundert Jahre lang (von 1319 bis 1410) hatten hier auch die oberbayerischen Jägermeister ihren Sitz.

Unten im Tal die Isar, die vor 20000 Jahren noch nicht hier floß – erst später durchbrach sie die Moränenriegel bei Wolfratshausen und schnitt sich fast canyonartig in die Landschaft ein. 283 Kilometer legt der Fluß seitdem vom Ursprung im Karwendel bis zur Mündung in die Donau zurück. Und er überwindet dabei ein Gefälle von 1500 Metern. Sein Name ist keltischen Ursprungs, die »Schnelle, die Reißende, die Ungebändigte« könnte man ihn übersetzen. Heute freilich sind die Wassermassen gebändigt, nur noch an wenigen Stellen – so am Ende unserer Tour, bei Schäftlarn – kann man den Fluß in seiner ursprünglichen Eigenart erleben.

Ein Edelstein in der Krone des bayerischen Spätbarock bildet den Höhepunkt unseres Ausflugs: die Klosteranlage Schäftlarn. Berühmte Namen sind mit diesem Bauwerk verbunden. Doch auch hier reicht die Geschichte viel weiter zurück. Das erste Kirchlein wurde von Benediktinermönchen schon im 8. Jahrhundert an einer Furt der Isar errichtet. Über den Steilhang wandern wir nach einer Stärkung beim Bruckenfischer oder im Klosterstüberl hinauf nach Hohenschäftlarn, wo wir mit der Bahn die Rückfahrt antreten.

Wandern

***Route:** Vom S-Bahnhof Höllriegelskreuth nach Grünwald, dann auf dem östlichen Isarhochufer und über Mühlthal zum Bruckenfischer, anschließend zum Kloster Schäftlarn und zur S-Bahn-Station Ebenhausen. 13 km. Beachtliche Anstiege. Allenfalls für wandergeübte, größere Kinder geeignet.*

Vom Bahnsteig der S-Bahn-Haltestelle Höllriegelskreuth geht es zunächst durch die Unterführung, dann auf einem geteerten Fußweg rechts der Fahrstraße etwa 100 Meter bis zu einer Fußgängerbrücke, auf der man linksgerichtet die Fahrstraße überquert. Kurz danach zweigt rechts ein nach »Grünwald« beschilderter Treppenweg ab, der uns unmittelbar zur Grünwalder Isarbrücke hinabführt. Wir überqueren linksgerichtet den Fluß, folgen anschließend auf einem Gehsteig der leicht ansteigenden Fahrstraße und kommen auf dem links abbiegenden Flößersteig nach Grünwald. Der Treppenaufgang mündet in die Rathausstraße, auf der wir rechts zum Grünwalder Marktplatz wandern.

Hier geht's, abermals rechtsgerichtet, zu einer Verkehrsampel und geradeaus über die Emil-Geis-Straße. Dann zweigt schräg rechts die Straße »Auf der Eierwiese« ab, der wir bis zu ihrem Ende folgen. Im Linksbogen der Straße biegt rechts der Georg-Proebst-Weg ab, der zunächst als gepflegter Kiesweg über freies Feld, dann im Waldschatten in die südliche Richtung zieht. Bei einer Ruhebank beschreibt der Weg einen scharfen Rechtsbogen. Hier wandern wir entsprechend den gelben Dreiecksmarkierungen des Isartalvereins auf einem schmalen Fußsteig geradeaus weiter.

Nach einem kurzen Anstieg sind wir auf dem östlichen Isar-Hochufer. Der schattige, außerordentlich idyllische Wanderweg zieht für einige Zeit an der Hochuferkante dahin. Dann stoßen wir auf eine Wegteilung, bei der wir schräg links (nicht scharf links!) weiterwandern, eine ehemalige Römerschanze passieren und vorübergehend

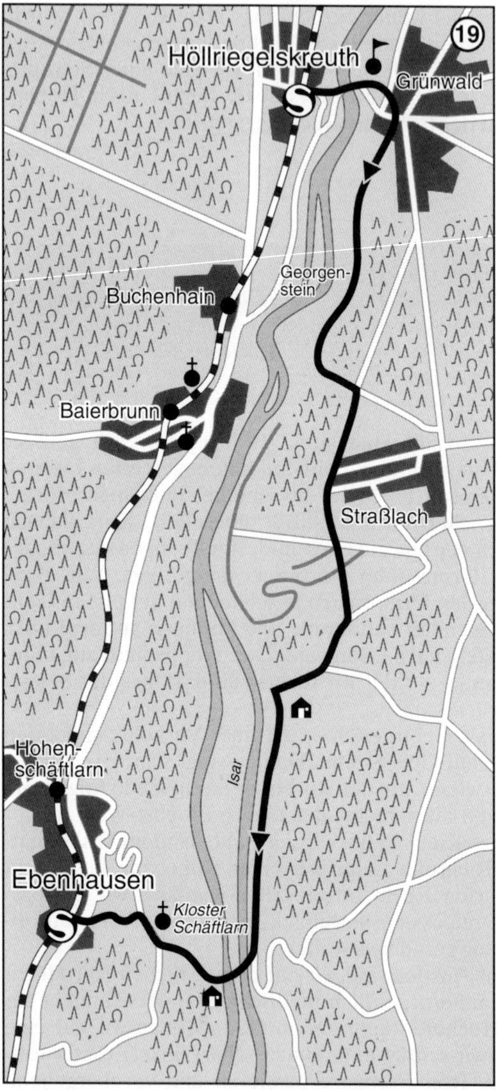
19
Höllriegelskreuth
Grünwald
Georgen-
stein
Buchenhain
Baierbrunn
Straßlach
Isar
Hohen-
schäftlarn
Ebenhausen
Kloster
Schäftlarn

den Steilabbruch verlassen. Wenig später treffen wir bei einem Rastplatz ein, der wieder dicht an der Hochuferkante liegt und schöne Ausblicke ins Isartal und auf den gegenüberliegenden Kirchturm von Baierbrunn gewährt. Außerdem findet sich hier eine Hinweistafel auf die Römerschanze, deren Konturen im dahinterliegenden Waldgelände noch vage erkennbar sind.

Vom Rastplatz geht's wieder dicht an den Steilabbrüchen weiter und an mehreren aussichtsvoll plazierten Ruhebänken vorbei. Dann zweigt schräg links der »Fuchsweg« ab, der sich von der Uferkante entfernt und zu einer breiteren Querstraße führt, die die Bezeichnung Mühlweg trägt. Wir folgen der bequemen Forststraße nach rechts, wandern rechts an einer Straßlacher Randsiedlung vorbei und entsprechend den gelben Dreiecksmarkierungen auf dem südwärts orientierten Wald- und Wiesenweg stets geradeaus weiter. Vor einem Wohngebäude geht's schräg rechts zu einem Wanderparkplatz, von dem ein Teersträßchen zum »Gasthaus zur Mühle« hinabführt.

Im Talboden und vor dem Isarkanal teilen sich die Wege. Rechts kommt man mit einem 3-Minuten-Abstecher zum Gasthaus Mühle, linksgerichtet setzt sich in Richtung Schäftlarn unsere Wanderroute fort. Die nächsten zweieinhalb Kilometer werden auf einem Teersträßchen verbracht, das neben dem Isarkanal fast schnurgerade in die südliche Richtung führt und auf eine Brücke trifft, auf der wir rechtsgerichtet den Isarkanal überqueren und zum traditionsreichen Gasthaus »Bruckenfischer« hinüberwandern. Beim Gasthof schwenkt die Fahrstraße im Rechtsbogen in die nordwestliche Richtung und führt über die Isar.

Anschließend marschieren wir auf dem gesonderten Fußweg neben der Alleestraße zum Kloster Schäftlarn, passieren das Klosterbräustüberl, gehen von der Kirche aus auf der Fahrstraße noch ein paar Meter rechts vor und folgen linksabbiegend dem zur Ebenhausener S-Bahn-Station ausgewiesenen Fußweg, der teilweise steil und über Treppen zum Ortseingang von Ebenhausen hinaufsteigt. Hier geht's auf dem Rodelweg rechts zur Wolfratshauser Straße, auf dieser kurz links bis zum Gasthof »Zur Post« und rechts zum S-Bahnhof.

✱ Wege, Straßen und Plätze im Isartal

Georg-Proebst-Weg: Benannt nach dem Gh. Kommerzienrat Georg Proebst (1855–1950), Direktor des Bürgerlichen Brauhauses München und später Vorstandsmitglied der Münchner Löwenbrauerei.

Er war vom Jahre 1914 bis zu seinem Tode Schatzmeister des Isartalvereins.
Römerschanze: Sie liegt etwa zwei Kilometer südlich von Grünwald auf einem das Isartal beherrschenden Vorsprung des Hochufers.
Georgenstein: Ein mächtiger Nagelfluhfelsen, der sich einst vom Steilufer unterhalb der Römerschanze löste und ins Flußbett der Isar herabrollte.
Tölzer Straße: Unweit der Straße »An der Eierwiese«, am Waldfriedhof, Start und Ziel des Einerstraßenfahrens der Radfahrer bei den Spielen der XX. Olympiade München 1972.

Mehr über das Isartal: Tour 12, Tour 15, Tour 17

Wissens- und sehenswert

Grünwald: Existierte bereits im 8. Jahrhundert als »Gruoninwalde« (Zu dem grünen Walde). In römischer Zeit befand sich hier ein Wachturm. Burg: Ursprüngliche Anlage von Herzog Ludwig dem Strengen (1293). Übernahm Reste römischer Anlagen, so einen Brunnen (heute noch zu sehen), der bis zur Talsohle reicht. 1319 bis 1410: Sitz der oberbayerischen Jägermeister, später Gefängnis für politische Häftlinge (Kellergewölbe und Foltergericht). 1602 bis 1857 Pulvermagazin im Burgfried. 1860 ging das Schloß in Privatbesitz über. Damals zählte Grünwald nur 200 Einwohner. Älteste Teile der Anlage im Südwesteck. Während die Burg nicht besichtigt werden kann, darf man auf den Turm steigen, herrliche Fernsicht.
Mühlthal: Hier wurden die Reste der ältesten bayerischen Kirche gefunden.
Kloster Schäftlarn: Eine der gelungensten Schöpfungen des bayerischen Rokoko. Baumeister: François Cuvilliés und Johann Anton Gunetzrhainer. Innenausstattung: Johann Baptist Zimmermann. Altäre: Johann Baptist Straub. Die Geschichte in Stichworten: Im 8. Jahrhundert bauen benediktinische Mönche die erste kleine Kirche an der Furt. 1140: Bischof Otto von Freising übergibt das Kloster dem Orden der Prämonstratenser, die es bis zur Säkularisation weiterführen. 1599: Schäftlarn wird Abtei. 1733: Hofbaumeister Cuvilliés beginnt den Neubau der Klosteranlagen. Gunetzrhainer vollendet das Werk. 1866: König Ludwig I. kauft das Kloster und übergibt es dem Orden der Benediktiner. Die Mönche richten ein Knabeninstitut ein, aus dem sich das heutige Gymnasium entwickelte.

Einkehr am Weg

Gasthaus Zur Mühle: In Mühlthal, bei Straßlach.
Gasthaus Bruckenfischer: In Dürnstein, Egling, am Isarübergang.
Klosterbräustüberl: In Schäftlarn.

20 Mit der S5 nach Herrsching

Abfahrt in München: mit der S5 in Richtung Herrsching, fahren bis Herrsching. Die Züge fahren alle 20 bzw. 40 Minuten. Fahrzeiten im amtlichen Fahrplan.
Fahrpreise für die Hin- und Rückfahrt: München–Herrsching und zurück = zweimal 3 Zonen.
Fahrzeit: einfache Fahrt ca. 47 Minuten.

✱ Unter Landschaftsschutz

Das Landratsamt Starnberg hat das gesamte Gebiet zwischen Ammersee und Wörthsee unter Landschaftsschutz gestellt. Dies bedeutet unter anderem auch: Im Wald und insbesondere am Ostufer des Ammersees ist das Aufstellen von Zelten und das Abstellen von Wohnwagen nicht erlaubt. Wie notwendig diese Maßnahme wurde, konnte man vor dieser behördlichen Anordnung augenscheinlich erleben. Abfälle aller Art verunzierten das Seeufer. Zelte und Wohnwagen machten ein Wandern am Ufer nahezu unmöglich. Das ist jetzt schlagartig anders geworden. Vor allem, seit das Landratsamt Landsberg am Lech am 1. Juli 1972 für das Seengebiet Bestimmungen nach dem Landesstraf- und Verordnungsgesetz festgesetzt hat, die unter anderem speziell das Aufstellen von Zelten und Wohnwagen auf staatlichem Grund am See verbieten. Gegen Verstöße werden hohe Strafen angedroht. Autos dürfen im Uferbereich nicht abgestellt werden.

Auch der Gutsherr von Rieden hat sich eingeschaltet: Im Benehmen mit den Behörden ließ er alle gutseigenen Waldwege mit Schlagbäumen versehen.

Mehr über Herrsching und den Ammersee: Tour 1, Tour 7, Tour 14.

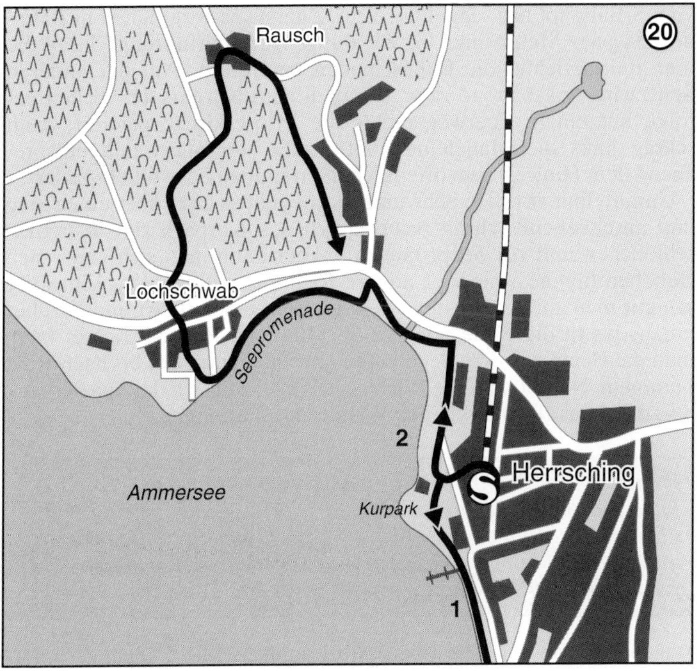

Wandern und Spazierengehen

Route 1: *Vom Bahnhof Herrsching zum Kurpark und an die Strandpromenade des Ammersees. Spaziergang, in der längsten Version etwa 7 km. Auch für kleinere Kinder geeignet.*

Die Herrschinger Ammersee-Promenade erstreckt sich über eine Gesamtlänge von 3,5 Kilometer und schließt mit öffentlichem Schwimmbad, Schiffanlegestelle, Bootsverleih, Segelhafen, Kurpark, Kinderspielplatz, Restaurants und variantenreichen Spaziermöglichkeiten sehr vieles von dem mit ein, was insbesondere den geruhsameren Erholungssuchenden und den Familien mit Kindern entgegenkommt. Der sehr beliebte und belebte Herrschinger Treffpunkt ist vom S-Bahnhof aus schnell erreicht. Zuerst spaziert man vom Bahnhof ein paar Meter links bis zur Fußgängerunterführung, durch die man linksgerichtet die Bahnschienen unterquert. Auf der anderen Seite wird linkshaltend dem Wegpfeil zum Kurparkschlößchen gefolgt, auf einem Teerweg rechts die Erlöserkirche passiert, dann schräg links die Madeleine-Ruoff-Straße überquert und entsprechend dem Hinweis zum öffentlichen Strandbad Seewinkel spaziert.

Unmittelbar vor dem Schwimmbadtor geht es links über einen Steg und anschließend schräg rechts durch den Kurpark zum Kurparkschlößchen und zur Seepromenade. Hier kann man sich ganz nach Belieben für die eine oder andere Richtung entscheiden. Links vor kommt man zur Anlegestelle der Ammersee-Schiffahrt und darüber hinaus bis in die Nähe von Schloß Mühlfeld. Rechtsgerichtet kann man die Bucht mit dem Segelhafen umrunden und fast bis nach Ried bummeln. Nimmt man die Rückwege hinzu, läßt sich der Spaziergang also durchaus zu einer kleinen Wanderung ausdehnen.

***Route 2:** Vom Bahnhof Herrsching auf der nördlichen Seepromenade zum Segelhafen und nach Lochschwab, weiter nach Rausch und wieder über die Herrschinger Seepromenade zum Bahnhof zurück. 7 km. Einige leichte Anstiege, trotzdem auch schon für kleinere Kinder geeignet.*

Wie bei Route 1 (siehe oben) wird zunächst die Fußgängerunterführung nördlich des Bahnhofs linksgerichtet durchquert. Dann geht's, abermals linkshaltend, in Richtung Kurparkschlößchen weiter, auf dem geteerten Fußweg rechts an der Evangelischen Kirche vorbei und zur Madeleine-Ruoff-Straße, der man nur ein paar Schritte nach rechts folgt, weil gleich wieder links ein schmaler Fußweg abzweigt, der uns zur Seepromenade bringt. Rechtsgerichtet kommt man an einem großen und gut ausgestatteten, demgemäß vielbesuchten Kinderspielplatz vorbei.

Anschließend wandert man auf seenahen Wegen im Linksbogen um die Bucht mit dem Segelhafen. Nach der Umrundung und 300 Meter vor dem Ende der nördlichen Seepromenade treffen wir auf ein Wegschild mit dem Hinweis auf eine Wegverbindung nach Breitbrunn. Hier wandern wir entsprechend dem Wegpfeil rechtsgerichtet zur Siedlung Lochschwab, folgen linkshaltend der Conrad-Schulz-Straße, dann rechtsabbiegend und für ein paar Meter der Holthausstraße, anschließend links hinauf der Gachenaustraße, die uns zur breiten Fahrstraße bringt, auf der wir abermals linkshaltend bis zur Zufahrt zur Bildungsstätte des Bayerischen Bauernverbands spazieren, die vor dem Herrschinger Ortsausgangsschild rechts abzweigt. Auf dieser geht's bis zum Ende der Sackstraße.

Dann wandern wir im Rechtsbogen, anschließend geradeaus und am nördlichen Siedlungsrand vorbei, bis zu einem linksabzweigenden Wiesenweg (nördliche Fortsetzung einer von rechts ankommenden Straße zwischen den Häusern 11a und 12!), der im Rechtsbogen zu einer Baumgruppe und zu einem grünen Tierschutzschild (wichtige Orientierungshilfe) hinführt und dort wieder in einen ausgeprägteren, stimmungsvollen Feldweg übergeht, auf dem man im Rechts-, dann Linksbogen und mit schönen Aus- und Rückblicken zum Ammersee und Kloster Andechs nach Rausch hinaufspaziert. Die Siedlung wird im Rechtsbogen durchquert.

Am südöstlichen Ausgang zweigt, im Linksbogen des Fahrsträßchens geradeaus, ein nach Herrsching beschilderter Fußweg ab, der südwärts über den Hang wieder nach Lochschwab hinabführt und dort in den Oberen Stocketweg übergeht, der wenig später ein zweites Mal auf die breite Ammersee-Ostuferstraße trifft. Jenseits der stark frequentierten Verkehrsachse stoßen wir auf die vom Herweg bereits vertraute Seepromenade, auf der wir linkshaltend wieder zum Herrschinger Bahnhof und Ausgangspunkt der Runde zurückkehren.

✱ Staatliche Seeschiffahrt
(Fahrzeiten am Ufer-Steg und im MVV-Fahrplan)

Schiffe Richtung Dießen: – Herrsching – Dießen – St. Alban – Riederau – Herrsching, Fahrzeit: 65 Minuten. – Herrsching – Riederau – St. Alban – Dießen – St. Alban – Riederau – Herrsching, Fahrzeit: 85 Minuten. – Nur an Sonntagen und Feiertagen: Herrsching – Riederau – St. Alban – Dießen – Herrsching, Fahrzeit: 65 Minuten. – Herrsching – Riederau – St. Alban – Dießen – St. Alban – Riederau – Herrsching, Fahrzeit: 81 Minuten. – Herrsching – Dießen – St. Alban – Riederau – Herrsching, Fahrzeit: 66 Minuten. – Nur an Sonntagen und Feiertagen: Herrsching – Dießen – Herrsching, Fahrzeit: 56 Minuten. – Herrsching – Dießen – St. Alban – Riederau – Herrsching, Fahrzeit: 70 Minuten. – Herrsching – Riederau – St. Alban – Dießen – St. Alban – Riederau – Herrsching, Fahrzeit: 80 Minuten. – Nur an Sonntagen und Feiertagen: Herrsching – Riederau – Dießen –

Herrsching, Fahrzeit: 63 Minuten. – Herrsching – Dießen – St. Alban – Riederau – Herrsching, Fahrzeit: 66 Minuten.

Schiffe in Richtung Stegen: – Herrsching – Holzhausen – Utting – Breitbrunn – Schondorf – Buch – Stegen, Fahrzeit: 68 Minuten. – Herrsching – Holzhausen – Utting – Breitbrunn – Schondorf – Buch – Stegen, Fahrzeit: 68 Minuten. – Nur Sonntag und Feiertag: Herrsching – Breitbrunn – Buch – Stegen, Fahrzeit: 42 Minuten. – Herrsching – Holzhausen – Utting – Breitbrunn – Schondorf – Buch – Stegen, Fahrzeit: 72 Minuten. – Nur Sonntag und Feiertag: Herrsching – Breitbrunn – Buch – Stegen, Fahrzeit: 43 Minuten. – Herrsching – Utting – Schondorf – Stegen, Fahrzeit: 56 Minuten. – Herrsching – Holzhausen – Utting – Breitbrunn – Buch – Stegen, Fahrzeit: 71 Minuten. – Nur Sonntag und Feiertag: Herrsching – Utting – Schondorf – Stegen, Fahrzeit: 56 Minuten. – Herrsching direkt nach Stegen, Fahrzeit: 45 Minuten.

Einkehr am Weg

Ristorante Seespitz: In Herrsching. Biergarten.
Weitere Einkehrmöglichkeiten im Zentrum von Herrsching.

21 Mit der S6 nach Gauting

Abfahrt in München: mit der S6 in Richtung Tutzing/Starnberg, fahren bis Gauting. Die Züge fahren alle 20 bzw. 40 Minuten. Fahrzeiten im amtlichen Fahrplan.
Fahrpreise für die Hin- und Rückfahrt: München–Gauting und zurück = zweimal 2 Zonen.
Fahrzeit: einfache Fahrt ca. 27 Minuten.

Zum Waldlehrpfad an der Römerstraße

Daß es den Waldlehrpfad an der Römerstraße gibt, ist den Gautingern zu verdanken. Sie schlossen sich zu einer Bürgerinitiative zusammen und setzten sich für die Schaffung dieser neuen Erholungseinrichtung ein. Im Spätherbst 1970 wurde der Pfad mit viel Prominenz eingeweiht, darunter der Minister für Landwirtschaft und Forsten, Hans Eisenmann, sowie Landtagspräsident Rudolf Hanauer. Die Bläser vom Jägerverein München spielten auf, und die Kinder der Gautinger Volksschule sangen. Und Dr. Theo Deiglmayr vom Schutzverband Kreuzlinger Forst berichtete von der Mühe, die es gekostet hat, diesen Waldlehrpfad anzulegen. Fast unüberwindbar scheinende Schwierigkeiten waren zu bewältigen. So bestand der Plan, ein Bundeswehrlazarett im Forst zu errichten. Der Schutzgemeinschaft gelang es, diese Absicht zu verhindern. Gegen den Bau einer Autobahn durch den Forst setzte sich Landtagspräsident Hanauer schon seit vielen Jahren leidenschaftlich ein.

Eine Jugendgruppe wurde gegründet, deren Aufgabe es nicht nur ist, den Waldlehrpfad zu pflegen, sondern auch die Vorbereitungen für einen weiteren solchen Wanderweg bei Stockdorf zu treffen.

Römische Kohorten durchzogen den Forst

Wenn wir vom Gautinger Bahnhof herausgewandert sind und am Beginn des Waldlehrpfades stehen, befinden wir uns auf historischem Boden. Unter der heutigen Teerstraße liegt die einstige Römerstraße. Hier marschierten die römischen Kohorten aus der nahen Garnison Bratananium (Gauting) nach Augusta Vindelicorum

(Augsburg) oder südöstlich nach Juvavum (Salzburg). Dieses antike Straßenstück von Gauting nach »ad ambre« (Schöngeising) gehört zu den am besten erhaltenen römischen Militärstraßen Deutschlands.

Mehr über Römerstraßen: Tour 13.

Wandern

Route: *Vom Bahnhof Gauting über die Römerstraße zum Waldlehrpfad Kreuzlinger Forst und wieder nach Gauting zurück. 5,5 km. Auch für wißbegierige Kinder geeignet.*

Vom Gautinger Bahnhof wird zuerst links vor bis zu einer Querstraße spaziert, auf der man, abermals linksgerichtet, die Bahnschienen unterquert. Anschließend geht es über den Pippinplatz und auf der Pippinstraße bis zum nordwestlichen Siedlungsrand, wo links die Tassilostraße abzweigt. Auf dieser kommen wir zur Römerstraße, der wir nach rechts folgen. Etwa 400 Meter nach dem Siedlungsaus-

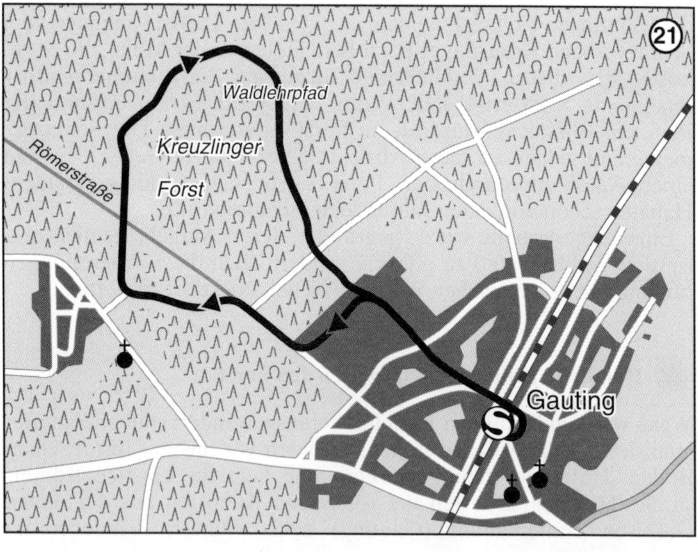

gang treffen wir rechts der Straße auf einen Wanderparkplatz mit einer Orientierungstafel, die uns den weiteren Wegverlauf auf dem Waldlehrpfad anzeigt.

Demgemäß geht's von der südöstlichen Ecke der Parkfläche auf einem Wiesensteig zunächst wieder südostwärts und im Rechtsbogen zur Römerstraße zurück, dann geradeaus über die historische Verkehrsachse und auf einem Forstweg bis zu einer Wegkreuzung, bei der man rechtshaltend weiterwandert. Auf der nächsten Querstraße geht's, abermals rechtsgerichtet, ein zweites Mal über die Römerstraße. Dann schwenkt der Weg, bei den folgenden zwei Wegteilungen wiederum rechtshaltend, in die südöstliche Richtung und führt uns nahezu schnurgerade, zuletzt im schattigen Mischwald, nach Gauting und zur eingangs bereits benutzten Pippinstraße zurück, auf der wir wieder zum Bahnhof zurückkehren.

Einst ein riesiger Urwald

Auch der Kreuzlinger Forst hat seine Geschichte. Beginnen wir bei der Gegenwart. Der Wald wird heute Zug um Zug »umgebaut«. In der Nähe der Großstadt gelegen, hat er auch eine Erholungsfunktion zu erfüllen. Das soll vor allem dadurch ermöglicht werden, daß der Fichtenwald mit dem standortgerechteren Mischwald durchsetzt wird. Freilich: Holzerzeugung für Papier, Möbel und Hausbau bleiben weiterhin die primären Aufgaben.

Drehen wir das Rad der Geschichte ganz weit zurück bis in die ersten Jahre der Besiedlung durch die Bajuwaren, so etwa um 450: Da war der Kreuzlinger Forst noch Teil eines riesigen Urwaldgebietes, nahezu unzugänglich – bis auf eine Ausnahme: die Römerstraße. Diese Heerstraße verlief mitten durch den Wald und stellte die großen Verbindungen zwischen Schwarzem Meer und Frankreich her.

Etwa 250 Jahre, nachdem die Römer das Land verlassen und die Bajuwaren sich seßhaft gemacht hatten (um 700), werden größere Teile des Waldes gerodet, die Besiedlung schreitet fort. Das gesamte Gebiet des Kreuzlinger Forstes gehört zum Gau der Huosi (zwischen Isar und Lech) und zum Schloß Hausen. Im Mittelalter formt sich der Kreuzlinger Forst langsam zu seiner heutigen Gestalt. Die großen Waldrodungen nehmen ein Ende, die Waldverteilung entspricht etwa der heutigen.

Mehr über die Geschichte des Waldes: Tour 13.

Wissens- und sehenswert in Gauting

Frauenkirche, gotisch, aus dem Jahre 1465, Hochaltar mit schöner, spätgotischer Madonna aus dem 15. Jahrhundert.
Pfarrkirche St. Benedikt, ursprünglich 15. Jahrhundert, in den Jahren 1934/35 neu gebaut. Sehr schöne Glasgemälde von Johann Kistenfeger, um 1500.
Ortsgeschichte: Älteste Siedlung des Würmtales. 778 bereits urkundlich erwähnt. Heute die größte Gemeinde des Würmtales. Mehr über Gauting: Tour 11.

Einkehr am Weg

Gasthof Zum Bären: An der Pippinstraße in Gauting. Garten.

22 Mit der S1 nach Freising

Abfahrt in München: mit der S1 in Richtung Freising, fahren bis Freising. Die Züge fahren alle 20 bzw. 40 Minuten. Fahrzeiten im amtlichen Fahrplan.
Fahrpreise für die Hin- und Rückfahrt: München–Freising und zurück = zweimal 3 Zonen.
Fahrzeit: einfache Fahrt ca. 42 Minuten.

In die älteste Stadt an der Isar

Freising ist die älteste Stadt an der Isar. Und es gibt noch einige weitere Superlative zu berichten. So erstellte die Kirche von Freising das älteste deutsche Güterverzeichnis, das älteste Buch deutscher Sprache kommt aus Freising, auf dem Domberg erklang das erste deutsche Kirchenlied, der erste Frührenaissancebau Altbayerns steht auf dem Freisinger Domberg, auf dem Weihenstephaner Berg befindet sich die älteste Brauerei der Welt, die älteste landwirtschaftliche Lehranstalt Deutschlands hat in ihrer unmittelbaren Nachbarschaft ihren Sitz, und: Den echten »Obazdn« gibt es auch nur in Weihenstephan.

Das soll erläutert werden: Nicht nur die Geschichte der Domstadt Freising, sondern die bayerische Geschichte überhaupt reicht hier bis in uralte Wurzeln zurück. Schon im frühen achten Jahrhundert stand auf dem Domberg eine Burg der Agilolfinger. Herzog Grimoald rief im Jahre 720 den fränkischen Wanderbischof Korbinian hierher, um von ihm die christliche Lehre verkünden zu lassen. Vor den Fenstern dieser Herzogpfalz hielt der Bischof hoch über der Isar, im Freien, den ersten feierlichen Gottesdienst. Im Jahre 739 kam Bonifatius nach Freising und erhob die Pflanzstätte christlichen Lebens zum Bistum. Inzwischen war die Marienkirche entstanden. Sie wurde Bischofssitz. Freising wurde Mittelpunkt altbayerischen Glaubens und der Wissenschaft.

Im ältesten deutschen Güterverzeichnis, das von der Freisinger Kirchenverwaltung aufgestellt wurde, zeichnet sich bereits das künftige Hochstift ab. Sehr früh drang übrigens von hier auch die Orgelkunst bis nach Rom. In der mittelalterlichen deutschen Musikkultur behauptete Freising bald seinen ersten Platz. Das älteste Buch deutscher Sprache war der Freisinger »Abrogans« – ein Glossar. Bischof Arbeo (764 bis 783) legte den Grundstock zur bayerischen Geschichtsschreibung. Er tut es in so köstlicher Art, daß man seine Aufzeichnungen über die Umgebung Münchens noch heute gerne liest.

Den ersten Frührenaissancebau Altbayerns finden wir oben auf dem Domberg: Es ist der von Stefan Rottaler im Jahre 1519 geschaffene Arkadenhof der ehemaligen fürstbischöflichen Residenz. Der wehrhafte Turm der Hauskapelle dürfte bis in das Jahr 1314 zurückreichen. Die älteste Brauerei, eine benediktinische Gründung, gibt es auf dem Weihenstephaner Berg seit dem Jahre 1146. Angegliedert ist eine inzwischen weltberühmt gewordene Hochschule für das Brauereiwesen. Und man sagt: Wo immer in der weiten Welt ein Trunk Bier labt, in Rom oder Kopenhagen, in Kairo, Kapstadt, Buenos Aires – es ist hundert gegen eins zu wetten, daß der Braumeister ein alter Weihenstephaner ist.

Und der »Obazde« schließlich ist eine in Weihenstephan geborene Käsespezialität. Man ißt ihn am besten im Bräustüberl oben auf dem Berg an historischer Stätte. Und dazu trinkt man das Champagner-Weiße.

Wandern

Route: *Vom Bahnhof Freising nach Weihenstephan, dann nördlich und am Rand des Freisinger Forsts um die Domstadt herum, zur Wallfahrtskirche Wies und über Neustift wieder nach Freising und zum Bahnhof zurück. 11 km. Einige Anstiege. Auch für wandergeübte, ältere Kinder bereits geeignet.*

Vom Freisinger Bahnhof wandern wir zunächst rechts vor zur Otto-Straße und auf dieser in gleicher Richtung noch ein paar Schritte bis zum links abbiegenden Fürstendamm weiter, der zur Linken der gemütlich dahintreibenden Moosach in die nordwestliche, dann südwestliche Richtung zieht. Im Anschluß an die Überquerung der Bahnhof-, dann Johannisstraße geht's rechts über die beiden Moosacharme und linksgerichtet am nördlichen Flußufer weiter. Der stimmungsvolle Weg stößt als nächstes auf eine Gabelung, bei der man schräg rechts weiterwandert und ansteigend zu einem abermals rechtsabbiegenden Weg gelangt, der sich zum Hochschulbereich des Weihenstephaner Bergs hinaufwindet.

Hier kommt man rechts zum traditionsreichen Bräustüberl mit dem freundlichen Wirtsgarten, in dem man sich zu einer »Obazdn«-Brotzeit niederlassen kann. Anschließend gehen wir wieder linkshaltend und in westlicher Richtung, zuletzt über einen Treppenabgang, bis zu einem Lehrgebäude mit einer vorgesetzten Stahlwendeltreppe (wichtige Orientierungshilfe!). Ein geteerter Fußweg zweigt vor diesem rechts ab, führt leicht bergab und trifft unten auf eine Querstraße, der man ein paar Meter nach rechts bis zu einer Orientierungstafel folgt, die für die Wegfortsetzung durch das Labyrinth der ausgedehnten Universitäts-, Fachhochschul- und Schulanlagen erläuternde Hinweise gibt.

Wir gehen von der Tafel ein paar Schritte links vor, überschreiten die Vöttinger Straße, wandern anschließend zwischen Institutsgebäuden und in nördlicher Richtung über einen gepflasterten Platz, am Nordrand des Innenhofs rechts an der Studentenkantine vorbei und auf einem Fußweg geradeaus weiter, der rechtsherum einen Weiher passiert und auf die Thalhauser Straße trifft. Auf der anderen Straßenseite nimmt uns ein leicht ansteigendes Sträßchen auf, das abermals an Universitätsgebäuden vorbeiführt. Anschließend wird die Lange Point überquert und auf der Steinbreite weitermarschiert. Unsere nordwärts orientierte Route zieht rechts an zahlreichen Gewächshäusern vorbei.

Nach einiger Zeit beschreibt das Pflastersträßchen einen Linksbogen, bei dem wir geradeaus zu einem weiteren Schulzentrum und durch eine Gebüschlücke zur Wippenhauser Straße gelangen, der wir auf einem gesonderten Rad- und Fußweg nur für ein kurzes Stück linksgerichtet folgen, weil bald wieder rechts der Weg zur Waldgaststätte Plantage abbiegt. Vor der efeuumrankten Waldwirtschaft geht es auf der Parkplatz-Zufahrt nur ein paar Meter nach rechts, dann vor einem Baum mit grüner MVV-Markierung noch mal rechts auf einem Waldweg weiter (wer Orientierungsprobleme hat, kann bis zur Waldsiedlung – siehe unten – auch die rechts am Parkplatz vorbeiführende Straße benutzen), der wenig später linkshaltend in die östliche Richtung schwenkt, einen kurzen Steilanstieg überwindet, an einer Sportanlage links vorbeiführt und sehr stimmungsvoll zwischen schattigen Laubbäumen und nördlicher Freisinger Siedlungsgrenze dahinzieht.

Bei der nächsten Wegteilung nehmen wir nicht den geradeaus bzw. nach rechts gerichteten Pfad, sondern den schräg links abzweigenden Weg (das Plakat zum Müll-Problem links am Baum dient als Orientierungshilfe!), der nordostwärts den Wald durchquert und südlich

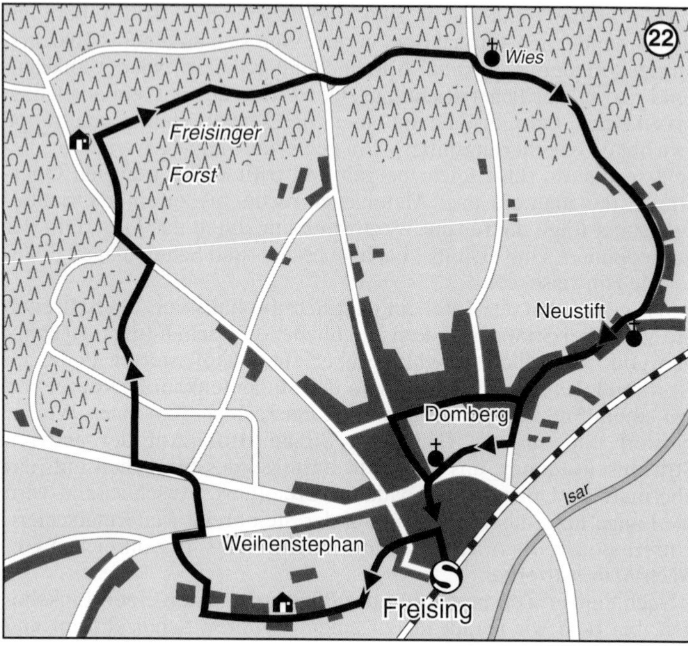

der Waldsiedlung auf die Haindlfinger Straße trifft. Schräg links geht's über die Fahrstraße, dann rechts auf einem Forstweg weiter, auf dem wir in östlicher Richtung bis zum querenden Kreuzweg wandern, dem wir nach links bis zur Mainburger Straße und zur Wallfahrtskirche Wies folgen. Nach der Besichtigung der Kirche und der Votivgaben folgen wir der Wiesenthalstraße, die südlich der Kirche einsetzt und uns am Waldrand entlang in südöstlicher Richtung wieder zum nordöstlichen Freisinger Siedlungsrand zurückführt.

Wir bleiben, am Siedlungseingang auf der ersten Querstraße linkshaltend, weiter auf der Wiesenthalstraße und kommen im Rechtsbogen zur berühmten Barockkirche von Neustift, deren Besuch sich die Kunstkenner natürlich nicht entgehen lassen. Anschließend wandern wir auf der Alten Poststraße, dann auf der General-Nagel-Straße stadteinwärts, überqueren die Mainburger Straße, gelangen zur Fußgängerzone und wenig später, auf der Hauptstraße rechtshaltend, ins Freisinger Stadtzentrum. Beim Marktplatz zweigt links der Zugang zum Freisinger Domberg ab, der nicht allein für Geschichts- und Kunstkenner, sondern auch wegen seiner schönen Aussicht einen Abstecher lohnt. Schließlich geht es auf der Bahnhofstraße, die südwestlich des Rathauses links von der Hauptstraße abzweigt, wieder zum Ausgangspunkt bzw. Freisinger Bahnhof zurück.

Eine Laune rettete den Dom

Der außen schlicht wirkende Bau der doppeltürmigen Kirche auf dem Domberg ist das Wahrzeichen der Stadt. Er war es seit eh und je. Und doch: Während der Säkularisation, im Jahre 1803, wäre der Freisinger Dom um ein Haar verlorengegangen. Um 500 Gulden war er bereits feilgeboten worden. Doch dann hatte ein französischer General die launige Idee, das prunkvoll ausgestattete Kirchengebäude zum Schauplatz einer Geburtstagsparade für Kaiser Napoleon zu wählen. Einige Jahre später, 1821, wurde das Erzbistum München und Freising errichtet; der Erzbischof bestieg seinen Thron in der Frauenkirche zu München. Die Geschichte Freisings ist so mannigfaltig, interessant und berichtenswert, daß es fast schade ist, wenn im folgenden der Bogen von der Vergangenheit bis zur Gegenwart nur in Stichworten wiedergegeben werden kann.

Wissens- und sehenswert

Dom: Als romanische Basilika 1160–1205 erbaut. 1480–1482 von Jörg von Halsbach eingewölbt. Das Innere 1723 von den Gebrüdern Asam in überreichem Barock ausgestattet. Patrone sind die hl. Maria und der hl. Korbinian. Vor 1205 romanische Krypta mit dreimal acht verschiedenen Tuffsäulen, darunter in der Mittelreihe die weltberühmte Bestiensäule. Reliquienschrein mit den Gebeinen des hl. Korbinian, 765 hierher gebracht. Kreuzgang im Dom: alte Grabsteine der Bischöfe und Domherren vom 14. bis 18. Jahrhundert. – Fürstbischöfliche Residenz, dann Priesterseminar, mit Renaissance-Arkadenhof aus dem Jahre 1519. Schöne Aussichtsterrasse mit Blick auf München und bei klarem Wetter auch auf die Alpen.
Weihenstephan: Ehemalige Benediktinerabtei von 1020, gegründet im 8. Jahrhundert, 1803 säkularisiert. Vom Kloster sind heute nur noch der Ost- und Südflügel erhalten. Jetzt weltberühmte Hoch-

schule für Brauwesen, Landwirtschaft und Gartenbau. Zahlreiche Institute.
Wieskirche: 1746 bis 1748 erbaut, um eine Kopie des Hochaltarbildes der Wieskirche bei Steingaden aufzunehmen (der gegeißelte Heiland). Deckenfresken aus dem Jahre 1762. Viele Votivgaben aus Wachs.
Neustift: »Nova cella«, ehemaliges Prämonstratenserkloster St. Peter und Paul, gegründet 1141. Barockbau von Giovanni Antonio Viscardi, 1700 bis 1715. Nach Brand von J. M. Fischer 1751 bis 1756 wieder errichtet. Klostergründung geht auf Otto von Freising, Sohn des heiligen Markgrafen Leopold III. von Österreich, und die Tochter Kaiser Heinrichs IV. zurück. Einmalig schöne Barockausstattung.
Stadtgeschichte: 909 Ungarneinfälle; 1116 von Welf V., genannt der Dicke, zerstört; 1159 durch Brand zerstört; im 30jährigen Krieg durch Schweden viermal geplündert; 1796 durch Franzosen vernichtet; 1803 Bistum säkularisiert; 1821 Erzbistum München und Freising errichtet.

Einkehr am Weg

Bräustüberl auf dem Weihenstephaner Berg. Biergarten mit Blick auf Versuchsfelder.
Waldgaststätte Plantage: Im Wald gelegenes Ausflugslokal.

23 Mit der S2 nach Dachau

Abfahrt in München: mit der S2 in Richtung Dachau, fahren bis Dachau. Die Züge fahren alle 20 bzw. 40 Minuten. Fahrzeiten im amtlichen Fahrplan.
Fahrpreise für die Hin- und Rückfahrt: München–Dachau und zurück = zweimal 2 Zonen.
Fahrzeit: einfache Fahrt ca. 22 Minuten.

✱ Zur romantischen Stadt an der Amper

Dachau ist eine alte Stadt, älter als München. Und, was man bewundern muß: Von diesem Alten ist noch viel erhalten geblieben. Wer in einer oberbayerischen Kleinstadt die Romantik vergangener Zeiten sucht, der folge diesem Wandervorschlag. Wir haben genügend Zeit, die Altstadt zu betrachten, uns die Beine zu vertreten und danach Brotzeit zu machen.

Dachau ist mit dem Namen Ludwig Thoma verbunden. In jungen Jahren schon hatte sich Thoma hier niedergelassen, und in seiner Rechtsanwaltskanzlei entstanden viele seiner Geschichten. Er selbst erzählt: »An einem Augustabend fuhr ich mit einem Freunde nach Dachau. Wie wir den Berg hinaufkamen und der Marktplatz mit seinen Giebelhäusern recht feierabendlich vor mir lag, überkam mich eine starke Sehnsucht, in dieser Stille zu leben. Ich besann mich nicht lange, folgte einem plötzlichen Einfalle und ich hatte es nicht zu bereuen…« Das war im Jahre 1894.

Dachau hat auch einen sehr traurigen Ruhm. Im Jahre 1933 wurde hier an einem Ort freundlichen, behaglichen und künstlerischen Lebens das Konzentrationslager, die Stätte des Grauens, geschaffen. Die Stadt und ihre Bewohner hatten damit nichts zu tun. Es gab vielmehr manche Dachauer Frauen und Männer, die oftmals unter Einsatz ihres Lebens den Gefangenen das Leben leichter machen wollten.

Dachau ist die Stadt der liebenswerten Künstlerkolonie und der beachtenswerten Schloßkonzerte. Und: In Dachau wird alle Jahre das Münchner Oktoberfest mit einem zünftigen Volksfest »vorbereitet«. Nicht irgendein Volksfest. Da gibt es den Kinderfestzug, bei dem viele hundert Buben und Mädchen in Märchengewändern durch die

Straßen ziehen. Da wird die historische Stadtsilhouette beim Großfeuerwerk in einen überaus bunten Raketenzauber getaucht. Es fehlt auch nicht das traditionelle Ochsenrennen, ein uralter Brauch, den man nur noch selten miterleben kann. Nicht zu vergessen die Dachauer Bläserbuben, die mit ihren Instrumenten schon viele Herzen in aller Welt erobert haben. Nicht weniger abwechslungsreich und interessant wie die Stadt selbst ist das Dachauer Hinterland. Trotz der Großstadtnähe geht es hier noch ländlich zu.

Wandern

Route: *Vom S-Bahnhof Dachau an der Amper entlang bis Günding und über Mitterndorf wieder zurück. 10 km. Völlig eben und auch für größere Kinder durchaus geeignet.*

Von der Nordseite des Dachauer Bahnhofplatzes marschiert man durch eine Fußgängerunterführung unter der Frühlingstraße hindurch und anschließend auf der Langhammerstraße zum Sparkassenplatz. Durch einen Tordurchgang kommen wir, weiterhin in westlicher Richtung, zur Münchner Straße, der wir rechtsgerichtet folgen. Unmittelbar vor der Amperbrücke zweigt links die Ludwig-Dill-Straße ab. Dann geht's auf dem Otto-Grass-Weg waldschattig neben der Amper bis auf die Höhe des Hallenbads (links vom Weg), wo ein Steg rechts über die Amper führt und eine erste Abkürzungsmöglichkeit eröffnet. Wir wandern indessen auf der Fahrstraße »Am alten Wehr« schräg links zur bereits bekannten Ludwig-Dill-Straße, auf dieser rechts am Schwimmbad vorbei und im Rechtsbogen zu einer weiteren Amperbrücke, mit der man die Runde ein weiteres Mal abkürzen könnte.

Die Großrunde führt hingegen vor der Brücke links weiter und unterm schattigen Ufergehölz am teilweise seeartig ausgebreiteten Gewässer dahin. Als nächstes wird erneut ein Flußübergang passiert, der sich ebenfalls im Sinne einer kürzeren Runde benutzen ließe. Anschließend spazieren wir auf dem südseitigen Dammweg knapp eineinhalb Kilometer bis zu einer Wegteilung, bei der man entweder rechtsabbiegend zuerst auf einem Betonsteg das Altwasser überquert, dann auf einem schattigen Fußpfad zur Fahrstraße zwischen Neuhimmelreich und Günding gelangt, auf der man rechtsgerichtet die Amper überschreitet.

▲ Pfarrkirche St. Johannes in Schöngeising

◀ Seeleiten am Starnberger See

▼ Seepromenade in Tutzing

▲ Kloster St. Ottilien bei Geltendorf

▼ Bootssteg in Utting am Ammersee

▲ Kloster Beuerberg an der Loisach

▶ Klosterkirche St. Martin in Bernried

▼ Schilfufer am Pilsensee

▲ Frühlingsstimmung am Weßlinger See

▼ Die Isar bei Wolfratshausen

▲ Blick auf Kloster Andechs

▼ Herrschinger Seepromenade

Schule

▲ St. Annakapelle bei Sauerlach

◀ Klosterkirche Schäftlarn

▼ Blumenbalkon in Dietramszell

▲ Blick auf den Ebersberger Marienplatz

▼ Kirche St. Leonhard in Siegertsbrunn

▲ Ebersberg mit Fernsicht auf die Alpen

▼ Biergarten in Aying

▲ St. Kolomann in Kirchseeon

▶ Kirchlein bei Hintereggelburg

▼ Das »Herderhäusl« bei Aufhausen

▲ Wanderer bei Grafrath

▼ Blick auf Bergkirchen

▲ Abendstimmung über Freising

▶ Auf dem Freisinger Domberg

▼ Schloß Dachau und Schloßpark

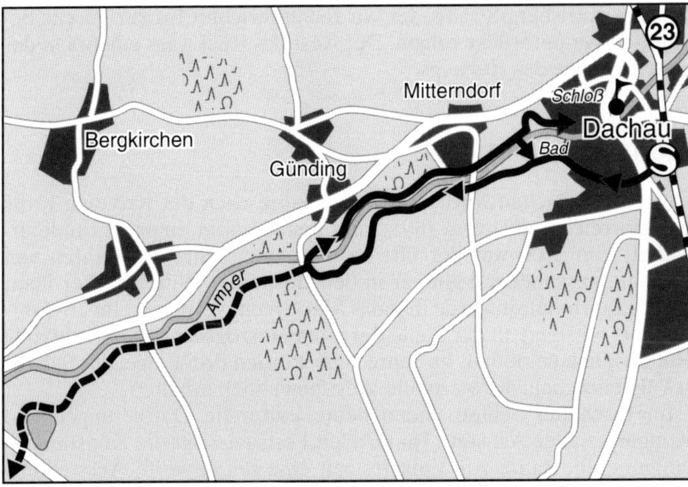

Andernfalls geht es geradeaus und zuletzt auf einem Feldweg zum Wendepunkt Neuhimmelreich und hier auf der Fahrstraße rechts vor. So oder so wandert man nach der Amperbrücke und vor einem Werkskanal rechtsgerichtet zu einem E-Werk, rechts daran vorbei, dann auf einem schattigen Dammweg bis zu einem Wanderheim, unmittelbar davor auf einem Holzsteg links über den Kanal, dann auf einem Betonsteg noch mal links hinüber und anschließend rechts weiter. Nach einiger Zeit geht's rechts über die Maisach. Bei der anschließenden Wegteilung kann man rechtshaltend ohne Umschweife wieder zum nordseitigen Amperweg aufschließen.

Die hier empfohlene Route führt indessen linksgerichtet bis zu einer Fahrstraße, neben dieser rechts vor bis zum Ortseingang von Mitterndorf, auf der Ignaz-Taschner-Straße rechts, auf dem Platzöderweg abermals rechts ins Ortszentrum von Mitterndorf und hier auf der Heinrich-Nicolaus-Straße kurz rechts bis zur links abzweigenden Leobadstraße, die wieder zur Amper zurückführt. Nach der Überquerung einer Fahrstraße spazieren wir am linken Flußufer weiter, dann zwischen dem Dachauer Schloßberg und einem idyllischen Kanal (ein Abstecher links hinauf zum aussichtsreichen Schloßpark würde sich durchaus lohnen) bis zu einer Holzbrücke, wechseln zur anderen Kanalseite und kommen, auf der Baumgartenstraße links vor, zur Karlsberg-Straße, der wir rechtsgerichtet bis zur bereits bekannten Amperbrücke folgen. Der Rest des Rückwegs entspricht der ersten Etappe des Herwegs.

Dachau in Stichworten

Der Name Dachau wird »im fünften Jahre nach der Krönung Karls des glorreichen Kaisers« (805) zum erstenmal in einer Urkunde erwähnt. Um 1100 war der Ort an der Amper Sitz der Grafen von Dachau, anschließend ging er in den Besitz der Wittelsbacher über. Im 13. Jahrhundert wurde ihm das Marktrecht verliehen. Im 16. Jahrhundert entstand an der Stelle der alten Herzogsburg der prachtvolle Renaissanceschloßbau. Im Jahre 1806 wurden drei Flügel des Schlosses abgebrochen, der wertvolle Westflügel blieb erhalten.

Im Dachauer Schloß finden heute kulturelle Darbietungen und Kongresse aller Art statt. Im Großen Festsaal zeigt die Künstlervereinigung alle Jahre zur Volksfestzeit eine sehenswerte Ausstellung. Zu den Dachauer Schloßkonzerten kommt viel Künstler-Prominenz: Sänger, Musiker, Dirigenten mit klingenden Namen. Gediegene Bürgerhäuser, meist schon Jahrhunderte alt, prägen das Gesicht der Altstadt. Malerische Winkel überraschen den Besucher. Am Abend wird der Berg mit der Schloßanlage künstlich beleuchtet. Wie in alten Zeiten sprudeln an vielen Ecken, an Plätzen und in Winkeln kleine und große Brunnen. An einem ruhigen Sonntagvormittag oder an einem herbstlichen Abend ist es nicht schwer, sich das Leben und Treiben von einst in der Phantasie vorzustellen.

Wandern wir hinauf auf den Schloßberg. Eine herrliche Aussicht lohnt die kleine Mühe.

Einkehr in Dachau

Schloßcafé: In Dachau.

24 Mit der S2 und Linie A nach Dachau/Altomünster

Abfahrt in München: mit der S2 nach Dachau, dort umsteigen in die Linie A nach Altomünster, Hin- und Rückfahrt: Umsteigen in Dachau. Fahrzeiten im amtlichen Fahrplan.
Fahrpreise für die Hin- und Rückfahrt: München–Altomünster und zurück = zweimal 3 Zonen.
Fahrzeit: einfache Fahrt ca. 65 Minuten.

Auf Ludwig Thomas Spuren

Bei dieser Tour mogeln wir ein bißchen. Denn mit der S-Bahn geht's bis Dachau, dann müssen wir umsteigen in die Linie A, die bis Altomünster fährt. 1994 erhielt die ehemalige »Ludwig-Thoma-Localbahn« von Dachau nach Altomünster mehr Schwung. Die Strecke wurde ausgebaut und auf S-Bahn-Standard gebracht, moderne Züge und ein Taktfahrplan sowie einige durchgehende Züge von und nach München Hbf steigerten die Attraktivität der »S-Bahn-Linie A«.

Wandern

Route: *Vom Bahnhof Altomünster entweder zur Klosterkirche und durch den Ort oder mit einer zusätzlichen kurzen Rundwanderung nach Stumpfenbach. Ortsrundgang 1 bis 1,5 km, Rundweg Stumpfenbach knapp 4 km. Auch für kleinere Kinder geeignet.*

Wer sich mit dem Ortsrundgang begnügt, spaziert vom Bahnhof Altomünster zunächst links vor zur Bahnhofstraße und auf dieser rechtsgerichtet zur Bierbrauerei und zum gemütlichen Marktplatz hinauf. Nach der Besichtigung des von schmucken Bürgerhäusern gesäumten Marktzentrums geht es schräg links über den Platz zur Kirchenstraße und über einen Treppenaufgang zur erhaben plazierten Klosterkirche hinauf. Im Anschluß an den Kunstgenuß kann man noch einen Rundgang um die Klosteranlage unternehmen und den Besuch Altomünsters mit einer Brotzeit in einem der einladenden Gasthäuser beschließen.

Wer mit dem Altomünster-Besuch noch eine kleine Wanderung verbinden möchte, geht vom Bahnhof, wie beschrieben, zum Marktplatz, folgt dann schräg rechts der Nerbstraße bis zum rechts abzweigenden Faberweg, der als schmale Teerstraße über freies Feld nach Stumpfenbach hinabzieht und hier in den Kapellenweg einmündet. Von Stumpfenbach geht es anschließend auf dem Kapellenweg wieder ein kurzes Stück bis zu einer Weggabelung zurück, jetzt aber linksgerichtet zum nordwestlichen Ortsrand und zu einem Feldweg, der in Nähe der Bahn in nördlicher Richtung wieder nach Altomünster führt. Hier kann man entweder auf der bereits bekannten Bahnhofstraße nach links zum Bahnhof zurückkehren oder schon vorher einen Abkürzer benutzen, der nach dem Friedhof links abzweigt und ein Reitzentrum passiert.

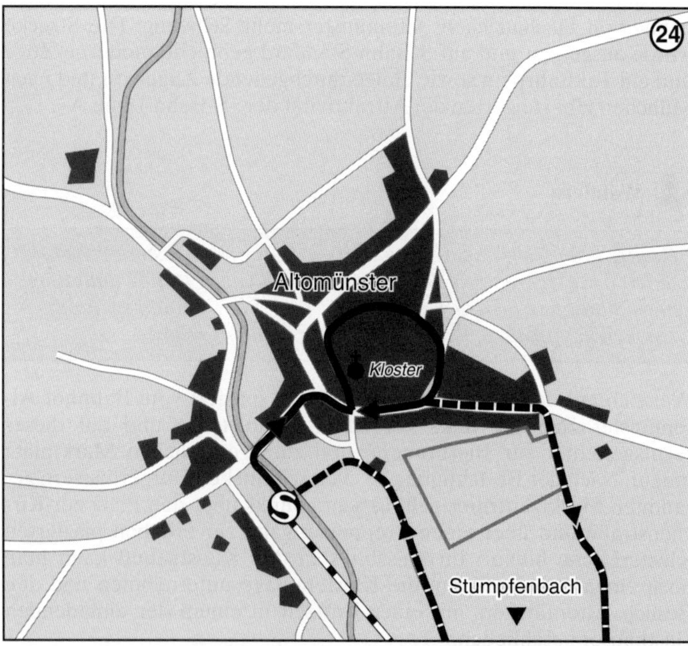

Wie das erste Kloster entstand

Der Ortsname sagt uns, daß hier oben einmal ein Alto ein Münster gebaut oder gegründet hat. Er war ein heiliger Abt, das wissen wir. Das ist aber auch schon alles. Den Rest der Geschichte müssen wir uns aus der Legende zusammenreimen.

Hätte es nicht den Mönch Otloh von Regensburg gegeben, der die Legende 300 Jahre nach dem Tode von St. Alto aufgeschrieben hat, wüßten wir aus den Anfangsjahren des Münsters wahrscheinlich gar nichts. Der aber berichtet uns, daß von den vielen Iro-Schotten, die im 8. und 9. Jahrhundert ihre Heimat verließen, um die Botschaft Christi zu verkünden, einer mit dem Namen Alto wahrscheinlich um das Jahr 740 hierher kam, um zunächst in der Waldeinsamkeit für Gott zu leben. Er hatte sich in Freising von dem späteren Salzburger Bischof Virgil getrennt. Zwanzig Jahre lang war von ihm nichts mehr zu hören.

Dann endlich taucht ein geschichtliches Zeugnis auf, eine Schenkungsurkunde, die er im Jahre 760 unterschrieben hat. Er war dabei aber nicht Hauptbeteiligter, sondern nur als Zeuge vorgeladen worden. Und er unterschrieb mit »Alto reclauses« (Einsiedler). Der Einsiedler Alto durfte schließlich ein königliches Geschenk annehmen. Pippin der Jüngere überließ ihm den Wald, in dem er lebte. Als die ersten Gefährten kamen, erwachte der Gedanke, ein Kloster mit einer Kirche zu bauen. Das Messer, mit dem er die Bäume, die gefällt werden sollten, anzeichnete, ist bis zum heutigen Tage erhalten. In den Urkunden ist erstmals von einem »Altoburg« die Rede. Der Abt Alto starb, das Kloster lebte weiter – bis zum 10. Jahrhundert. Da kamen die Ungarn und verwüsteten Kloster und Kirche. Den Grundbesitz eignete sich ein Graf Welf an. Doch St. Alto erschien ihm zweimal, da mußte er den Boden wieder herausgeben. Im 15. Jahrhundert entstand neben dem Mönchskloster auch ein Frauenkloster. Frauen und Männer gehörten dem kleinen Orden der Birgitten (nach der schwedischen Heiligen benannt) an.

1863 starb der letzte Birgittiner

Nur durch einen Zufall existiert noch heute das Birgittenkloster in Altomünster. Das kam so: Am 18. März des Jahres 1803 verkündete der Landrichter Franz Tümmermann, daß das Doppelkloster (Männer und Frauen) aufgelöst werde. Die Mönche wurden verjagt, ihr

Klostertrakt wurde an Privatleute verkauft – das war die Säkularisation. 60 Jahre später, am 13. April 1863, starb in Altenerding der letzte Birgittinermönch von Altomünster und mit ihm der letzte Birgittiner der ganzen Welt.

Auch das Nonnenkloster war 1803 mit aufgelöst worden. Mit den Frauen verfuhr man ein wenig gnädiger. Sie bekamen eine winzige Pension, der Grundbesitz wurde versteigert, den Wald eignete sich der Staat an, der 1806 einen Teil an die Marktgemeinde abgab. Die Nonnen durften in ihrem alten Kloster bleiben, weil man für das Gebäude keinen Käufer finden konnte. Sie mußten jedoch alles unterlassen, was auf ihr klösterliches Leben hinweisen konnte. So durften sie vor allem nicht die gemeinsamen Ordensgebete verrichten.

Die Klostergemeinschaft war bis auf wenige Personen zusammengeschrumpft. Endlich, am 7. September des Jahres 1840, erlaubte König Ludwig I. die Neuaufnahme von Kloster-Kandidatinnen. Fünf Monate später schon, am 17. Februar 1841, wurde in einer königlichen Urkunde der Weiterbestand des Klosters zugesichert. Vier Wochen danach wurden die ersten zehn Kandidatinnen nach vielen Jahren der Not eingekleidet.

Die Hauptniederlassung des Ordens befindet sich in Rom. Er wurde im Jahre 1346 von der hl. Birgitta, einer hochadeligen Schwedin, gegründet. Er hieß ursprünglich Erlöserorden. Es war ein Doppelorden von Frauen und Männern, die eigene Klosterbauten hatten, aber gemeinsam das Chorgebet verrichteten. Der Orden besaß bis 1802 die Klöster Gnadenberg bei Nürnberg und Maihingen bei Nördlingen.

✶ Eine der bedeutendsten Rokokokirchen

Die heutige Kirche von Altomünster gilt als eine der bedeutendsten Rokoko-Schöpfungen (neben Dießen, Wies und Ottobeuren) in ganz Bayern. Sie ist das letzte Werk des großen Kirchenbaumeisters Johann Michael Fischer. Er starb während des Baues, den Balthasar Trischberger zu Ende führte. Johann Baptist Straub, ebenso berühmt, schuf den Hauptteil der Bildhauerarbeiten.

Im Jahre 1763 erhielt der kurkölnische Hofbaumeister Johann Michael Fischer den Auftrag zum Bau der Kirche. Am 22. Mai wurden die Arbeiten aufgenommen. Drei Jahre später starb der Meister. Zwei Monate nach seinem Tod, am 9. Juli 1766, fügte der Prior des Klosters den letzten Stein in das Gewölbe der Kirche ein. Es dauerte noch einmal sieben Jahre, ehe der Freisinger Fürstbischof Ludwig Josef unter der Mitwirkung des Weihbischofs Ernst von Herberstein die feierliche Einweihung am 29. September 1773 vornahm.

Besonders dekorativ in dem sakralen Bau wirken die Deckengemälde. Die drei Gemälde im Herrenchor zeigen den Evangelisten Johannes, der auf Patmos die Geheime Offenbarung empfängt. Ferner: Über dem Kelch des hl. Alto erscheint bei der Wandlung das Christuskind. Und: Die hl. Birgitta schaut am Pfingstfest das Lamm Gottes in der Hostie.

Großartig und ungewöhnlich figurenreich ist das Deckengemälde in der Hauptkuppel, 1768 von Josef Mages gemalt und von ihm signiert. Es zeigt die Übergabe des Klosters durch Georg den Reichen an die Birgitten. Rechts vom Herzog hält Graf Wolfgang von Sandizell einen Birgittenmantel, und seine Frau trägt die Birgittenkrone. Über dem Gründungsmitglied steht Maria auf den Wolken mit dem hl. Alto und Johannes dem Täufer inmitten von Gestalten des Alten Bundes. Darüber erscheinen Heilige. In der Mitte die Dreifaltigkeit. (Zu empfehlen: ausführlicher Kirchenführer am Schriftenstand der Kirche.)

Einkehr am Weg

Maierbräu: Am Marktplatz in Altomünster. Brauerei-Gaststätte, Terrasse.

25 Mit der S2 und Linie A nach Dachau/Indersdorf

Abfahrt in München: mit der S2 nach Dachau, dort umsteigen in die Linie A nach Altomünster, fahren bis Markt Indersdorf. Hin- und Rückfahrt: Umsteigen in Dachau. Fahrzeiten im amtlichen Fahrplan.
Fahrpreise für die Hin- und Rückfahrt: München – Indersdorf und zurück = zweimal 3 Zonen.
Fahrzeit: einfache Fahrt ca. 47 Minuten.

Ins Glonntal und zum Kloster Indersdorf

Die Glonn sorgt für saubere Trennung in Indersdorf: Der Markt mit seinem hübschen Marktplatz liegt nordwestlich des Flusses, das Kloster mit seinen umfangreichen Baulichkeiten südöstlich. Durch eine Brücke werden beide miteinander verbunden.

Zuerst war der Ort da – genauer: ein Hof, dann wurde das Kloster gegründet, das unter den beiden Niederlassungen später die Hauptrolle übernahm. Heute ist es eher wieder umgekehrt: Die politische Gemeinde Indersdorf gewinnt im Landkreis Dachau zusehends an Bedeutung. Sie ist im bayerischen Regionalentwicklungsplan als ein sogenanntes Kleinzentrum vorgesehen.

Spazierengehen können wir in Indersdorf, soviel wir wollen. Ausgebaute Spazier- und gekennzeichnete Wanderwege gibt es genügend. Doch schon ein Gang durch die weiträumigen Klosteranlagen und von dort über das breite Tal der Glonn hinüber zur Marktgemeinde ist ein schönes Erlebnis.

Indersdorf in Stichworten

Die Klostergeschichte: Der Ortsname stammt von einem Geistlichen namens Undeo. 804 wird er in Urkunden als Kleriker genannt. Dieser Undeo übergab im Jahr 848 den Besitz zu Inzemoos, Glonn und Iepinkirchen dem Dom zu Freising. 1096 baute Pfalzgraf Otto III. von Wittelsbach eine kleine Kapelle, nachdem er von einem Besuch im Heiligen Land eine Reliquie des hl. Nikolaus von Myra mitgebracht haben soll. Dann mußte Otto IV. als Sühne für seine Teilnahme an der Gefangennahme des Papstes in Rom 1111 ein Kloster stiften. Er errichtete bei der kleinen Nikolauskapelle einen Holzbau, der 1126 fertig wurde. Sechs Augustiner-Chorherren aus dem Kloster Marbach bei Basel waren die ersten Bewohner. Das Kloster wuchs und entwickelte sich bald zu großer Blüte, unterbrochen von Zeiten schwerer Krisen. Am 13. März 1837 starb der letzte der Indersdorfer Chorherren. Schon Jahrzehnte vorher hatten die Salesianerinnen, die bereits 1783 nach Indersdorf beordert worden waren, die Klostergebäude inne. Unter ihrer Oberin Maria Aloisia von Guttenberg richteten sie ein Mädchen-Institut ein. 1831 siedelten sie nach Dietramszell über. 1856 wurde das Haus Bewahranstalt für verwahrloste Kinder, 1949 Verschleppten-Kinderheim, 1970 kamen die Barmherzigen Schwestern und gründeten eine Mädchen-Oberschule mit Internat. Eine Hauswirtschaftsschule und ein Kindergarten wurden angegliedert.

Gott half – bei einer Notlüge

Als »Bärtling« wurde der Laienbruder Maroldus kurz nach der Gründung des Klosters Indersdorf aufgenommen. Von ihm gäbe es nichts Aufregendes zu berichten, wenn nicht Gott ihm bei einer Notlüge geholfen hätte. Als er starb, wurde ihm zu Ehren ein Bildstock an der Straße zwischen Straßbach und Indersdorf mit einer Inschrift versehen. Er ist heute noch in gut erhaltenem Zustand.

Er hatte wirklich ein Herz für die Armen, der selige Bruder Maroldus. Und so half er ihnen, wo er nur konnte. Das war für ihn nicht schwer, weil er die Küche des Klosters leitete sowie auch die Ökonomie Mayrhof zu Straßbach. Dem Hof war auch ein Hospiz angeschlossen. Bruder Maroldus trug »das von dem Conventtisch überbliebene Brod und den Wein fleißig zusammen und brachte diese Überbleibselein denen Siechen zu« – so berichtet es 600 Jahre nach seinem Tod der Propst Gelasius Morhard, der 1762 eine Chronik des Klosters schrieb. In frommem Eifer tat der Bruder wohl dabei des Guten etwas zuviel, weshalb ihn der Propst eines Tages zur Rede stellen wollte. An einem Bildstock mit dem Bild des Gekreuzigten machte Maroldus auf seinem Weg nach Mayrhof jedesmal halt und verrichtete eine kurze Andacht. Während er so betete, stand plötzlich Propst Heinrich vor ihm (ihm war nämlich hinterbracht worden, daß Maroldus das Klostergut vergeude) und wollte wissen, was er denn da in seinem Korb habe. Da war der Bruder so erschrocken, daß er eine Notlüge gebrauchte: In der Flasche sei Lauge, um die Armen und Kranken zu waschen; in dem Korb seien Späne, mit denen er die Lauge erwärmen wolle. Der Propst schaute nach – Bruder Maroldus hatte die »Wahrheit« gesprochen. Er sah Lauge und Späne im Korb.

Der gottesfürchtige Mann konnte den Vorgang nicht fassen, und er berichtete dem Propst nun doch die reine Wahrheit. Der aber verstand den Wink des Himmels und befahl ihm, »hinfüran allzeit etwas für die Siechen mitzunehmen, wann er auf Straßbach gehete«.

Bruder Maroldus lebte nur noch ein Jahr nach dieser wundersamen Begebenheit. Am 23. Februar 1172 starb er während des Gebets an der kleinen Bildsäule »mit gebogenen Knyen und erhebten Händen«, so wie ihn eben der Tod überrascht hatte. Und wieder geschah etwas Wunderbares: Die Glocken der Klosterkirche von Indersdorf fingen ganz von selbst zu läuten an, und sie hörten erst auf, als man den Toten gefunden hatte.

Feierlich wurde er nun in die Klosterkirche heimgeholt und vor dem Altar des hl. Augustinus beigesetzt. Nur Stifter und Pröpste waren vorher an dieser Stelle beigesetzt worden. Lange Zeit wurde der selige Maroldus verehrt, und viele Votivtafeln kündeten von Gebetserhörungen. Legende und Wahrheit mischen sich in dieser Geschichte. Wie es wirklich war, weiß heute niemand mehr.

Wandern

Route: *Vom S-Bahnhof Dachau mit der Linie A nach Indersdorf. Dort vom Bahnhof zum Kloster bzw. zur Klosterkirche Indersdorf. Weiter nach Markt Indersdorf und wieder zum Bahnhof zurück. 2,5 km , also auch bereits mit kleineren Kindern durchführbar.*

Der kleine Rundspaziergang führt vom Indersdorfer Bahnhof zuerst nordwärts zur Hauptstraße, auf dieser rechts zur Dachauer Straße, der man nach links folgt. Wenig später geht es wieder rechtsabzweigend auf der Ludwig-Thoma-Straße über den Rothbach und noch mal rechts zum Kloster bzw. zur Kirche. Vis-à-vis steht ein schönes Gasthaus. Nach der Kirchenbesichtigung und Brotzeitpause geht man wieder auf gleichem Weg bis zur Ludwig-Thoma-Straße zurück, auf dieser rechtsgerichtet, dann im Linksbogen zur bereits bekannten Dachauer Straße, auf der man nach rechts die Glonn überquert und zum Indersdorfer Marktzentrum spaziert. Am Südrand des Marktplatzes zeigt uns ein origineller holzgeschnitzter Wegweiser die Fortsetzung unseres Rundgangs an, der auf einem Fußweg über freies Feld und in südlicher Richtung wieder zum Bahnhof Indersdorf zurückführt.

Einkehr am Weg

Kloster-Gaststätte: In Kloster Indersdorf. Brauereiausschank.

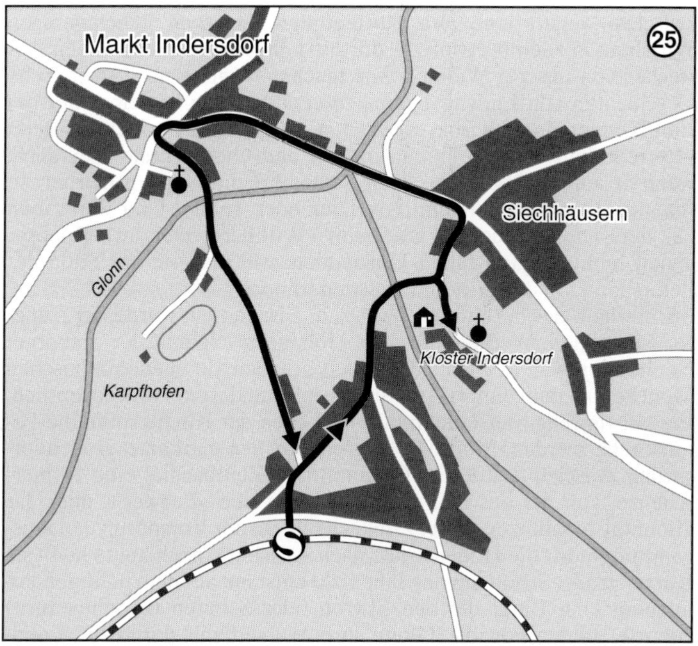

26 Mit der S 2 und Linie A nach Dachau/Erdweg

Abfahrt in München: mit der S2 nach Dachau, dort umsteigen in die Linie A nach Altomünster, fahren bis Erdweg. Hin- und Rückfahrt: Umsteigen in Dachau. Fahrzeiten im amtlichen Fahrplan.
Fahrpreise für die Hin- und Rückfahrt: München – Erdweg und zurück = zweimal 3 Zonen.
Fahrzeit: einfache Fahrt ca. 56 Minuten.

✱ In Ludwig Thomas Jagdrevier um den Petersberg

Vom kleinen Bahnhof Erdweg machen wir eine kurze Wanderung – es ist mehr ein Spaziergang – hinein in Ludwig Thomas Jagdrevier am Petersberg mit seiner einzigartigen romanischen Basilika. Der inzwischen verstorbene alte Rottenfußer-Wirt vom gleichnamigen Wirtshaus in Kleinberghofen – dorthin können wir einen kleinen Abstecher von unserer Wanderroute machen – wußte noch so manche Geschichten von Ludwig Thoma zu erzählen, wie uns einer der besten Kenner des Oberbayerischen, Karl Spengler, berichtet. Beim »Rottenfußer« kehrte Thoma oft ein und übernachtete hier auch, wenn er auf die Jagd ging. Viele seiner Freunde kamen hierher, so Ignatius Taschner, Wilhelm von Diez oder Thöny. Und wenn man bei den Thoma-Stücken, wie beim »Wittiber« oder im »Ruepp«, genau hinhört, dann fallen Dorfnamen, wie man sie am Fuße des Petersberges in der Wirklichkeit wiederfindet.

Unterhalb des berühmten Berges, in Eisenhofen, wurde der frühere Münchner Weihbischof Dr. Johannes Neuhäusler geboren. Neuhäusler war es auch, der das Vorhaben der benediktinischen Mönche aus dem Jahre 1104 im 20. Jahrhundert verwirklichen ließ: Ein geistig-religiöser Quellpunkt im Leben der Kirche sollte die Peterskirche werden. Vor 2000 Jahren war der markante Höhenvorsprung zwischen mittlerem Glonntal und Zeitlbachtal eine Römerschanze, von der aus man den Übergang, den »Erdweg«, über das Glonntal zu schützen hatte. Zugleich bildete der Vorsprung den Ausgangspunkt für die Höhenstraße nach Augsburg; noch heute heißt sie Römerstraße. Schon um das Jahr 1000 entstand auf dem heutigen Petersberg eine Burg, die den Skyren oder Schyren (= Scheyerern) gehörte. Unten zog die Glonn ihre Wasserbahn durch die Landschaft, und man nannte die Burg »Glaneck« nach dem lateinischen Namen für Glonn = Glana. Und auch Eisenhofen hatte schon damals seine Geschichte. Zur Zeit der Völkerwanderung war, von Südosten her, der Stamm der Huosi hier seßhaft geworden. Ursprünglich hieß Eisenhofen Usenhowen, das heißt Hof der Huosi. Die Siedlung ist demnach schon uralt.

✱ Im KZ begann die neue Geschichte

Am 3. Juni 1952 wurde auf dem Petersberg der Grundstein zu einem modernen kirchlichen Bildungszentrum gelegt, am 1. Mai 1953 gab der damalige Erzbischof von München und Freising, Kardinal Wendel, dem Haus den kirchlichen Segen. Die Geschichte dieses Hauses hatte im KZ Dachau begonnen.

Der im nahen Eisenhofen geborene ehemalige Münchner Weihbischof Dr. Johannes Neuhäusler war in den Jahren 1941 bis 1945 politischer Häftling im KZ Dachau. Und es schien ausgeschlossen, daß er jemals wieder in die Freiheit zurückkehren würde. Er selbst berichtete, daß er damals in den schwersten Stunden Gott das Versprechen gab, »wenn er ›gleich Petrus und durch die Fürbitte des heiligen Petrus wieder heil aus dem KZ komme‹, wolle er die Kirche auf dem Petersberg zu einem religiösen Zentrum des ganzen Glonngaues machen«. Seine Bitte wurde erhört, er löste sein Versprechen ein.

Im Winterhalbjahr finden auf dem Petersberg zwölfwöchige Landvolk-Hochschulkurse für Mädchen ab 19 Jahren aus den Bistümern München, Augsburg und Eichstätt statt. Die Parallelkurse für junge Männer laufen in der Wies bei Steingaden. Zwischen den zwei Mädchenkursen werden allgemeine Tagungen für das Landvolk veranstaltet, für Bauern, Handwerker, Arbeiter, Akademiker, Lehrer, Priester und Politiker – für Menschen, denen die Zukunft des Dorfes am Herzen liegt. Im Sommer steht das Haus allen aus Stadt und Land und aus allen Berufszweigen zur religiösen und geistigen Weiterbildung offen. Weihbischof Dr. Neuhäusler vollendete mit dem Einlösen seines Versprechens ein Vorhaben, das die benediktinischen Mönche bereits im Jahre 1104 hatten, als sie hier ihre Kirche bauten.

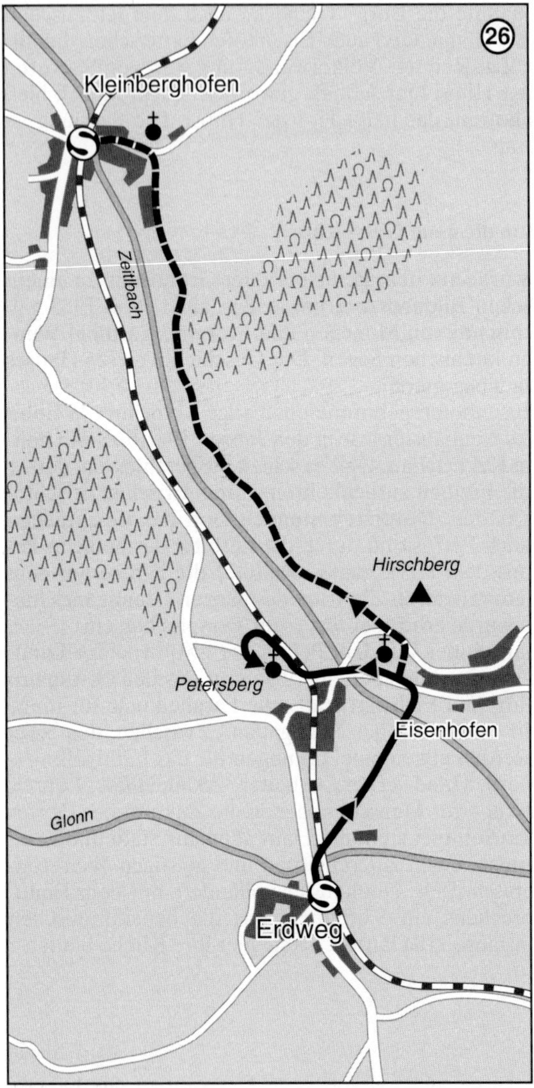
26
Kleinberghofen
Zeitlbach
Hirschberg
Petersberg
Eisenhofen
Glonn
Erdweg

Wandern

***Route:** Von der S-Bahn-Station Dachau mit der Linie A weiter nach Erdweg und dort mit einem kleinen Rundspaziergang über Eisenhofen zur Basilika auf dem Petersberg. Insgesamt 4,5 km. Auch für Kinder geeignet.*

Vom Bahnhaltepunkt Erdweg wird zunächst entsprechend dem Wanderwegweiser zum Petersberg in nordwestlicher Richtung zur Fahrstraße spaziert und auf dieser rechtshaltend die Glonn überquert. Gleich nach der Brücke zweigt rechts der Bahnweg ab, der nordwärts über freies Feld führt. Als nächstes geht's über den Zeitlbach und zum malerisch gelegenen Dorf Eisenhofen. Hier folgen wir linksgerichtet der Unteren Dorfstraße, wandern links an der Kirche mit dem Friedhof vorbei und kommen auf einem Wiesenpfad zu einer Ortsrandsiedlung, an der es rechts vorbeigeht. Anschließend gehen wir auf der querenden Fahrstraße ein paar Meter links vor, überschreiten abermals den Zeitlbach und folgen gleich danach der rechts abzweigenden Schleifmühlstraße, die nördlich der Bahn in Richtung Kleinberghofen führt.

Nach etwa 500 Metern treffen wir auf einen Bahnübergang, über den wir linksgerichtet die Schienen queren. Jenseits der Bahntrasse nimmt uns schließlich ein Waldweg auf, der im langgezogenen Linksbogen mit maßvollem Anstieg zum Petersberg hinaufzieht. Auf der Höhe wird der Waldschatten wieder verlassen und eine Teerstraße angetroffen, auf der man linksgerichtet wenig später zur romanischen Basilika gelangt.

Im Anschluß an die Kirchenbesichtigung wird auf dem beschilderten, südöstlich orientierten und zunächst geteerten Fußweg, der in Nähe des nördlichen Seiteneingangs der Basilika einsetzt, zur bereits bekannten Fahrstraße abgestiegen. Auf dieser geht es links zur Zeitlbachbrücke und zum Herweg, auf dem man wieder über Eisenhofen zum Ausgangspunkt zurückkehrt.

Von großartiger Schlichtheit

Als die Kirche auf dem Petersberg aus Anlaß der 800-Jahr-Feier 1907/1908 unter dem eifrigen Pfarrer Karl Köpf aus Walkertshofen gründlich renoviert wurde – der Innenraum der Kirche war barock überkleidet worden –, mußte man sieben Schichten Farbe und Mörtel abtragen, um die ursprünglichen Fresken wieder ans Tageslicht zu bringen. Es waren nur Reste erhalten geblieben, weshalb man daranging, sie zu vervollständigen. Vielleicht tat man dabei etwas zuviel des Guten – meinen Sachverständige. Immerhin: Jetzt erst konnte die einstige Klarheit der Wirkung dieses Kirchenbaues wieder in der ursprünglichen Art sichtbar werden. Im Jahre 1952 wurde die letzte Restauration vorgenommen. Dabei legte man auch die übrigen Wandteile und die Säulen frei, und man bemühte sich, die älteste Struktur vollkommen wiederherzustellen. Eine gelungene Bemühung. Man ist heute überwältigt von der großartigen Schlichtheit des Raumes. Es heißt, daß die Erbauer dieser Kirche vor mehr als 800 Jahren den »goldenen Schnitt« in Länge, Höhe und Breite gefunden hätten. Der Innenraum ist 24 Meter lang und 12 Meter breit; eine dreischiffige Basilika mit zwölf schweren Säulen (Apostel!).

Alles konzentriert sich auf die Apsis hin: Christus, der Mittelpunkt, thront im Halbrund der Kuppel, ihm zur Seite stehen rechts und links die Kirchenpatrone Petrus und Paulus. Zu seinen Füßen die vier geflügelten apokalyptischen Wesen: Mensch, Löwe, Stier und Adler, die Symbole der vier Evangelisten. Das Weltall dient dem Herrscher Christus als Schemel. Das zweite Freskenband darunter stellt das Martyrium der Apostelfürsten dar: links Petrus am Kreuz, rechts die Enthauptung des heiligen Paulus. Die dritte und unterste Freskenreihe hinter dem Altar zeigt in sakraler Feierlichkeit die Gottesgebärerin Maria auf dem Thron, von Engeln umgeben. Die Kirche auf dem Petersberg gilt als das älteste klerikale Bauwerk im Bistum München-Freising.

27 Mit der S6 nach Erding

Abfahrt in München: mit der S6 in Richtung Erding, fahren bis Erding. Die Züge fahren alle 20 bzw. 40 Minuten. Fahrzeiten im amtlichen Fahrplan.
Fahrpreise für die Hin- und Rückfahrt: München – Erding und zurück = zweimal 3 Zonen.
Fahrzeit: einfache Fahrt ca. 42 Minuten.

Im altbayerischen Land um die Glockengießermetropole

Wir kommen in altes oberbayerisches Land, in dem noch viel Ursprüngliches erhalten ist. Schon die Kreisstadt Erding ist eine Reise von München mit der S-Bahn wert. Man kommt bequem hin. Wer einmal hier war, wird wohl wünschen, noch öfter einen kurzen oder längeren Ausflug hierher zu machen. Wenn wir auf dem Marktplatz stehen, lassen wir das Bild des Landstädtchens, das sich Jahrhunderte so erhalten hat, auf uns einwirken. Hier scheint die Zeit beinahe stehengeblieben zu sein; wir meinen es vor allem dann, wenn wir uns für den Besuch einen frühen Sonntagmorgen ausgesucht haben.

Recht behäbig steht das Landshuter Tor da und weist hinein nach Niederbayern. Die Glocken vom Turm der Pfarrkirche St. Johannes rufen zum Gottesdienst. Da erinnern wir uns, daß Erding ja eine Glockengießerstadt ist. Als solche hat sie Weltruf. Mehr als 5000 Glocken wurden seit 1945 für das In- und Ausland hier gegossen und ausgeliefert.

Wir wollen uns bei dieser Tour auch die nähere Umgebung von Erding ein wenig erwandern. Altenerding, Pretzen, Bergham, Heiligblut – das sind Stationen unseres Weges, die allesamt dazugehören, wenn wir Erding, seine Geschichte, sein Wesen und die Wesensart seiner Menschen verstehen wollen.

Wandern

Route: *Vom Bahnhof Erding über Altenerding nach Pretzen und westlich der Sempt wieder nach Erding zurück. 10 km. Auch für wandergeübte Kinder geeignet.*

Vom Erdinger Bahnhof wandert man zuerst links vor zur Haager Straße, überquert abermals linksgerichtet die Schienen und folgt gleich darauf dem rechtsabzweigenden Fußweg, der neben der Bahn, dann neben der Sempt außerordentlich stimmungsvoll in die südliche Richtung führt. Vor Altenerding geht's bei einem Wehr auf einem Holzsteg rechts über den malerischen Fluß und auf der Straße »An der Lukasmühle« zur Parkstraße, die man geradewegs überquert. Dann wandern wir auf dem Schulweg zur Pfarrer-Fischer-Straße, auf der wir linksgerichtet zur besuchens- und sehenswerten Altenerdinger Kirche kommen. Als nächstes wird schräg links die Bahnhofstraße überquert und auf der Landgerichtsstraße etwa 300 Meter bis zu einer Brücke links der Straße marschiert, auf der wir linksgerichtet wieder auf die östliche Semptseite gelangen.

Das anschließende Sträßchen erreicht wenig später eine Wegkreuzung, bei der schräg rechts dem Pretzener Weg gefolgt wird. Der Feldweg trifft nach einiger Zeit auf ein Quersträßchen, auf dem man rechtsgerichtet zunächst eine erste Brücke überschreitet, dann auf eine zweite Brücke trifft, vor der man links in den reizvollen Semptuferweg einbiegt, der geradezu romantisch am gemächlich dahintreibenden Gewässer entlangführt. Nach der Unterquerung der B 388 kommen wir zum Ortseingang von Pretzen. Hier schließen wir uns dem rechtsabzweigenden Feldweg an, der den Ort westlich umrundet. Der anschließende Buchenweg bringt uns im Linksbogen zur Tannenstraße, der man nur ein paar Meter rechtsgerichtet bis zur abermals rechtsabbiegenden Aufhausener Straße folgt, auf der wir den Ort wieder verlassen.

In westlicher Richtung geht's über freies Feld wieder zur Sempt, gleich nach der Flußbrücke auf einem Feldweg rechts vor, dann auf einem Querweg links zu einer Teerstraße, der man nach rechts folgt (geradeaus käme man mit einem Abstecher nach Bergham). Das Sträßchen steuert in nördlicher Richtung nahezu schnurgerade auf den Altenerdinger Kirchturm zu, unterquert erneut die B 388, trifft am Altenerdinger Siedlungseingang wieder auf die rechtsabzweigen-

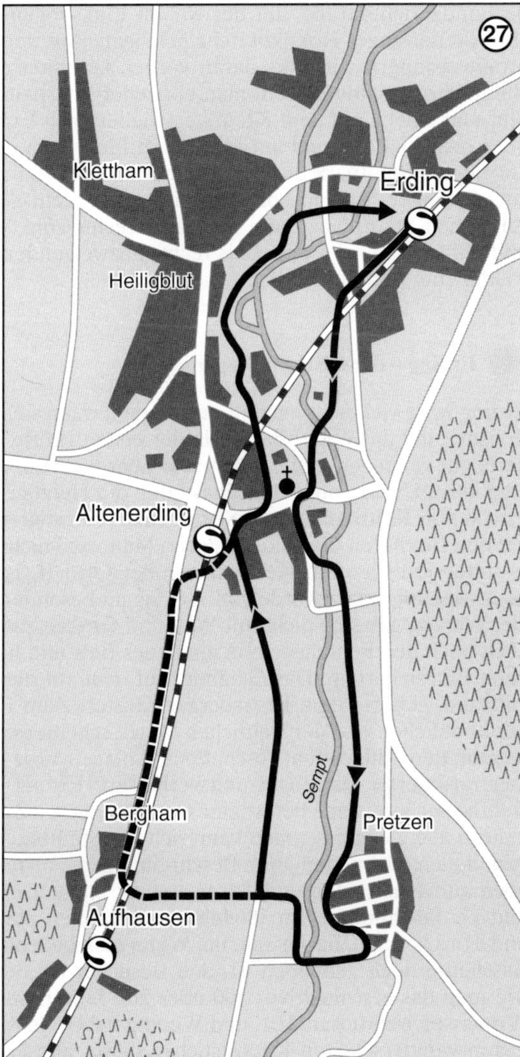
27
Klettham
Erding
Heiligblut
Altenerding
Sempt
Bergham
Pretzen
Aufhausen

de Landgerichtsstraße, auf der wir im Linksbogen ein zweites Mal zur Altenerdinger Rokokokirche gelangen. Auf der Pfarrer-Fischer-Straße wandern wir links daran vorbei, kommen als nächstes zum Bahnübergang, hinter dem man entweder linkshaltend über Heiligblut und zuletzt auf dem Kreuzweg wieder nach Erding zurückkehrt oder rechtshaltend und auf idyllischen Fußwegen den phantasievoll angelegten Stadtpark durchquert und links, zuletzt rechts der Sempt zum Erdinger Zentrum spaziert. Hier geht's rechtsgerichtet über den stattlichen Stadtplatz, dann noch mal rechts zum »Schönen Turm« und dahinter auf der abermals rechts abzweigenden Dorfner Straße wieder zum Bahnhof zurück.

✱ Erding – der Bischöfe wegen

Erding wäre vielleicht niemals entstanden, wenn sich der Bischof von Freising und die Wittelsbacher in der ersten Hälfte des 13. Jahrhunderts gut vertragen hätten. Dem war aber nicht so: Zwischen beiden kam es zu Unstimmigkeiten. Was taten die Herzöge? Sie errichteten östlich von Klettham an der Sempt einen befestigten Platz und zeigten den Bischöfen die kalte Schulter. Man weiß nicht mehr genau, ob es unter Ludwig dem Kehlheimer oder Otto II. geschah, aber der neue Siedlungsplatz wurde von Anfang an besonders stark befestigt. Der Herzog gab sich nicht mit Wall und Graben zufrieden, er leitete auch noch den Fehlbach ab in ein neues Bett und hatte so eine doppelte Flußsicherung. Das Gelände, auf dem auf diese Weise Erding entstand, gehörte dem Ebersberger Kloster. Zum Frieden zwischen der kirchlichen und der weltlichen Macht scheint es nicht gekommen zu sein; denn die einmal geschaffene Anlage wurde Zug um Zug immer raffinierter ausgebaut und verbessert. Erding war ein überaus wehrhafter und stark befestigter Ort. Aus dieser Zeit freilich fehlen nahezu alle Zeugnisse, man kann sich das Stadtbild nur aus den verschiedenen Urkunden und Beschreibungen vorstellen. Was heute noch an Mauerresten und Türmen steht, stammt meist aus dem 15. und 17. Jahrhundert. Im 19. Jahrhundert fielen Stadtmauer, Türme und Tore der Spitzhacke anheim. Wenn man bedenkt, daß selbst das, was heute noch geblieben ist, den Besucher ins Staunen versetzt – wie mag das erst noch vor 100 oder 200 Jahren ausgesehen haben! Wir wissen es: Merian, Ertl und Wening haben fleißig gearbeitet und uns in wunderschönen Kupferstichen dieses alte Erding überliefert. Schönstes noch erhaltenes Erinnerungsstück an jene Zeit: das Landshuter Tor, der »Schöne Turm« genannt. Es wurde zu Ehren der von Landshut her einreitenden Herzöge um 1500 errichtet.

Pretzen – Bergham – Heiligblut

Pretzen: St.-Georg-Kirche aus dem 18. Jahrhundert. Vorher gab es bereits ältere Kirchenbauwerke. In den Freisinger Traditionen liest man von »In loco prezzun«. Um das Jahr 1000 führt Bischof Gotschalk hier einen Gütertausch durch. In Pretzen soll auch einmal eine römische Siedlung gestanden haben. Nachweise konnten jedoch bis jetzt nicht durchgeführt werden.
Bergham: In einem Lindenhain steht das viel bewunderte kleine Hirtenhaus aus dem Jahre 1650, es ist mit Stroh gedeckt. Heimatfreunde haben das bescheidene, aber eindrucksvolle Baudenkmal vor einigen Jahren gerettet. Auf dem Anger die »Dr.-Weinberger-Linde«, die den Namen des Verdienstvollsten unter ihnen festhält.
Heiligblut: Alte Wallfahrtskirche, die nicht auf eine Heiligblut-Reliquie zurückzuführen ist, sondern auf den Hostienfrevel eines Bauern. Aus Aberglauben hatte dieser den Frevel begangen und wurde vom Rat der Stadt Erding zur Errichtung einer hölzernen Kapelle verpflichtet. Eine Holztafel aus der Zeit um 1600 berichtet über diese Entstehungsgeschichte. – Der jetzige reiche Stuckbau wurde 1675 errichtet. – Erstmals wird eine Kapelle zum heiligen Blut 1360 erwähnt. Interessant sind Grabmäler der Fugger, Rivera und Seinsheim.

Erding/Altenerding in Stichworten

Stadtpfarrkiche St. Johann, an der Stelle einer älteren Taufkirche im 15. Jahrhundert errichtet. Besonders sehenswert: berühmtes Chorbogenkruzifix von Hans Leinberger, etwa 1520. Unter dem Chor der Kirche soll sich noch ein Beinhaus mit Massen von Skeletteilen befinden.

Heiliggeist-Spitalkirche, ebenfalls 15. Jahrhundert. Stukkaturen im Innern aus dem 17. Jahrhundert.

Frauenkirche am Schrannenplatz, im Jahre 1808 profaniert, wurde schon im 14. Jahrhundert errichtet, im 17. Jahrhundert verändert. Heute dient sie der Erdinger Feuerwehr als Gerätehaus.

Altenerding ist aus einem Königshof der Karolinger entstanden. Der Ort war schon in früher Zeit sehr bekannt. Zahlreiche vor- und frühgeschichtliche Funde. Überaus interessante Geschichte. Altenerding erhielt 1957 ein Gemeindewappen: in Rot zwei voneinander abgewendete, aufrechtstehende, silberne Pflugscharen; Symbole der Edlen von Aerding.

Pfarrkirche von Altenerding, ein Werk des Erdinger Stadtbaumeisters Anton Kogler, 1724. Besonders sehenswert: seltene Schiffskanzel, von Johann Christian Jorhan dem Älteren. Petrus führt das Ruder, Christus predigt vom Boot aus, in dessen Mitte sich der Kanzelkorb erhebt.

Einkehr am Weg

Gasthaus Pointnermühle: Erding.
Etliche Einkehrmöglichkeiten im Erdinger Zentrum.

28 Mit der S6 nach Aufhausen

Abfahrt in München: mit der S6 in Richtung Erding, fahren bis Aufhausen. Fahrzeiten im amtlichen Fahrplan.
Fahrpreise für die Hin- und Rückfahrt: München – Aufhausen und zurück = zweimal 3 Zonen.
Fahrzeit: einfache Fahrt ca. 38 Minuten.

Auf dem »Topfrand« des Erdinger Mooses

Wir wandern auf Altmoränen, wie diese Bodengestaltungen von den Geologen genannt werden. Sie bilden den östlichen »Topfrand« des Erdinger Mooses. Wir erreichen ihn, wenn wir das nicht minder interessante Sempttal – großenteils noch heute vermoort – verlassen und nach oben steigen. Wir sehen das Elektrizitätswerk von Aufkirchen und wir treffen mitunter auf eine Ziegelei, die hier zum Landschaftsbild gehört; an Ort und Stelle kann die Lößlehmdecke abgebaut und verwertet werden. Wir befinden uns in einem alten bayerischen Kulturland. Daran werden wir in Itzling erinnert (Funde!), darauf stoßen wir wieder in Bergham. Dort bewundern wir einen alten strohgedeckten Stadel, das sogenannte Herderhaus. Wie viele solcher Gehäuse mögen noch vor hundert Jahren in dieser Gegend gestanden haben! Viel Altes und geschichtlich Wertvolles wurde um die Jahrhundertwende zerstört und ging unwiederbringlich verloren. Die Technik siegte über das bodenständig Gewachsene. Heute denken wir eher wieder an das Bewahren.

Wandern

Route: *Von der S-Bahn-Station Aufhausen zum Schloß Aufhausen, dann über Itzling und Bergham wieder zurück zum Ausgangspunkt. 5 km. Für Kinder geeignet.*

Von der S-Bahn-Haltestelle geht man zunächst ein paar Meter rechts zur Pretzener Straße, auf dieser linksgerichtet zur Schloßallee, die man bei der Ampel überquert. Auf der gegenüberliegenden Straßen-

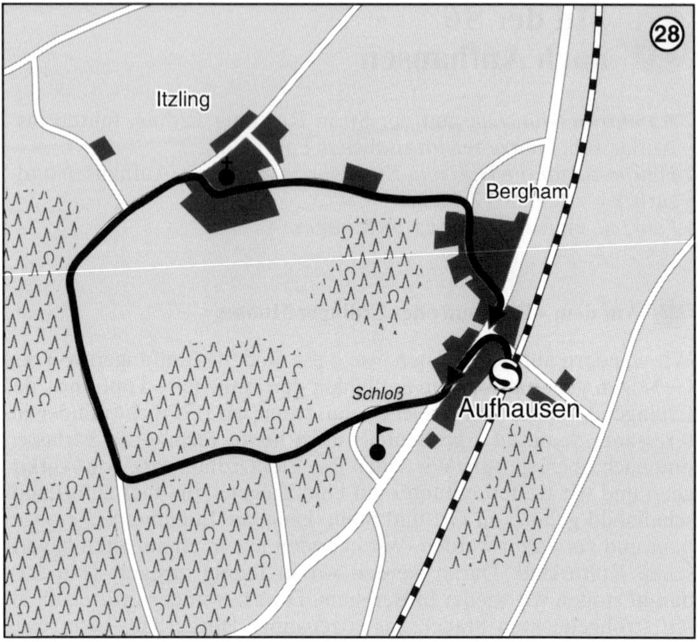

seite nimmt uns ein Gehsteig auf, auf dem wir in Begleitung der Fahrstraße nach links bis zum südlichen Siedlungsrand von Bergham/Aufhausen spazieren. Gleich hinter dem Hotel am Schloßberg und Restaurant »Le Brace« zweigt rechts die (geteerte) Auffahrt zum Schloß Aufhausen von der belebten Fahrstraße ab, die uns zur Hofeinfahrt der privat genutzten Schloßgebäude führt. Der Hinweis auf den bissigen Hund darf (nach Aussage der Besitzer) unbeachtet bleiben, so daß wir ohne Bedenken den Hof betreten können. Unsere Wanderroute führt rechts am Schloß vorbei und geradeaus auf einem Feldweg weiter, der links an einem Feld entlang in die westliche Richtung zieht.

Nach einiger Zeit stoßen wir auf einen Waldstreifen und unmittelbar nach dem Waldeingang auf einen Querweg, dem wir uns nach rechts anschließen. Der stimmungsvolle Waldweg schwenkt wenig später im Linksbogen wieder in die westliche Richtung, durchquert das Wäldchen und trifft am jenseitigen Waldausgang wieder auf ein Quersträßchen, in das wir nach rechts einbiegen. Anschließend wandern wir auf dem Feldweg fast schnurgerade in die nördliche Richtung, dann am Ende des Sträßchens im Rechtsbogen zu einer Wegteilung mit Rastplatz, wo man abermals rechtsgerichtet den Weg fortsetzt und nach Itzling spaziert. Hier geht's ein paar Meter am linken Ortsrand dahin, dann auf einer rechtsabzweigenden Teerstraße in den Ort und hier im Linksbogen zur schön proportionierten Pfarrkirche, die am östlichen Dorfausgang steht.

Nun folgen wir der Fahrstraße in Richtung Bergham/Aufhausen etwa 400 Meter bis zu einem Beton-Hochspannungsmast, hinter dem rechts ein Wiesenweg von der Teerstraße abbiegt, der etwa 300 Meter kerzengerade südwärts führt, dann einen Linksbogen beschreibt und in östlicher Richtung wieder auf die Häuser von Bergham zusteuert. Der Feldweg mündet in einen Fahrweg, auf dem wir geradewegs zum Berghamer Ortseingang gelangen. Hier nimmt uns die Straße »Am Lindenhain« auf, die uns rechtsgerichtet zu einer idyllischen, baumschattigen Anlage und »Zum Lindenwirt« führt, wo man zu soliden Preisen ausgiebig Brotzeit machen kann. Vom Lindenwirt geht es links zur bereits bekannten Schloßallee, dann bei der Verkehrsampel über die Straße und auf der Pretzener Straße wieder zur S-Bahn-Station Aufhausen zurück.

✶ Vom Moos lebten die Brauereien

Wir wandern durch uraltes bayerisches Siedlungsland – so sicher weiß man das allerdings erst seit ein paar Jahren. Bei Bauarbeiten in Itzling stieß man auf sehr alte Menschenreste – eine eindeutige Spur der Bajuwaren, wie sich später herausstellte.

Am Rand des Erdinger Mooses wurde früher neben dem Torf der häufig vorkommende »Almkalk« abgegraben und als Schleif- und Poliermittel verkauft. Hier, vom Osten her, wurde die Kultivierung immer weiter ins Moos vorangetragen. Die Jagdherren freilich und die Grundbesitzer waren damit gar nicht einverstanden.

Den Torf brauchten in der Mitte des 19. Jahrhunderts vor allem die Brauereien, besonders die aus München, Erding und Freising. Der Torf war das billigste Heizmaterial. Wer einmal in die Nähe von Ismaning kommt und dabei das Gut Zengermoos besucht, kann nördlich davon noch Reste einer alten Torfbahn erkennen.

Die Brauereien waren es, die sich um jene landwirtschaftlichen Betriebe kümmerten, die vom Torfstich lebten. Ihr Bemühen bestand vor allem in der laufenden Heranziehung von genügend Arbeitskräften; denn nur dadurch konnte die Produktion aufrechterhalten werden.

Die Kultivierung des Mooses machte den ersten Generationen von Kolonisten das Leben schwer. Sie verfuhren nach der Humustheorie und legten ihre Höfe viel zu klein an. Auf Grund der Erfahrungen entstanden daraufhin Güter, in denen musterhaft gewirtschaftet wird, auf deren Ländereien heute Weizen wächst, »wo früher die Spatzen verhungerten«. Es werden Kartoffeln und Gemüse angebaut, Milchvieh und Schweine gehalten. An einigen Stellen wird Kraut angebaut. Die Absenkung des Grundwasserspiegels und die Zusetzung von Kunstdünger waren die Voraussetzungen für diese neue Fruchtbarkeit.

☛ Wissens- und sehenswert

Aufhausen: Erstmals urkundlich erwähnt um 1000. Seit 1883 ist das Schloß im Besitz der Familie von Fröhlich. Schloßkapelle Maria Magdalena.

Itzling: Bei Bauarbeiten im Jahre 1961 wurden Sarkophagreste und Skeletteile aus dem 8. Jahrhundert gefunden. Ein echter »ing-Ort« (Bajuwaren), er dürfte um 700 entstanden sein. Um 1224 wird der Ort Vozelingen genannt, etwa um 1315 heißt er Üzzeling. Um diese Zeit ist schon von einer Kirche die Rede. Die heutige Kirche zum hl. Vitus baute der Erdinger Stadtbaumeister Hans Kogler im Jahre 1716.

Bergham: In einem Lindenhain steht das vielbewunderte, strohbedeckte Hirtenhaus aus dem Jahre 1650.

Altenerding: Aus einem alten Königshof der Karolinger hervorgegangen. Der Ort war schon in früher Zeit sehr bekannt. Mehr über Bergham und Altenerding: Tour 27.

Viele Namen um Aufhausen

Den Besitz von Aufhausen teilten sich im Laufe der Jahrhunderte viele Familien. In den urkundlichen Aufzeichnungen finden wir Namen, die auch anderswo auftauchen, Namen bekannter und berühmter Familiengeschlechter, aber auch Namen, die wir nur in diesem Gebiet der Münchner Umgebung vorfinden. Zum erstenmal wird von Aufhausen in einer Mondseer Besitzaufzeichnung berichtet. Das dürfte etwa um 1000 gewesen sein. Damals hieß Aufhausen »Ufhusa«. Nach der Aufzeichnung gehörten drei Huben in Aufhausen zum Kloster Mondsee. Heinrich von Rohr, ein Wittelsbacher Ministeriale, bezeichnet sich 1298 als »castellanus« von Aufhausen. Anfang des 14. Jahrhunderts dürfte einer aus der Familie der Preysinger Besitzer von Aufhausen gewesen sein.

Genaueres weiß man wieder von den folgenden Jahrhunderten. Von 1492 bis 1554 waren es die Alhartspeck zu Roßbach bei Mauerkirchen, die das herzogliche Lehen innehatten. Ein paar Jahre später, 1578, kaufte Hans Egid von Sonderndorf den Sitz. 1581 aber schon heißen die Schloßherren Armannsperg. Und wiederum wechselt nach 13 Jahren der Besitzer. Der nächste Name: Christof Schrenck zu Egmating. In einer Urkunde wird er als »Christoph Schrenkhen zu München« erwähnt.

Aufhausen gelangt schließlich durch Heirat in den Besitz der Familie Eisenreich. Doch auch dies währt nicht lange. Nacheinander treten als weitere Herren zu Aufhausen auf: Freiherr von Egloffstein, Maximilian Graf Fugger von Kirchberg und Weißenhorn, in den Jahren 1774 bis 1794 Maximilian Graf von Preysing-Hohenaschau, die Grafen Spreti und im Jahre 1817 die von Auer. Im Jahre 1883 erwirbt die Familie von Fröhlich den Besitz. Sie hat ihn noch heute inne.

Entscheidendes in der langen Reihe der Herren tat Freiherr von Egloffstein: Er vergrößerte das Schloß und ließ auch die Schloßkapelle erbauen. Er widmete sie der heiligen Maria Magdalena.

Einkehr am Weg

Restaurant Le Brace: In Aufhausen.
Gasthaus Zum Lindenwirt: In Aufhausen.

29 Mit der S6 nach Ottenhofen

Abfahrt in München: mit der S6 in Richtung Erding, fahren bis Ottenhofen. Fahrzeiten im amtlichen Fahrplan.
Fahrpreise für die Hin- und Rückfahrt: München – Ottenhofen und zurück = zweimal 3 Zonen.
Fahrzeit: einfache Fahrt ca. 32 Minuten.

Bei den Höfen des Otto

Ottenhofen leitet seinen Namen aus »Bei den Höfen des Otto« ab, und man nimmt heute an, daß der Ort schon sehr früh eine bedeutende Rolle gespielt haben muß; denn er liegt an einer wichtigen alten Straße. Seine heutige Bedeutung gewann Ottenhofen vor allem durch den günstigen S-Bahn-Anschluß nach München. Das einstige Bauerndorf ist blitzsauber, die Straßen sind gut ausgebaut. Das Gemeindeleben ist »in Ordnung«. Früher gehörte die Gemeinde zum Landkreis Ebersberg, seit 1928 ist sie dem Landkreis Erding angegliedert. Wunderschön ist die Ottenhofener Umgebung. Wir wandern hinter zur Schußmühle und schlendern, wenn wir wollen, zwischen Forellenteichen »am Vogelherd« herum. Die Sempt und die Schwillach eignen sich gut zur Fischzucht. Bei unserer Wanderung erleben wir auf gepflegten Wegen die schöne altbayerische Moränenlandschaft. Wir können uns dabei Zeit lassen und uns richtig erholen. An einladenden Einkehrmöglichkeiten fehlt es nicht. Wenn wir nach Siggenhofen/Herdweg hinaufwandern, müssen wir uns klarmachen, daß wir uns in altem Siedlungsland befinden. Man sieht es den paar Häusern des Ortes nicht an, aber die urkundlichen Zeugnisse reichen weit zurück. Wir genießen die wunderschöne Aussicht, wir ruhen uns unter den alten Bäumen bei der Kirche aus und wandern schließlich zurück nach Ottenhofen mit seiner schön gelegenen alten Kirche und dem ehemaligen Schloß.

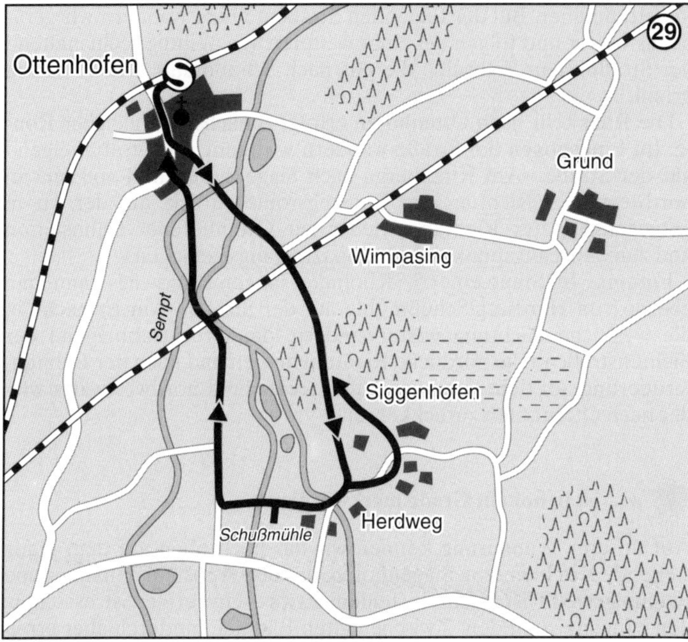

Wandern

Route: *Von Ottenhofen zur Schußmühle und über Siggenhofen/Herdweg zurück nach Ottenhofen. 5 bzw. 5,5 km. Auch für Kinder geeignet.*

Vom Bahnsteig der S-Bahn-Station Ottenhofen geht es zuerst über Treppen zur Straßenunterführung und zur Erdinger Straße hinab, dann links und auf einem Gehsteig zur Ortsmitte von Ottenhofen. Hier zweigt links die Schwillacher Straße ab, von der sich wenig später rechtsabzweigend die Herdweger Straße trennt. Das Teersträßchen in Richtung Siggenhofen/Herdweg überquert die Sempt, passiert eine Sportanlage, unterquert die Bahn und geht in die Römerstraße über. Bei der folgenden Straßenteilung wandern wir geradeaus weiter und folgen bei einer weiteren Wegteilung rechtshaltend der Straße »Am Erlbach«, die uns nach Schußmühle und Herdweg bringt.

Die Rückkehr nach Ottenhofen erfolgt zunächst auf gleicher Route. Im Linksbogen der Straße wandern wir jedoch rechtsabzweigend auf der Straße »Am Kirchberg« nach Siggenhofen und von hier in nordwestlicher Richtung zur Eingangsroute zurück, auf der wir in entgegengesetzter Richtung wieder zur Ottenhofener Bahnstation und zum Ausgangspunkt unseres Spaziergangs gelangen.

Variante: Im Sinne eines 5,5 Kilometer langen Rundwegs kann man ebenso von Herdweg/Schußmühle auf der Straße »Am Erlbach« in die westliche Richtung weiterwandern, dann rechtsabbiegend der Fichtenstraße in die nördliche Richtung folgen und nach der Bahnunterquerung auf dem Semptweg über freies Feld nordwestwärts wieder nach Ottenhofen zurückkehren.

✱ »… ist in hohem Grade merkwürdig«

Auf unserer Wanderung können wir das hoch oben auf dem Hang stehende Kirchlein von Siggenhofen, das den Aposteln Johannes und Paulus geweiht ist, nicht verfehlen. Etwas schwieriger ist es schon, den Eingang zu finden. Zwischen alten Bäumen hindurch aber erreichen wir ihn schließlich.

»… ist in hohem Grade merkwürdig als einstiges Eigenthum der bischöflichen Kirche zu Trient. Im Jahre des dritten Krieges Heinrichs IV. gegen die Sachsen (1075) gab Bischof Heinrich zu Trient (gestorben 1082) seinem Freunde, dem Abte Williram von Ebersberg, einen Weinberg nördlich von Bozen, jenseits des Flusses Talaverna für eine steinerbaute Kirche, die in drei Jahren auf dem Grunde des heiligen Vigilius (Bistumspatron von Trient), der Sicchanhovan heißt, am Ebersberger Forst gelegen, aufzuführen ist…« So kann man bei Mayer-Westermayer über die Geschichte von Siggenhofen nachlesen.

Der Gründer von Siggenhofen dürfte ein Herr »Sikko« gewesen sein. Bei den Höfen des Sikko, so nannte man zu der damaligen Zeit die Ansiedlungen. In den Tegernseer Traditionen wird ein Ministeriale Albero de Sikkenhouven für die Zeit von 1206 bis 1212 genannt.

Schauen wir uns noch ein wenig die Kirche an. Auf der Südwand entdecken wir einen interessanten Totenerker. Und wir bemerken den gotischen Ursprung dieses kleinen Gotteshauses. Die Westempore im Innern dürfte etwa um 1520 entstanden sein. Beachtlich sind die ornamentalen Schnitzereien. Aus der gleichen Zeit stammen die bemalten Holzfiguren: Maria, Paulus, Johannes und Sebastian. Das Kirchenschiff ist erst seit dem 18. Jahrhundert gewölbt; ursprünglich war es flach.

✶ Ottenhofen in Stichworten

Der Edle Ezzo von »Otanhouen« nimmt in den Jahren 1078 bis 1085 als Herr des Ortes eine Schenkung vor. Sie wird in den Freisinger Urkunden genau festgehalten. Diese Aufzeichnung ist das erste Zeugnis für den Ortsnamen.

Wenig später tritt zusammen mit Ezzo ein Edler Adalpero de Otinhouen auf. Odalrich heißt der Diener der Kirche, der kurz darauf ein kleines Gut an das Domkapitel übergibt: »prediolum apud Ottenhoven«. Heute ist nicht ganz sicher, ob Ezzo und Adalpero zur Familie der Ottenhofen gehörten, man nimmt es aber an.

1226 verkauft Georg von Ottenhofen seinen Hof zu Oberstrogn an das Kloster Altenhohenau. Ein wichtiges Datum in der Ottenhofener Ortsgeschichte ist das Jahr 1354. Am 2. Februar dieses Jahres teilen die Gebrüder Renbot, Gerhart und Nykel aus der Familie der Ottenhofener unter sich und ihren Schwestern den Besitz auf. In den Aufzeichnungen heißt es: »… alles, was ihr sel. Vater an Leuten und Gütern hinterlassen hat, zwischen der Isar und dem Inn, jenseits der Isar und bei den Tünaw.«

Bis zum 16. Jahrhundert bleibt Ottenhofen aber in der Hand der Familie. Eine Tochter des Georg Ottenhofer, der in der Landtafel von 1557 eigens aufgeführt wird, heiratet einen Sebastian Lung. Am 19. Oktober 1545 gibt dieser seinen eigenen Besitz zu Thannern ab, ebenso die Hofmark Ottenhofen. Der fürstliche Münzkämmerer Fridrich Esswurm aus München ist der Käufer. Nun beginnt ein häufigerer Besitzwechsel. Bis 1608 behält die Familie Esswurm den Besitz. Hans Georg veräußert ihn in diesem Jahre an Herzog Wilhelm, der ihn aber drei Jahre später schon wieder für 22000 Gulden an die Familie Schrenck aus Egmating weiterverkauft. Auch dieser Besitzstand wird nicht lange gehalten. Die Aham folgen in den Jahren 1627 bis 1689, danach die Rivera und schließlich 1709 die Perusa.

Die Familie der Perusa kam durch Heirat in den Besitz von Ottenhofen. In der Ortschronik wird diese Zeit als die Glanzzeit bezeichnet. Über dem Semptttal sollte damals ein großartiges Bauwerk entstehen, von dem noch heute Pläne erhalten sind. Es wurde allerdings niemals verwirklicht. Gebaut wurde im Jahre 1760 der Teepavillon – er steht im restlichen Teil des alten Parks. Die Einrichtung der ehemaligen Schloßkapelle von Ottenhofen wurde im Jahre 1960 nach St. Blasien gebracht.

In der Katharinenkirche von Ottenhofen wurde bei Arbeiten in einem Seitenaltar ein kostbares Reliquienglas aus dem 14. Jahrhundert mit dem Siegel des Freisinger Bischofs Konrad II. von Lichtenstein gefunden. Die Kirche wird bereits 1315 erwähnt. Im Jahre 1960 wurde sie gründlich erneuert. Das Langhaus ist noch romanisch, um 1700 wurde es erweitert. Die drei Altäre stammen aus dem Jahre 1650. Kurz nach 1500 dürften die Figuren der Heiligen Wolfgang, Nikolaus, Sebastian und Christophorus entstanden sein.

Grabsteine in der Kirche weisen auf die Ortsgeschichte hin. Ein sehr wertvolles Kunstwerk birgt das Pfarrhaus von Ottenhofen. Dort wird ein Bild aus dem 16. Jahrhundert aufbewahrt. Es zeigt Christus am Ölberg.

Einkehr am Weg

Schloßgaststätte: An der Hauptstraße in Ottenhofen. Terrasse.

30 Mit der S 5 nach Ebersberg

Abfahrt in München: mit der S 5 in Richtung Ebersberg, fahren bis Ebersberg. Die Züge fahren alle 20 bzw. 40 Minuten. Fahrzeiten im amtlichen Fahrplan.
Fahrpreise für die Hin- und Rückfahrt: München – Ebersberg und zurück = zweimal 3 Zonen.
Fahrzeit: einfache Fahrt ca. 43 Minuten.

Auf den Spuren der Ebersberger Mönche

Noch zu keiner Zeit vorher konnte man sich als Münchner dessen so bewußt werden wie nach Inbetriebnahme der S-Bahn: Nur eine knappe Stunde von München entfernt, mit der S-Bahn bequem erreichbar, liegt ein kleines, von der Technisierung unserer Zeit noch nicht zerstörtes landschaftliches Paradies; in dessen Mitte die Kreisstadt Ebersberg, selbst einen Besuch wert.

Diese Landschaft sollten wir gut kennenlernen, sie lockt uns immer wieder an. Bei diesem ersten Ausflug besuchen wir die Stadt, machen hübsche Spaziergänge und lassen den Tag gut sein – und das ist er dann auch.

Uraltes Siedlungsland betreten wir, wenn wir in Ebersberg den Zug verlassen. 870 hört man erstmals in der Geschichte von Ebersberg; der Ort ist aber mit Sicherheit schon viel älter. 870 errichteten die Grafen von Sempt eine Burg, 911 gliedern sie der Burgkirche ein Augustinerkloster an, 934 entsteht eine größere Kirche, in der die Hirnschale des hl. Sebastian aufbewahrt wird. Große Wallfahrten ziehen hierher, um den Heiligen zu verehren.

Den Augustinern folgen bald die Benediktiner und schließlich die Jesuiten. Sie finden hier optimale Bedingungen für ihr Leben und ihr Wirken vor.

Wir wandern hinaus zum Aussichtsturm und lassen unseren Blick über das so schöne Land schweifen, das die letzte Eiszeit mit langgestreckten Höhenzügen, bewaldeten Tälern, Hügeln und Hängen, mit Seen und Weihern geformt und gestaltet hat.

Wenn wir günstiges Wetter haben, einen klaren Himmel oder etwa gar Föhn, haben wir vom Aussichtsturm aus einen herrlichen Blick auf das Alpenvorland und die Alpen.

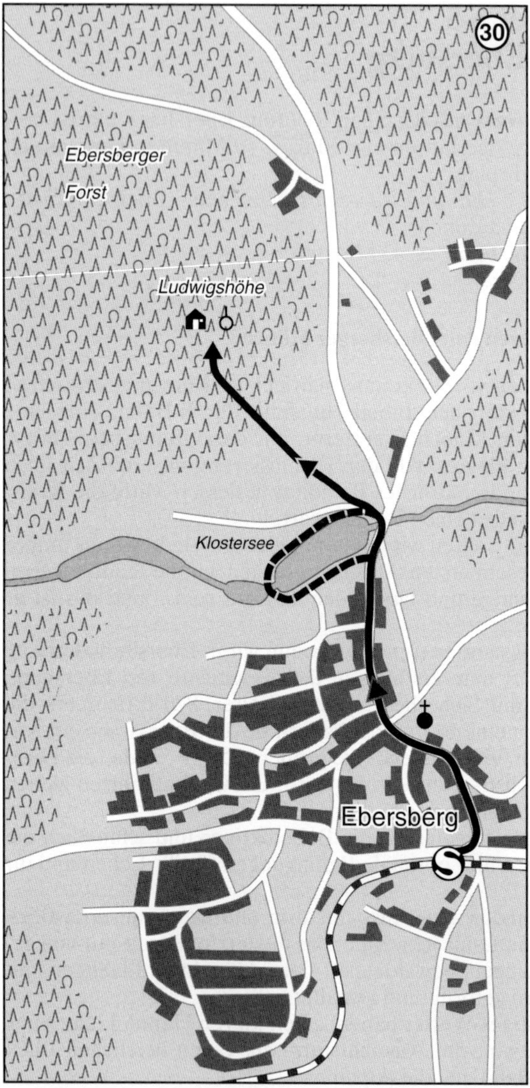
30
Ebersberger
Forst
Ludwigshöhe
Klostersee
Ebersberg
S

Wandern

Route: *Vom S-Bahnhof Ebersberg zum Klostersee und zur Ludwigshöhe und auf gleichem Weg zurück. 4 km. Höhendifferenz 60 m. Angesichts der geringen Wegstrecke für Kinder geeignet.*

Wie bei Tour 36 wandern wir vom Ebersberger Bahnhof zunächst rechts vor zur Bahnhofstraße, auf dieser links zum Marktplatz, dann über Sieghartstraße, Semptstraße und Richardisweg in nördlicher Richtung zur Eberhardstraße und zum Ostufer des Klostersees. Hier folgen wir linksabzweigend dem Hinweis zum Familienbad und Aussichtsturm, biegen auf dem Weg »Am Priel« rechts ab und nehmen gleich danach die wieder rechts abbiegende Allee, die uns mit maßvollem Anstieg zum Aussichtsturm auf den höchsten Punkt der Ludwigshöhe (617 m) führt. Der Rückweg erfolgt auf gleicher Route. Wer nach zusätzlicher Bewegung verlangt, kann die lohnende 1-km-Runde um den Klostersee anhängen.

Herrlicher Blick an klaren Tagen

Seit 1912 steht der Aussichtsturm von Ebersberg. Der Heimat- und Verschönerungsverein ließ ihn errichten, er ist aus Beton – seinerzeit das erste derartige Bauwerk in der weiten Umgebung. Er steht auf einer Endmoräne, die sich bis zu einer Höhe von 619 Metern über dem Meeresspiegel erhebt. Ihr Rücken war wie geschaffen für einen solchen Aussichtspunkt. Man steigt 30 Meter hoch und genießt die überraschende Sicht. An Föhntagen bietet sich ein unvergleichliches Bild. Der Blick reicht vom Dachstein bis zum Grünten.

Heimatfreunde haben sie einmal gezählt: 424 Berggipfel kann man – bei besonders günstigen Bedingungen – von hier aus sehen, darunter soll sich sogar der Säntis in der Schweiz befinden. Der erste Fotograf von Ebersberg, Josef Maier, hat in mühseliger, jahrelanger Arbeit eine Tafel angefertigt, aus der sich sämtliche Höhen und Entfernungen ablesen lassen. Er wurde zum Ehrenbürger von Ebersberg ernannt.

Der heutige Aussichtsturm ist nicht der erste seiner Art an dieser Stelle. Im Jahre 1886 war es die »Gesellschaft zur Erheiterung« (eine Vereinigung akademisch gebildeter Beamter), die aus Holz einen 25 Meter hohen Aussichtsturm baute. Doch auch dieser Turm war nicht der erste Anziehungspunkt an dieser Stelle. Der nämlich war eine mächtige Fichte, an der man auf einer Leiter hinaufklettern konnte. Oben hatte man eine Plattform angebracht. Nachdem der neue Betonturm 1912 aufgestellt war, blieb der hölzerne noch zwei Jahre stehen, dann wurde er abgebrochen.

Ebersberg in Stichworten

Eine Sage erzählt von der Gründung Ebersbergs: Unter einer riesigen Linde hauste in einer Höhle ein wilder Eber. Graf Sighart von Sempt, dessen Stammburg, die nach dem Flüßchen Sempt benannt ist, nördlich von Forstinning stand, versuchte vergeblich, den Eber zu jagen. Konrad von Hewen (am Bodensee) deutete dies als ein schlechtes Vorzeichen und kündigte an, daß Gott wohl die Hunnen schicken werde. Sighart möge deshalb an dieser Stelle eine Kirche und Festungswerke bauen, um der Gefahr zu begegnen. – Heute bestreitet man nicht, daß die Hunnengefahr der Grund zum Bau einer Burg in Ebersberg gewesen ist.

Der Ortsname von Ebersberg soll sich aus »Burg des Eberhard« ableiten. Eine Verwandtschaft mit dem Flüßchen Ebrach, das hier entspringt, wird nicht gesehen.

Bischof Arnold weihte im Jahre 880 die erste Kirche von Ebersberg ein. Graf Sighart hatte sie errichten lassen. Etwa zehn Jahre vorher dürfte die erste hölzerne Burg entstanden sein, und zwar an der Stelle, wo heute das Schloß steht. Später wurde sie so befestigt, daß die Ungarn bei ihrem Einfall 955 erst gar nicht wagten anzugreifen, sondern wieder abzogen.

Die Hirnschale des heiligen Märtyrers Sebastian brachte der Augustinerpropst Hunfried von einer Pilgerfahrt nach Rom mit. Graf Eberhard ließ daraufhin im Jahre 934 eine neue Kirche bauen. Damit begann eine große Wallfahrt. (Mehr über die Ebersberger Kirche: Tour 37.)

Eine wichtige Rolle in der Geschichte von Ebersberg spielten die Benediktiner, die um 1013 in das Kloster kamen. Sie rodeten Wälder, gründeten Wirtschaftshöfe und förderten so die Landwirtschaft.

Am 4. Mai 1305 richtete ein wahnsinnig gewordener Mönch gewaltigen Schaden an: Er legte während der Vesperandacht Feuer, und es kam zu einem Großbrand, dem die Konventsgebäude, die Kirche und viele Wohnhäuser zum Opfer fielen. In etwa einem Meter Tiefe kann man noch heute eine 10 bis 20 Zentimeter dicke Aschenschicht feststellen. Innerhalb von drei Jahren wurde alles wieder aufgebaut. Unter Abt Leonhard II. entstand das heutige Ebersberger Rathaus als Hofwirtshaus oder »Untere Taferne« (1509 bis 1512). 1595 begann das Wirken der Jesuiten in Ebersberg. 1666 wurden unter ihnen die Klostergebäude neu errichtet; 1668 baute ein Jesuit die Sebastianskapelle. 1773 wurde der Jesuitenorden aufgehoben.

Die erste Wasserleitung von Ebersberg legte im 18. Jahrhundert der Orden der Malteser an. Sie hatten am 23. September 1781 das Ebersberger Kloster übernommen. Mit dieser ersten Pumpanlage wurde das Wasser in den Marktbrunnen, in die Taferne und in das Kloster befördert. Zur Erinnerung daran wurde am Marktbrunnen ein Obelisk mit zwei Gedenktafeln aufgestellt. Eine dieser Tafeln befindet sich noch an der Mariensäule, die andere wird im Rathaus verwahrt.

Begründer des modernen Brauwesens in Ebersberg war ein ehemaliger Jesuitenbruder namens Benno Scharl. Er verwendete erstmals anstatt der Wildhefe Kulturhefe beim Bierbrauen.

Das Rathaus von Ebersberg ist der bedeutendste mittelalterliche Profanbau der Stadt und des Landkreises. Es entstand, wie schon erwähnt, gegen Ende der gotischen Bauepoche. Aus dieser Zeit stammt auch die geschnitzte Holzdecke im Sitzungssaal. Man nimmt an, daß Ulrich Randeck der Baumeister war. 1925 richtete ein Brand erheblichen Schaden an.

Die älteste deutsche Waldordnung wurde vor 600 Jahren im Ebersberger Kloster verfaßt.

Mehr über Ebersberg und den Ebersberger Forst: Tour 31 bis 36.

Einkehr am Weg

Gasthaus Ebersberger Alm: Am Aussichtsturm.
Forsthaus St. Hubertus: Im Ebersberger Forst.
Etliche Einkehrmöglichkeiten im Zentrum von Ebersberg.

31 Mit der S5 nach Kirchseeon

Abfahrt in München: mit der S5 in Richtung Ebersberg, fahren bis Kirchseeon. Die Züge fahren alle 20 bzw. 40 Minuten. Fahrzeiten im amtlichen Fahrplan.
Fahrpreise für die Hin- und Rückfahrt: München–Kirchseeon und zurück = zweimal 2 Zonen.
Fahrzeit: einfache Fahrt ca. 31 Minuten.

Kirchseeon mal fünf

Wer von München aus zum S-Bahn-Haltepunkt Kirchseeon fährt, muß ein paar Rätsel lösen; denn Kirchseeon muß nicht Kirchseeon sein – oder nicht das Kirchseeon, das man eigentlich meint. Da gibt es Kirchseeon-Dorf, Kirchseeon-Bahnhof, Kirchseeon-Moos, Kirchseeon-Ort und schließlich den Markt Kirchseeon. Weitere »Seeons« sind Forstseeon und Osterseeon. Und so löst sich der Knoten: Mit der S-Bahn kommt man in dem erst 170 Jahre alten Kirchseeon-Bahnhof an. Östlich davon, etwa einen Kilometer entfernt – heute fast schon mit dem neueren Ortsteil zusammengewachsen –, liegt Kirchseeon-Dorf, die Stammsiedlung des heutigen Ortes. Den Markt Kirchseeon gibt es seit dem Jahre 1959: In diesem Ortsnamen sind nun Dorf- und Bahnhofsbereich zusammengefaßt. Damit ist die heutige S-Bahn-Haltestellenbezeichnung wieder einigermaßen korrekt. Unsere kleine Wanderung führt in den nahen Ebersberger Forst zum Forsthaus Diana.

Einen Spaziergang können wir zur alten Kirche St. Coloman machen.

Der See von Seeon ist verschwunden

Auf alten Karten findet man ihn noch verzeichnet, den See, der Seeon einst seinen Namen gab. Er bedeckte in früherer Zeit das heutige Moos, doch auch das ist infolge der Besiedlung nahezu verschwunden. Nur an einigen Stellen findet man noch die typische Moos-Vegetation – als letzten Hinweis auf den einstigen See.

Tausend Jahre ist das Dorf Kirchseeon mit dem Colomanskirchlein alt. Um das Jahr 980 tauchte der Ortsname erstmals als »Sevun« im Ebersberger Cartular auf. »Ad sevun« bedeutet »bei den Seen«. Nun gab es aber damals und gibt es heute noch eine ganze Reihe weiterer Seeons, weshalb man dem Namen das »Kirch« voransetzte; denn das kleine Dorf hatte schon sehr früh ein eigenes Gotteshaus besessen. Zwar findet man in den Urkunden erst im Jahre 1315 einen ersten Hinweis auf diese Kirche, doch aus den sehr viel älteren Bauelementen schließen Sachverständige, daß das Gotteshaus schon um 1200 entstanden sein muß.

Im 14. Jahrhundert taucht schließlich erstmals der Ortsname »Chirichsewen« für das heutige Dorf Kirchseeon auf.

Besiedelt war die Gegend um Kirchseeon schon in vorgeschichtlicher Zeit. Hügelgräber, wie man sie in allernächster Nähe findet, weisen auf die Hallstattzeit (750 bis 450 v. Chr.) hin.

Ganz in der Nähe des Dorfes, auf dem Endmoränenwall zwischen Kirchseeon und Forstseeon, stand einst eine Burg. Der Burggraben ist noch erkennbar.

Wandern

Route: *Vom Bahnhof Kirchseeon in den Ebersberger Forst und zum Forsthaus Diana, dann wieder zum Ausgangspunkt zurück. 10 km. Für wandergeübte Kinder geeignet.*

Vom Bahnhof Kirchseeon geht's zunächst auf einem Gehsteig neben der Münchner Straße in nördlicher Richtung zur B 304 und bei der Verkehrsampel über die Straße. Auf der anderen Seite der stark befahrenen Hauptverkehrsachse führt rechts der geteerte Spannleitenbergweg zum östlichen Ortsausgang Kirchseeons und zum Waldfriedhof am Südrand des Ebersberger Forsts bzw. Wildparks. Neben dem Friedhof ist ein Parkplatz mit einer Informationstafel, bei der unser 10-km-Rundgang zum Forsthaus Diana beginnt.

Hinter der Info-Tafel geht es durch ein Tor in den Wildpark. Nach dem Durchlaß und dem Wildrost wird rechtshaltend auf einer kommoden Forststraße leicht bergan gewandert und bei der nächsten Wegteilung nicht linksgerichtet (»Toerring-Geräumt«), sondern geradeaus (Rundweg 2) weitermarschiert. Immer der Rundwegnummer 2 entsprechend wird das »Reitöster-Geräumt« überquert, anschließend das »Heerdgassen-Geräumt« angetroffen, dem man links-

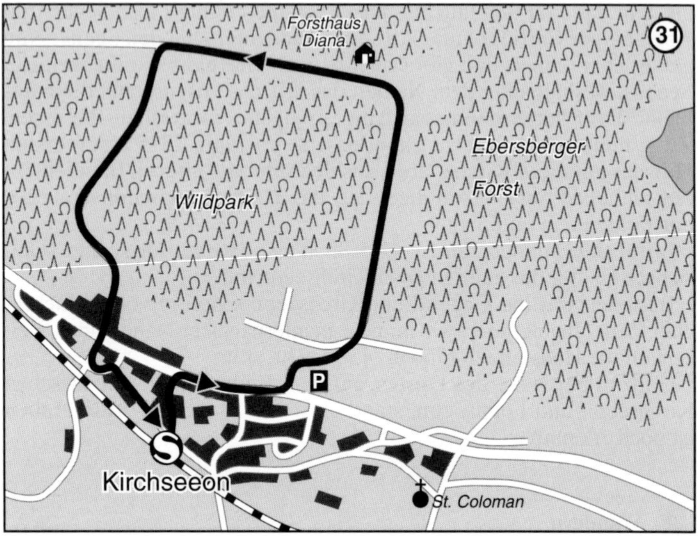

gerichtet folgt (Wegweiser »Diana«). Jetzt geht's westwärts über das »Dillis-Geräumt« und zum vorhin bereits erwähnten »Toerring-Geräumt«, auf dem wir linksgerichtet zum Forsthaus Diana gelangen.

Nach der Brotzeitpause wandern wir auf dem ebenfalls schon genannten »Reitöster-Geräumt« wieder in die westliche Richtung weiter, überqueren das »Schilcher-Geräumt« (Abkürzungsmöglichkeit) und kommen zu einer Holzhütte und Wildfütterung, hinter der man bei der Kreuzung links in das »Schwaberweger-Geräumt« einbiegt. Jetzt geht es wieder schnurgerade in die südliche Richtung und bis zur Südgrenze des Wildparks bzw. des Ebersberger Forsts. Kurz zuvor zweigt links ein stimmungsvoller Waldweg ab, der uns zu einer breiteren Forststraße bringt, auf der wir rechtshaltend den Wildpark und Forst wieder verlassen. Anschließend durchqueren wir, auf der Nonnenstraße linkshaltend, dann auf der Siedlerstraße rechts, den nördlichen Siedlungsrand Kirchseeons und treffen auf die B304. Der Rest bis zum S-Bahnhof entspricht dem Herweg.

Dann kam »Kirchseeon-Bahnhof«

Das heutige Kirchseeon – rund um den Bahnhof und entlang der Münchner Straße – ist rund 170 Jahre alt. Waldarbeiterfamilien kamen Anfang des 19. Jahrhunderts aus dem Bayerischen Wald und aus Tirol, und sie gründeten zwischen dem Spannleitenberg und Eglharting die erste Kolonie. Ein paar Jahrzehnte später, in den Jahren 1868/69, wurde die Bahnlinie zwischen München und Rosenheim gebaut. Weitere Familien zogen zu, aus der Kolonie wurde eine beachtliche Siedlung. Eine königliche Imprägnieranstalt für Eisenbahnschwellen verarbeitete das reich anfallende Holz aus dem Forst. Weitere Arbeitsplätze waren geschaffen, der Ort dehnte sich aus. Im Jahre 1901 wurde in Kirchseeon-Bahnhof die St.-Josef-Kirche erbaut, nach dem Zweiten Weltkrieg wurde sie erweitert.

Früher waren es die Salzsäumer

Waren es einst die Salzsäumer, die mit ihren schweren Scheibenwagen über den Spannleitenberg ratterten – später folgten ihnen die Botenwagen und Postkutschen –, so sind es heute, neben den Lastzügen, am Wochenende fast ausschließlich die Personenautos, die dem Ort Kirchseeon als Verkehrsdurchgangslinie seine wirtschaftliche Bedeutung verleihen. Die Bahn tat ein übriges dazu. Die S-Bahn schließlich ermöglicht es immer mehr Städtern, sich »draußen« anzusiedeln; denn mit dem neuen Massenverkehrsmittel gelangen sie in kurzer Zeit in die Münchner Innenstadt.

Einkehr am Weg

Forsthaus Diana: Ebersberger Forst (Getränke).

32 Mit der S6 nach Poing

Abfahrt in München: mit der S6 in Richtung Erding, fahren bis Poing. Die Züge fahren alle 20 bzw. 40 Minuten. Fahrzeiten im amtlichen Fahrplan.
Fahrpreise für die Hinfahrt: München–Poing = 2 Zonen.
Fahrpreise für die Rückfahrt: Ebersberg–München, Marienplatz (S 5) = 3 Zonen.
Fahrzeit: Hinfahrt ca. 24 Minuten, Rückfahrt ca. 43 Minuten.

✶ Durch den kurfürstlichen Wald

Der größte Teil dieser Wanderung führt durch einen ungewöhnlichen Forst. Er ist 90 Quadratkilometer groß und von keiner einzigen Siedlung unterbrochen. Einen solchen geschlossenen Forst in dieser Größe gibt es in Deutschland und möglicherweise sogar in Europa nicht mehr wieder. Nur im Hochgebirge sind noch geschlossene Waldflächen dieses Ausmaßes vorhanden.

Ursprünglich reichte der Wald vom Inn bis zum Lech, und erst 1000 n. Chr. begann die Siedlungstätigkeit, die nach und nach das riesige Waldgebiet durchlöcherte und auf diese Weise die verschiedenen Forste schuf, wie den Grünwalder Forst, Kreuzlinger Forst, Hofoldinger Forst und andere. Dieser gewaltige Waldgürtel dürfte auch den römischen Geschichtsschreiber Tacitus mit veranlaßt haben, über die »schrecklichen Wälder und die furchtbaren Sümpfe« Germaniens zu berichten.

Fast ist es Zufall, daß der Ebersberger Forst nicht auch zersiedelt wurde. Zwei Ursachen retteten ihn: Der Grundwasserspiegel liegt so tief, daß er mit einfachen Pumpbrunnen nicht zu erreichen war. Wo kein Wasser war, konnte man auch nicht siedeln, Quellen gibt es nirgends. Zum anderen hatten die jeweiligen Besitzer des Waldes großes Interesse an der Jagd. Das begann schon bei Karl dem Großen. Der Wald war in der Geschichte meist der freien Benützung durch die Allgemeinheit entzogen.

Viel weiß man nicht aus der Geschichte des Waldes. Prähistorische Hügelgräber wurden in größeren Mengen gefunden. Die Römer führten bereits wichtige Handelswege durch den dunklen Forst. Zweifellos haben hier schon die Bajuwaren der Frühzeit gesiedelt.

In den Jahren 1790 bis 1795 wurde der »Churfürstliche Wald« planmäßig eingeteilt und vermessen. Damals wurde das genau berechnete Gerippe der schnurgeraden Geräumte angelegt. Die Quadrate waren allerdings viermal so groß wie die heutigen. Dies war eine der ersten Waldvermessungen und -einteilungen überhaupt. Die Erfahrungen wurden später auch in den anderen Forsten der Umgebung ausgewertet.

Mehr als drei Jahrzehnte lang wütete vor 100 Jahren die »Nonne« im Ebersberger Forst. 2800 Hektar Wald fielen dem gefräßigen Schädling zum Opfer. Und man mußte ohnmächtig zuschauen. 1926 bis 1930 wurden nach großen Schwierigkeiten endlich die letzten Waldgebiete wieder aufgeforstet. Das gleiche Ausmaß des Schadens hätte 1954 auftreten können, als sich die Nonnenraupen wiederum sehr stark vermehrten.

Wandern

Route: *Von Ebersberg in Richtung Anzing durch den Ebersberger Forst, dann entweder (Variante 1) über Anzing und Lindach zur S-Bahn-Station Poing oder (Variante 2) vom Nordwestausgang des Forsts wieder in südlicher Richtung zurück, ein zweites Mal durch den Ebersberger Forst und zur S-Bahn-Station Kirchseeon.*
Nach Poing 19 km, nach Kirchseeon 21 km. Ausgedehnte Wanderungen, dementsprechend für Kinder nicht empfehlenswert.

Variante 1 (Ebersberg–Poing): Vom Ebersberger Bahnhof gehen wir zuerst rechts vor zur Bahnhofstraße, folgen dieser nach links bis zum Marienplatz und Stadtzentrum, wo rechts die Sieghartstraße abzweigt. Auf der anschließenden Semptstraße und auf dem Richardisweg kommen wir zum Klostersee und zur Eberhardstraße. Auf dieser geht's rechts bis zu einer Straßenteilung. Hier wandern wir linkshaltend in Richtung Markt Schwaben/Schwaberwegen weiter und treffen am nördlichen Siedlungsrand auf eine abermalige Straßenteilung, bei der wir uns der linksabzweigenden Straße nach Anzing anschließen. Die Straße führt links an einem Gewerbepark vorbei und zum Eingang des Ebersberger Forsts.

Wer auf kürzestem Weg den Forst durchqueren möchte, bleibt weiterhin auf dem breiten Fahrweg, der in nordwestlicher Richtung ohne wesentliche Umschweife durch das Gehölz führt. Ansprechender ist hingegen die hier empfohlene Nebenroute, die allerdings gegenüber der Direttissima eineinhalb Kilometer länger ist.

Die Nebenroute verläuft folgendermaßen: Vom Forsteingang auf der Straße zunächst etwa 1 Kilometer in die nordwestliche Richtung, dann auf dem »Hohenlindener Geräumt« rechts und am Gasthaus Hubertus vorbei bis zum gleich wieder links abzweigenden »Hirschgeräumt«. Auf diesem einen guten Kilometer bis zum »Dillisgeräumt«. Auf diesem rechtshaltend und in nordöstlicher Richtung knappe 2 Kilometer bis zum querenden »Angergeräumt«. Auf diesem geht es linksgerichtet weiter und etwa 4 Kilometer bis in die unmittelbare Nähe des nordwestlichen Forstausgangs, wo man wieder auf die Anzinger Straße trifft. Auf dieser wird rechtsgerichtet der Ebersberger Forst verlassen.

Dann geht's nach Obelfing, hier geradewegs über eine Kreuzung und in nordwestlicher Richtung nach Anzing weiter. Rechtshaltend und in nördlicher Richtung kommen wir ins Ortszentrum und zur B12-Kreuzung, bei der wir geradeaus unsere Wanderung fortsetzen. Bei der nachfolgenden Straßenteilung wird dem Wegweiser nach Markt Schwaben gefolgt und die Umgehungs-Autobahn überschritten. Gleich danach zweigt links das Sträßchen nach Lindach ab. An Lindach geht's links vorbei. Dann schwenkt der Weg nach links und in die westliche Richtung, führt durch einen Waldstreifen und erreicht den östlichen Ortseingang von Poing, wo man zuerst auf der Kampenwandstraße rechtshaltend, dann auf der Hauptstraße linksgerichtet und schließlich auf der Bahnhofstraße in westlicher Richtung zur Poinger S-Bahn-Station gelangt.

Variante 2 (Ebersberg–Kirchseeon): Der Wegverlauf der noch etwas längeren Alternativ-Route nach Kirchseeon entspricht bis zur Einmündung des »Angergeräumt« in die Anzinger Straße am nordwestlichen Forstausgang vor Obelfing dem Wegverlauf der Variante 1 (siehe oben). Jetzt geht es aber nicht nach Obelfing und Anzing weiter, sondern links und in südöstlicher Richtung wieder in den Forst zurück.

Die Route nimmt ab der Einmündung des »Angergeräumt« folgenden Verlauf: Auf der Anzinger Straße links und in südöstlicher Richtung etwa 1 Kilometer zurück, dann rechtsabzweigend und auf dem »Heilig-Kreuz-Geräumt« etwa 1,5 Kilometer bis zum »Hirschgeräumt«. Auf diesem einen knappen Kilometer links bis zum »Schwaberweger Geräumt«, in das rechts eingebogen wird. Auf dem »Schwaberweger Geräumt« etwa 4 Kilometer in südwestlicher Richtung und bis zur nördlichen Siedlungsperipherie von Kirchseeon. Kurz vor dem Südrand des Ebersberger Forsts auf einem Waldweg links und zu einer breiteren Forststraße. Auf dieser rechtshaltend zu einem breiteren Forst- und Wildparkausgang, durch die der Ebersberger Forst wieder verlassen wird. Dann auf der Nonnenstraße linkshaltend und auf der Siedlerstraße rechts zur B 304. Über die Bundesstraße und auf dem Gehsteig neben der Münchner Straße in südlicher Richtung zum S-Bahnhof von Kirchseeon.

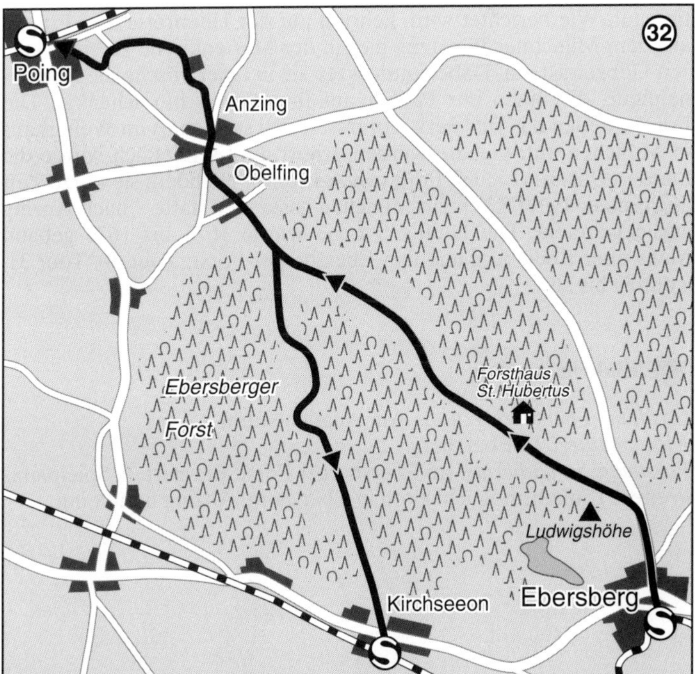

Anzing in Stichworten

In der Umgebung von Anzing waren schon die Römer zu Hause. Interessante Funde deuten darauf hin. Wichtige Handelsstraßen führten vorbei. Als Siedlung ist Anzing allerdings bajuwarischen Ursprungs: Siedlung eines »Anzo«.

Die Hoegerkapelle – benannt nach dem damaligen Besitzer von Anzing – ist eine kleine Nachbildung der Grabeskirche in Jerusalem. Sie wurde 1692 vor dem Schloßeingang an der Dorfstraße errichtet. Der schlanke Turm ist eigenartig geformt. Gegenüber der Kapelle liegt die geschichtsträchtige »Alte Post«, am nördlichen Ende die Marienkapelle. Dadurch bietet sich fast schon das Bild eines mittelalterlichen Marktplatzes. Die Pfarrkirche, eine Marienkirche, wurde berühmt durch die Wallfahrt. Sie kam im Jahre 1625 bei der von der Stadt München alle vier Jahre veranstalteten Pilgerfahrt nach Altötting auf. Wie berichtet wird, kehrten auf der Heimreise drei Frauen aus dem Münchner Pilgerzug hier in der Marienkirche zu einer kurzen Gebetsrast ein. Dabei entdeckten sie in einer Nische die Madonnenfigur, die ihnen der Pfarrer auf ihre Bitten hin schenkte. Die Frauen ließen das Bildwerk neu fassen und stellten es im Weberhaus in München auf. Gebete wurden erhört, und schließlich wurde die Statue »Unserer Lieben Frau von Anzing« – nachdem sie kurze Zeit auch in der Peterskirche in München gestanden hatte – nach Anzing zurückgebracht. Die heutige Kirche wurde 1676 bis 1679 gebaut. Mehr über Ebersberg und den Ebersberger Forst: Tour 30, Tour 31, Tour 33 bis 36.

Einkehr am Weg

Gasthaus Ebersberger Alm: Am Aussichtsturm.
Klosterstüberl: In Ebersberg.
Forsthaus St. Hubertus: Im Ebersberger Forst. Biergarten, Spielplatz.
Weitere Einkehrmöglichkeiten in Ebersberg, Anzing und Poing.

33 Mit der S5 nach Ebersberg

Abfahrt in München: mit der S5 in Richtung Ebersberg, fahren bis Ebersberg. Die Züge fahren alle 20 bzw. 40 Minuten. Fahrzeiten im amtlichen Fahrplan.
Fahrpreise für die Hin- und Rückfahrt: München–Ebersberg und zurück = zweimal 3 Zonen.
Fahrzeit: einfache Fahrt ca. 43 Minuten.

Ins Ebersberger Hinterland

Soweit die Gegend um Ebersberg mit der S-Bahn erschlossen wird, kennen wir sie, doch »hinter« Ebersberg? Da wird die Landschaft noch vielgestaltiger und interessanter. Wir wandern bei dieser Tour ins Ebersberger »Hinterland« – von München aus gesehen.

Hübsche kleine Dörfer stehen da, Wirtshäuser laden ein, Bäche, Seen und Flüsse verstärken das Bild von einer unversehrten Natur. An der Form der Landschaft hat sich seit dem letzten Zurückweichen der Eiszeitgletscher eigentlich nicht allzu viel geändert. Geringfügig wurden Hügel und Bodenwellen durch die Bearbeitung der Äcker eingeebnet. Die Technik hat mit der Eisenbahn in das Land gefunden, geteerte Straßenbänder durchziehen Täler und Höhen. Wo früher Wald stand, grasen heute Kühe auf saftigen Weiden.

Wandern

***Route:** Vom S-Bahnhof Ebersberg nach Oberlaufing und über Oberndorf/Sigersdorf zum Klostersee und wieder zum Ebersberger Bahnhof zurück. 9km (Abkürzung nach Oberndorf 8km).*

Vom Ebersberger Bahnhof wandern wir zunächst rechts vor zur B304, folgen der Bundestraße in Richtung Wasserburg und verlassen die Stadt. Nach einem knappen halben Kilometer zweigt rechts die Laufinger Allee ab, die in südlicher Richtung und leicht bergab eine Siedlung durchquert. Bei den nachfolgenden zwei Wegteilungen jeweils linkshaltend kommen wir anschließend zu einer Birkenallee,

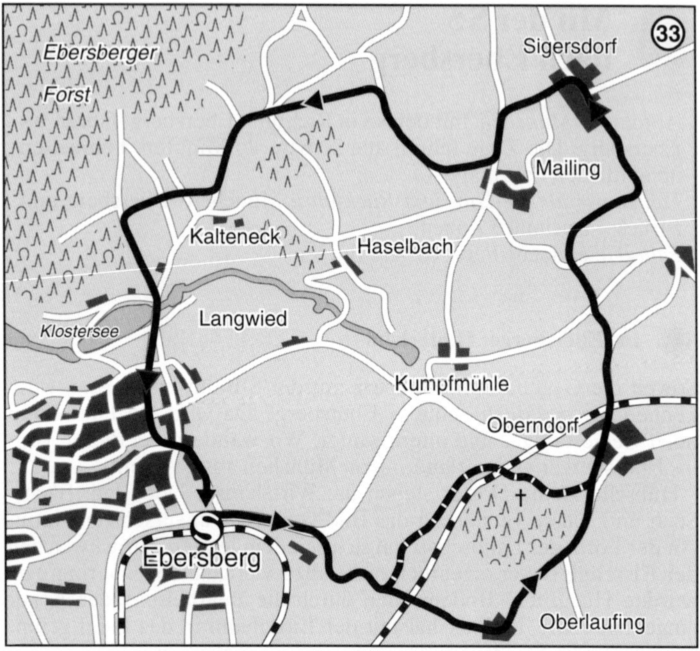

die zu den Bahnschienen hinführt. Hier wird die rechts abbiegende Teerstraße auf einem geradeaus weiterführenden Alleeweg verlassen, der die Schienen überquert (hier könnte man auf dem bezeichneten Feldweg links unmittelbar nach Oberndorf wandern) und anschließend steil nach Oberlaufing hinaufzieht.

In Oberlaufing geht's auf der Teerstraße links vor und in Richtung Unterlaufing. Auf halber Strecke zwischen den beiden Nachbardörfern zweigt wiederum links ein Feldweg ab, der über freies Feld führt und nach einiger Zeit auf eine Teerstraße trifft, die uns linkshaltend nach Oberndorf bringt. Hier geht's zuerst links an der Kirche und rechts am stattlichen Gasthof Huber vorbei, dann entsprechend dem Wegpfeil in Richtung Sigersdorf/Weiding weiter und bergab. Anschließend werden die Bahn und die B 304 überquert.

Das Teersträßchen steigt nach einem Rechts-, dann Linksbogen wieder leicht an und trifft auf eine Wegteilung, bei der wir nicht rechts nach Weiding, sondern linkshaltend unsere Wanderung fortsetzen. Wir kommen nach Sigersdorf, das wir, bei den Straßengabelungen jeweils linksgerichtet, in südwestlicher Richtung wieder verlassen. Kurz vor Meiling zweigt rechts ein Feldweg ab, der am Nordausgang der kleinen Siedlung Westerndorf auf einen weiteren Feldweg trifft, dem man rechtsgerichtet folgt.

Ca. 500 Meter vor Motzenberg wird linksabbiegend auf Traktorspuren, dann rechts am Waldrand entlang zur Hohenlindener Straße hinübergewandert (genausogut kann man den kleinen Umweg über Motzendorf wählen). Auf dieser geht es links nach Reith, wo rechts ein Teersträßchen abzweigt, das, im Rechtsknick auf einem Wiesenweg geradeaus, bald wieder verlassen wird. Links hinab durchqueren wir auf der Straße »Am Reither Berg« eine Ebersberger Randsiedlung, gehen ein paar Meter links vor zur Hohenlindener Straße, wandern auf dieser rechts hinab zum Klostersee und Ebersberger Marienplatz und zuletzt auf der Bahnhofstraße wieder zum Bahnhof zurück.

Ebersberg in Stichworten

Die Stadtpfarrkirche Sankt Sebastian stammt in ihrer heutigen Gestaltung aus den Jahren 1733/34. Früher war sie gotisch, auch romanische Bestandteile sind noch nachzuweisen. Mehr über die Ebersberger Kirche: Tour 37.

619 Meter hoch liegt der Rücken der Endmoräne über dem Meeresspiegel, auf dem der Heimat- und Verschönerungsverein Ebersberg den heutigen Aussichtsturm aus Beton errichten ließ. Er ist 30 Meter hoch und wurde im Jahre 1912 fertiggestellt.

Unter Abt Leonhard II. entstand das heutige Ebersberger Rathaus als Hofwirtshaus oder »Untere Taferne« (1509 bis 1512).

Mehr über Ebersberg: Tour 30.

Einkehr am Weg

Gasthaus Huber: Oberndorf.
Ebersberger Alm: Am Aussichtsturm.
Etliche Einkehrmöglichkeiten in Ebersberg.

34 Mit der S 6 nach Poing

Abfahrt in München: mit der S6 in Richtung Erding, fahren bis Poing. Die Züge fahren alle 20 bzw. 40 Minuten. Fahrzeiten im amtlichen Fahrplan.
Fahrpreise für die Hin- und Rückfahrt: München–Poing und zurück = zweimal 2 Zonen.
Fahrzeit: einfache Fahrt ca. 24 Minuten.

✶ Zum Poinger Wildpark

Die Fahrt mit der S 6 nach Poing ist ein Ausflug, den wir getrost auch an einem Nachmittag machen können. Schöner freilich ist es frühmorgens, weil wir da weniger Betrieb als am Nachmittag antreffen. Erholung und Entspannung bietet der Weg durchs Wildfreigehege in jedem Fall. Landschaftlich liegt er so schön, daß man sich an den saftigen grünen Weiden und den gepflegten Waldteilen immer erfreuen kann.

Poing, früher ein rein bäuerliches Dorf, wurde durch die Eisenbahn dem größeren Verkehr erschlossen. Der ganz große Aufschwung setzte aber nach dem Zweiten Weltkrieg ein. Plötzlich änderte sich das Bild. Aus der bäuerlichen Gemeinde ist inzwischen eine stadtnahe und gut erreichbare Wohnsiedlungsgemeinde geworden. Und dafür bietet sie auch gute Voraussetzungen. Nicht nur, daß die Verbindungen mittels Schiene und Straße gut sind, die Gegend um Poing wertet den Ort zum Wohnen beträchtlich auf. Da dehnt sich auf 90 Quadratkilometern der größte, von Siedlungen nicht unterbrochene Forst Deutschlands aus. Man kann hier das ganze Jahr über wandern und Ausflüge unternehmen und braucht doch niemals die gleichen Wege zu gehen.

Das Wildfreigehege liegt in einem abgetrennten Teil des Ebersberger Forstes – ein Idyll fast am Rande der Großstadt.

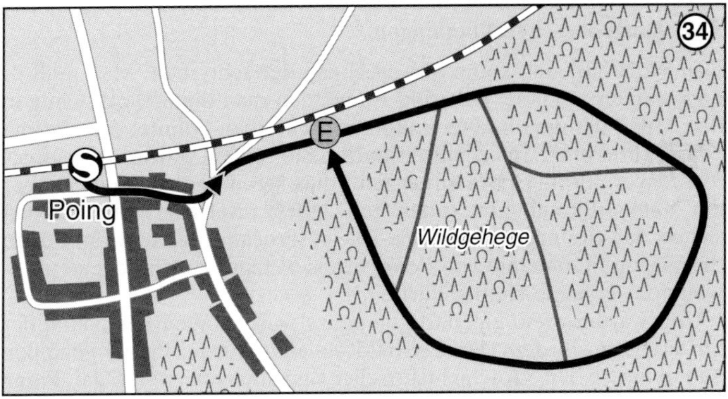

Wandern

Route: *Von der S-Bahn-Station Poing zum Poinger Wildpark und nach dem Rundgang wieder zum Ausgangspunkt zurück. Mit Rundgang insgesamt 5 km. Insbesondere für Kinder sehr interessant und bestens geeignet. Hinweis: Im Wildpark sind keine Hunde zugelassen!*

Vom Bahnhof Poing geht man zuerst auf der Bahnhofstraße links vor und auf der anschließenden Hauptstraße weiterhin in östlicher Richtung bis zu einer Straßengabelung, bei der man linkshaltend dem Osterfeldweg folgt. Rechts der Bahn kommt man schließlich zu einem Parkplatz und zum Eingang des Wildparks. Das ausgedehnte Wildfreigehege – insgesamt 570 Hektar – ist für die Besucher bestens erschlossen und auch mit einer Imbiß-Einkehr und einem Kinderspielplatz ausgestattet.

Der Rundgang durch das abwechslungsreiche wie eindrucksvolle (im Sommer durchgehend ganztägig geöffnete) Wildfreigehege beansprucht etwa eineinhalb Stunden. Unter Einbeziehung der dreiviertelstündigen Greifvogelschau sind also etwas mehr als 2 Stunden anzusetzen, so daß sich die maßvolle Eintrittsgebühr in jeder Weise auszahlt und insbesondere die Kinder voll und ganz auf ihre Rechnung kommen. Nach der Besichtigung geht's auf gleichem Weg wieder zur Poinger S-Bahn-Station zurück.

Zungenbrecher: Piuuuingon

Das Wort läßt sich kaum aussprechen oder schreiben. Man muß es buchstabieren. Dabei ist es ein Name, den man um 850 oft genug in den Mund nehmen mußte – und auch schreiben konnte: der einstige Name für Poing. In den Freisinger Traditionen wurde er erstmals 859/75 vermerkt. Erst meinte man, dies sei ein Schreibfehler, aber der Name »Piuuuingun« (oder -gon) taucht öfter auf. Heute ist man sicher, daß das mittlere »u« wie »w« gesprochen wurde, womit dann der einstige Ortsname von Poing etwas weniger redebrechend »Piuwuingon« geheißen haben dürfte.

Und warum er so eigenartig genannt wurde? Weil der Name des Gründers, nach dem der Ort bald benannt wurde, Piuwo geheißen haben dürfte. Die Geschichtsforscher sind auch überzeugt, daß Poing in die Reihe der frühbajuwarischen ing-Orte eingereiht werden muß. Dafür spricht die sehr frühe Besiedlung des Gebietes. Aus der Vergangenheit liegen reichlich Zeugnisse vor. Wenn wir mit dem Namensspiel weitermachen wollen: 1052 bestätigt Kaiser Heinrich III. dem Domkapitel in Freising die Kirche in »Biuwingun« (sicher eine Vorläuferin der heutigen Michaelskirche), 130 Jahre später, 1183, wird ein »Hainricus de Pivingen« genannt.

Auch im Poing jener Zeit entwickelte sich bald ein Herrensitz. Das St.-Veits-Stift in Freising und das kurfürstliche Hofkastenamt hatten Zehentrechte. Der Humplmayerhof übte wohl schon zu dieser Zeit auch gewisse Grundrechte aus. Es ist nicht ausgeschlossen, daß er mit dem im Jahre 1686 erwähnten kurfürstlichen Urbarshof identisch ist.

Mehr über Ebersberg und den Ebersberger Forst: Tour 30, Tour 31, Tour 32, Tour 33, Tour 35 und 36.

Wissens- und sehenswert

Im Jahre 1874 wurde in Poing die erste Schule gebaut, 1908 die zweite, die mit einem »Bierpfennig« finanziert wurde. Inzwischen mußte noch einmal ein neues Schulhaus gebaut werden.

Die Michaelskirche, ein romanischer Tuffquaderbau aus der Zeit um 1200, war seit 1222 Filiale der Pfarrei Anzing. 1956 wurde die Filiale Pfarrkuratie und 1960 Pfarrei.

Der Turm der Michaelskirche von Poing – so berichtet eine Überlieferung – soll einmal ein Wehrturm gewesen sein (wohl, weil der romanische Bau in seiner Architektur das ganze übrige Kirchgebäude

»unterdrückte«). Darin sollen einst Nonnen gewohnt haben. Tatsächlich ist in der Geschichte einmal von einer Klausnerin die Rede, die bei den Ungarneinfällen, als das Kloster Moosburg zerstört wurde, nach Poing geflüchtet sein soll. Die Kirche von Poing wurde 1954 um einen 22 Meter langen Anbau nach Westen zu erweitert.

In Englbrechting ließen sich zwischen 1810 und 1820 Familien aus der Rheinpfalz nieder. Erwähnt wird die Siedlung erstmals im 14. Jahrhundert.

Grub ist heute weltbekannt durch seine Landesanstalt für Tierzucht. Bestanden hat es mit fünf Höfen im Besitz des damaligen Adeligen bereits um 1000. Die Kirche wird um 1315 nachgewiesen.

Einkehr am Weg

Imbiß – Einkehr im Wildpark Poing.

35 Mit der S6 nach Markt Schwaben

Abfahrt in München: mit der S6 in Richtung Erding, fahren bis Markt Schwaben. Die Züge fahren alle 20 bzw. 40 Minuten. Fahrzeiten im amtlichen Fahrplan.
Fahrpreis für die Hinfahrt: München–Markt Schwaben und zurück = 2 Zonen.
Fahrpreis für die Rückfahrt: Ebersberg–München, Marienplatz (S 5) = 3 Zonen.
Fahrzeit: Hinfahrt ca. 29 Minuten und für die Rückfahrt ca. 43 Minuten.

War der erste Schwabener ein Schwabe?

So genau weiß man das nicht: Leitet sich der Ortsname von Leuten ab, die sich hier niedergelassen hatten und schwäbischen Ursprungs waren, oder hießen die ersten Bewohner von Markt Schwaben mit Familiennamen Schwab? Die Historiker neigen eher der letzten Ansicht zu. Immerhin: Bis zum Jahre 1922 heißt der Ort einfach Schwaben. Markt ist er schon seit Jahrhunderten, aber das Markt zum Ortsnamen wurde ihm erst 1922 verliehen. Wir fahren mit der S-Bahn nach Markt Schwaben, um von hier eine schöne Wanderung über Forstinning durch den Ebersberger Forst nach Ebersberg zu machen.

Mit einer Ausdehnung von rund 90 Quadratkilometern ist der Ebersberger Forst der größte geschlossene Waldbestand in der Bundesrepublik – von den Wäldern des Hochgebirges abgesehen. Hauptbesitzer ist der Bayerische Staat. Nur ganz geringe Teile sind Körperschaftswald und Privatwald.

Vom Inn bis zum Lech zog sich einst der viel größere Waldgürtel, von dem der Ebersberger Forst heute nur noch ein »kleiner« Rest ist. Um das Jahr 1000 erst begannen sich nach und nach Siedlungen in den Waldgürtel hineinzufressen und ihn zu zerteilen. So entstanden im Verlauf der Jahrhunderte der Haager Forst, der Höhenkirchner Forst, der Egmatinger Forst, der Hofoldinger Forst, der Grünwalder Forst, der Forstenrieder Park, der Kreuzlinger Forst und der Fürstenfeldbrucker Wald.

Wandern

Route: Vom S-Bahnhof Markt Schwaben nach Forstinning und durch den Ebersberger Forst nach Ebersberg. 23 km. Nur für sehr ausdauernde Wanderer. Für Kinder nicht geeignet.

Von der Markt Schwabener S-Bahn-Station geht es zuerst auf der Bahnhofstraße kurz links vor, dann nach einer Rechtskurve zur Herzog-Ludwig-Straße. Auf dieser folgt man linksgerichtet dem Wegweiser nach Ebersberg und kommt zur Kirche. Davor wird rechts abgebogen und der Marktplatz überquert. Anschließend trennt sich linksabbiegend die Graf-von-Sempt-Straße von der Ebersberger Straße, die uns zum östlichen Siedlungsrand Markt Schwabens bringt. Hier setzt sich die Teerstraße in einem Feldweg fort, der schnurgerade inmitten ebener Felder in die östliche Richtung führt.

Kurz vor einem Wäldchen beschreibt der Weg einen Rechtsbogen und zieht neben einem Bächlein rechts an einem freistehenden Wohnhaus vorbei. Danach macht der Feldweg einen leichten Linksknick und trifft auf die Kressiermühle, die man auf einem Teersträßchen rechts umgeht. Hinter der kleinen Gebäudegruppe steht ein von zwei Bäumen gerahmtes Wegkreuz. Hier setzt auf der gegenüberliegenden Straßenseite ein südostwärts ausgerichteter schmaler Wiesensteig ein, der durch ausgedehnte Felder führt und nur gelegentlich von Birkengruppen beschattet wird. Nach einiger Zeit wird ein Weiher passiert.

Dann spaziert man, leicht rechtshaltend, auf eine breite Umgehungs-Verkehrsachse zu und wandert davor links zu einer Brücke. Rechtsgerichtet über die vielbefahrene Autotrasse und dahinter wieder zu einer Teerstraße hinab, die uns nach Forstinning bringt. Auf der Graf-von-Sempt-Straße gelangt man ins Zentrum und bei der Kirche zur Münchner Straße, der man nach rechts bis zur links abbiegenden Sonnengasse folgt. Die Sonnengasse führt zum südöstlichen Forstinninger Ortsrand. Anschließend geht's auf einem geschotterten Feld- und Wiesenweg zum Ebersberger Forst. Hier wandern wir zunächst rechtsgerichtet auf einem kaum ausgeprägten Fußsteig am Waldrand entlang, dann im Linksbogen zu einer breiteren Forststraße, der wir uns nach links in Richtung Ebersberg/Sauschütt anschließen. Wenig später geht es auf dem »Rotsäulerl-Geräumt« schräg links weiter.

Nach 3 Kilometern kreuzt das »Kapellen-Geräumt«. Auf diesem spaziert man rechtsgerichtet 1 Kilometer bis zum »Bürtsch-

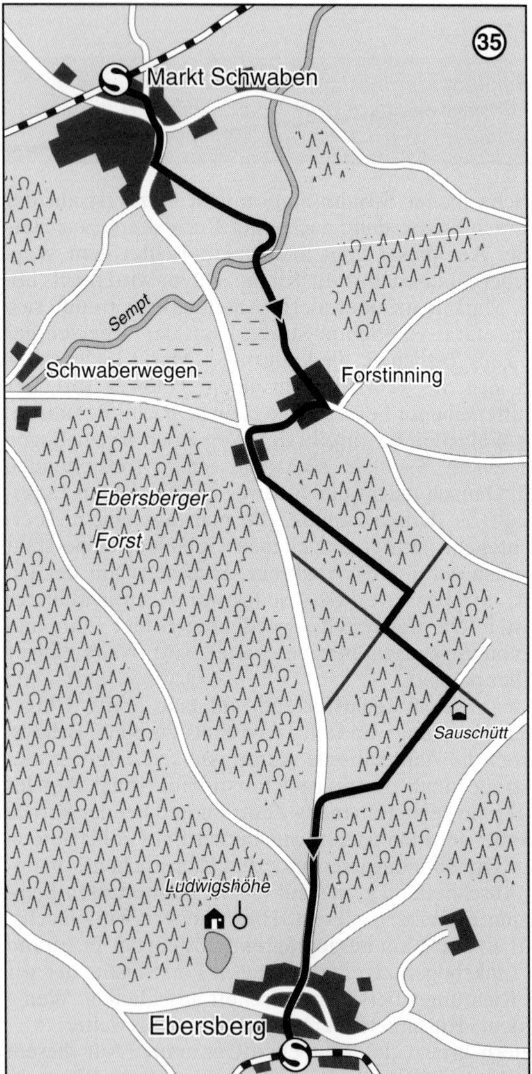
35
Markt Schwaben
Sempt
Schwaberwegen
Forstinning
Ebersberger Forst
Sauschütt
Ludwigshöhe
Ebersberg

Geräumt«, auf dem man, jetzt wieder linkshaltend, nach 3 Kilometern beim Sauschütte-Gasthaus eintrifft. Nach der wohlverdienten Rast und Einkehr wird die Wanderung auf dem Kapellenweg fortgesetzt, der in die südwestliche Richtung führt und nach etwa 2,5 Kilometern auf die Fahrstraße zwischen Ebersberg und Forstinning trifft. Wir überqueren schräg links die Straße und wandern auf dem »Kapellen-Geräumt« in die südliche Richtung weiter.

Nach 2 Kilometern geht's schräg rechts zum Forsthaus Hubertus, wo man eine zweite Verpflegungspause einlegen kann. Von der Waldwirtschaft wandern wir schließlich auf der Anzinger Straße (siehe auch Tour 32) in südöstlicher Richtung nach Ebersberg. Hier kommen wir auf der Schwabener Straße und anschließenden Eberhardstraße in südlicher Richtung zum Marktplatz und zuletzt auf der Bahnhofstraße zum Ebersberger S-Bahnhof.

✱ Schwaben – beinahe ein Wallfahrtsort

Im Jahre 1721 ließ der Bierbrauer Gerstlacher die Maria-Hilf-Kapelle erbauen. Noch heute gilt sie als architektonisch wertvoll, weil sie zu den wenigen Rundbauten der Gegend gehört. An dem gleichen Platz stand schon vorher einmal eine Kapelle, und in der Nähe gab es eine »Martersäule«. Man nimmt heute an, daß Gerstlacher aus Schwaben einen Wallfahrtsort machen wollte, was ihm allerdings nicht gelungen ist.

Fast drei Jahrzehnte später, am 7. Mai 1749, machte die Familie Gerstlacher wieder von sich reden. Ein Vetter des Bierbrauers richtete als Leutnant schrecklichen Schaden an. Er warf eine Granate in die Nähe des Anwesens vom Schmied Arzberger. Da das Haus mit Stroh gedeckt war, fing es sofort Feuer und brannte bald lichterloh; mit ihm brannten 33 weitere Häuser ab. In der Kapelle sind zwei Votivbilder zu sehen, die von diesem Großbrand künden.

Mehr als 500 Jahre war Schwaben Mittelpunkt und Sitz des Pfleggerichts. Es war deshalb ein Rückschlag, als 1811 das Landgericht und 1815 das Rentamt nach Ebersberg kamen. Man kann sich vorstellen, wie die Schwabener versuchten, diese beiden Ämter zu behalten. Aber daran war nichts mehr zu ändern. Ein Teil des Schlosses wurde nun niedergelegt, den Rest kaufte ein Privatmann auf. Es wird erzählt, daß zum Wiederaufbau des Münchner Hoftheaters nach dem großen Brand von 1823 Steine des Schwabener Schlosses verwendet wurden.

Wissens- und sehenswert

Die Forstinninger Kinder, die 1958 in der Scheune des alten Hirschanwesens in Schwaberwegen spielten, suchten gewiß nicht nach einem vergrabenen Schatz; dennoch fanden sie einen riesigen: rund 3000 alte Silbermünzen, bei denen die letzte Prägung aus dem Jahre 1705 stammt. Zum Teil waren sie noch gebündelt und sortiert. Der Fund erregte großes Aufsehen. Die Experten sind der Meinung, daß er aus dem Spanischen Erbfolgekrieg stammen müßte. Sie sind sicher, daß er aus einer Kriegskasse stammt.
Moos bei Forstinning ist die Heimat des ehemaligen bayerischen Landwirtschaftsministers Dr. Alois Hundhammer. In diesem Ort hielt sich einige Zeit auch der Komponist Carl Maria von Weber auf.
An der Forstinninger Schule unterrichtete 1871/72 der später berühmt gewordene Reformpädagoge Dr. Georg Kerschensteiner als Hilfslehrer.
In der Prähistorischen Staatssammlung in München befindet sich ein keltisches Widderfigürchen aus Bronze, das in der Nähe von Forstinning, bei Sempt, gefunden wurde.
Entdeckt wurden vor einigen Jahrzehnten in Berg bei Forstinning die Reste einer römischen Villa.
Ein Schwert aus der Bronzezeit holte in Forstinning 1958 beim Ausheben einer Baugrube ein Bagger aus dem Boden. Vor 3200 Jahren dürfte der Besitzer seine Waffe als Opfer der Erde übergeben haben – es war mehrfach zerbrochen und zusammengebogen.
Die Pfarrkirche von Forstinning, Mariä Heimsuchung, erhielt ihre heutige Gestalt in den Jahren 1765/66 durch den Münchner Baumeister Trischberger.

Mehr über Ebersberg und den Ebersberger Forst: Tour 32 bis 34, Tour 36.

Einkehr am Weg

Ebersberger Alm: Am Aussichtsturm.
Forsthaus St. Hubertus: Im Ebersberger Forst. Biergarten. Spielplatz.
Klosterstüberl: In Ebersberg.
Hohenlindener Sauschütte: Im Ebersberger Forst.
Einkehrmöglichkeiten in Forstinning und Ebersberg.

36 Mit der S5 nach Ebersberg

Abfahrt in München: mit der S5 in Richtung Ebersberg, fahren bis Ebersberg. Die Züge fahren alle 20 bzw. 40 Minuten. Fahrzeiten im amtlichen Fahrplan.
Fahrpreise für die Hin- und Rückfahrt: München–Ebersberg und zurück = zweimal 3 Zonen.
Fahrzeit: einfache Fahrt ca. 43 Minuten.

✱ Unter dem Hobel mächtiger Gletscher

Lohnt schon die Stadt Ebersberg selbst einen Ausflug, so ist es nicht minder die Landschaft, die uns – wenn wir einmal hier waren – immer wieder lockt.

Unter dem Hobel des mächtigen Eises ist das Land rund um Ebersberg entstanden. Und es wurde in seinem Formenreichtum und seinem sich ständig ändernden Bild zu einem riesigen Garten, wie ihn ein Landschaftskünstler nicht schöner hätte gestalten können. Langgestreckte bewaldete Höhenzüge wechseln mit Hügeln und Hängen und bekränzen die Kreisstadt mit reizvoller Vielfalt. In die Talgründe schmiegen sich anmutige Seen und Weiher. Kommen wir im Sommer, können wir uns im Familienbad am Klostersee unter das Badevolk mischen und uns im frischen Wasser tummeln.

Wer allein sein will und sich vom gehetzten Alltag zu erholen sucht, der geht nur ein paar Schritte weiter und kommt in ein Naturschutzgebiet, in dem er völlig ungestört ist. Eine friedvolle natürliche Oase der Erholung ist der Eggelburger See bis heute geblieben. Hier hat die Zivilisation noch nicht zugegriffen. Seltene Pflanzen und Tiere erfreuen den Naturfreund. Hier zwitschern Wasservögel, die man sonst kaum mehr hört. Hier nisten Wassertiere in einer Unbekümmertheit, die einen erstaunen läßt. Wildenten, Bläß- und Teichhühner haben hier ihre Brutstätten und Lebensräume. Eine Erholungslandschaft, wie sie schöner nicht sein könnte.

Wandern

***Route:** Vom S-Bahnhof Ebersberg zum Klostersee, dann rund um den Eggelburger See und über Hintereggelburg wieder nach Ebersberg zurück. 9,5 km. Einige kleinere Anstiege. Für gehfreudige ältere Kinder geeignet. Alternative über Hörmannsdorf 12,5 km.*

Vom Ebersberger Bahnhof wandern wir zuerst rechts vor zur Bahnhofstraße, auf dieser links zum Marienplatz und Stadtzentrum, hier rechtsabzweigend auf der Sieghartstraße in die nördliche Richtung und anschließend ohne Richtungsänderung auf der Semptstraße und auf dem Richardisweg bis zum Ostufer des Klostersees, wo wir auf die Eberhardstraße treffen. Auf dieser kommen wir, ein paar Schritte rechts vor, zum linksabzweigenden Teerweg in Richtung »Familienbad«. Bei den nachfolgenden Wegteilungen jeweils linkshaltend spazieren wir zunächst am Nordufer des Klostersees dahin, kommen nach kurzer Unterbrechung zum Langweiher, an dem wir ebenfalls rechts vorbeimarschieren.

Danach geht's auf einem Wiesenweg zum Eggelburger See. Hier wird bei der Wegteilung rechts der Eichenallee gefolgt, die außerordentlich stimmungsvoll am Nordostufer dahinzieht. Vor dem Gut Ziegelhof wandern wir kurz rechts, dann wieder linkshaltend weiter und gelangen, am Waldeingang abermals linksgerichtet, zum Nordufer des Eggelburger Sees, an dem wir (die rechtsabzweigenden Wege bleiben unbeachtet) in die südwestliche Richtung dahinbummeln. Nach einiger Zeit wird die Schilf- und Seerosenidylle vor der Bilderbuchkulisse mit dem Hintereggelburger Gotteshaus wieder verlassen und auf einem leicht ansteigenden Feldweg in südlicher Richtung nach Hintereggelburg hinaufgewandert, wo man sich für die kürzere 9,5-km-Runde oder für die längere 12,5-km-Variante entscheiden kann.

Wer die kürzere Route wählt, folgt bei der Wegteilung dem linksabzweigenden Sträßchen, wandert rechts an der hochgelegenen Kirche vorbei, folgt gleich danach dem linksabbiegenden Wiesenweg (noch mal links ginge es zur Kirche hinauf), der kurz bergab führt, in östlicher Richtung ein freies Feld durchquert und in Egglsee auf das Wirtshaus »Zur Gass'« trifft, in dem man eine Brotzeitpause einlegen kann. Vom Gasthaus geht's anschließend auf der Teerstraße wenige Schritte rechts vor bis zu einer Pferdekoppel, vor dieser links und gleich schräg rechts zu einem Kiesweg, der uns wieder nach Ebers-

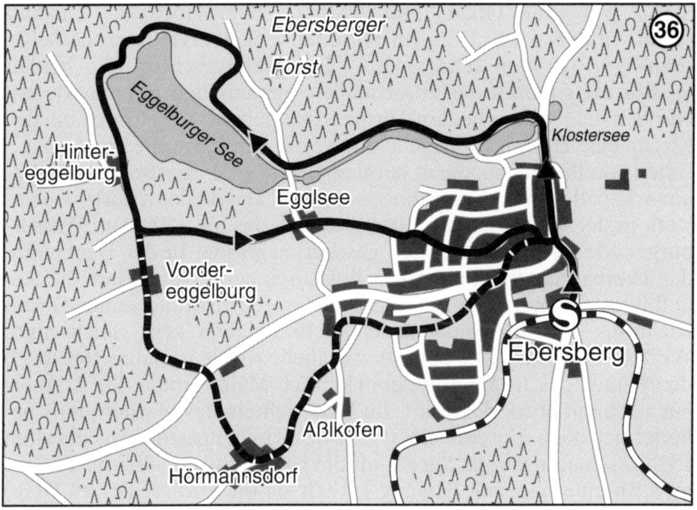

berg führt. Hier geht es auf der Ebrach-, dann Floßmannstraße geradeaus weiter, dann kurz rechts und auf der Bürgermeister-Eichberger-Straße links zur bereits bekannten Eberhardstraße, auf der man rechts wieder zum Marktplatz und Bahnhof zurückkehrt.

Die 12,5-km-Variante führt von Hintereggelburg in südlicher Richtung nach Vordereggelburg, über die B 304 und nach Hörmannsdorf, hier linksabbiegend nach Aßlkofen, auf der Aßlkofener Straße links bis zur rechts abzweigenden Breitensteinstraße und schließlich auf der Dr.-Wintrich-Straße rechtsgerichtet wieder zum Ebersberger Bahnhof zurück.

✱ St. Sebastian hochverehrt

Die ursprünglich gotische Hallenkirche St. Sebastian ist ein Werk von Erhard Randeck, in den Jahren 1733 und 1734 wurde der Kirchenbau im Rokokostil ausgestaltet. Das Gewölbe des Mittelschiffes wurde erst nach dem Brand 1781 aufgeführt. – Auf dem eisernen Opferstock am Chorbogen rechts steht eine rauchgeschwärzte Holzfigur des hl. Sebastian, die wohl aus der Zeit um 1450 stammen dürfte. Die

Statue wurde als Gnadenbild verehrt. – Der Hochaltar entstand schon vor dem Jahre 1773. Im Mittelteil eine überlebensgroße Sebastiansfigur aus dem Jahre 1630. – Die Untergeschosse der beiden Westtürme gehören der ausgehenden romanischen Bauperiode an. Nur der südliche der beiden Türme ist ausgebaut. – Im Chorraum der Kirche eine Herz-Jesu-Kapelle mit wertvollen Marmorepitaphen der Edlen von Pienzenau, die in der damaligen, 1781 abgebrochenen Stephanskapelle ihr Erbbegräbnis hatten. – Das bedeutendste Kunstwerk in der Kirche ist das Stiftergrabmal, das um 1500 vom Wasserburger Meister Wolfgang Leb geschaffen wurde. In der Deckplatte der Tumba sieht man, nahezu vollplastisch herausgearbeitet, die Reliefbilder der hier bestatteten Stifter Graf Ulrich und seiner Gattin Richardis. In ganz Süddeutschland findet man kein gleichartiges Werk dieser Zeit. – Die Sebastian-Kapelle wurde im Jahre 1668 nach den Plänen des Jesuitenbruders Heinrich Maier erbaut. Sie ist überaus reich mit Stuck dekoriert. Im Mittelschrein des Marmoraltars befindet sich die berühmte Silberbüste des Kirchenpatrons, die etwa um 1420 geschaffen wurde. Sie gilt als die bedeutendste Silberbüste Bayerns. In einer eigenen Fassung enthält sie die Hirnschale des Heiligen.

Einkehr am Weg

Wirtshaus Zur Gass': Am Egglsee.
Weitere Einkehrmöglichkeiten in Ebersberg.

37 Mit der S 4 nach Geltendorf

Abfahrt in München: mit der S4 in Richtung Geltendorf, fahren bis Geltendorf. Die Züge fahren alle 20 bzw. 40 Minuten. Fahrzeiten im amtlichen Fahrplan.
Fahrpreise für die Hin- und Rückfahrt: München–Geltendorf und zurück = zweimal 3 Zonen.
Fahrzeit: einfache Fahrt ca. 50 Minuten.

Zum Kloster und Mustergut der Missionsbenediktiner

Endstation der S 4 im Westen Münchens: Geltendorf und, einen Spaziergang weit entfernt, das Kloster Sankt Ottilien – Ziel unseres Ausflugs.

Sankt Ottilien ist ein Missionskloster der Benediktiner. Bildung und Ausbildung stehen im Vordergrund. 1886 wurde auf dem Gelände des ehemaligen Weilers Emming mit dem Bau begonnen, der sich zum größten Klosterkomplex in Süddeutschland entwickelte. Aus sauren Wiesen, steinigen Feldern, einem großen Torfstich und aus unkultiviertem Sumpfland und Moor ist inzwischen ein landwirtschaftliches Mustergut geworden.

Philosophische Hochschule, Humanistisches Gymnasium, Gewerbliche Berufsschule, Landwirtschaftsschule, Exerzitienhaus und eine gesunde, umfangreiche Ökonomie gehören zum Kloster. Auch einen Buch- und Zeitschriftenverlag konnte man angliedern. Sehenswert ist das Missionsmuseum, das über Leben und Wirken der Missionare in den Missionsgebieten, vornehmlich Afrika, aber auch Korea, Auskunft gibt und dabei eine gute Lektion für das Kennenlernen der afrikanischen Völker darstellt.

In der Umgebung von Sankt Ottilien lassen sich beliebig Spaziergänge unternehmen. Die Wege sind beschildert. Um gastliche Einkehr nahe am Klosterkomplex braucht man sich keine Sorgen zu machen. Wo sich ein Kloster befindet, ist in der Regel auch gut essen und gut ausruhen – so auch hier. Sehenswert ist auch Geltendorf selbst mit seiner alten Pfarrkirche, von der ein Sturm im Jahr 1946 den Zwiebelturm heruntergerissen hatte. Einen Besuch lohnt schon auf dem Wege dahin im neuen Ortsteil das moderne Pfarrzentrum »Zu den heiligen Engeln«.

Wandern

__Route 1:__ Vom Bahnhof Geltendorf zum Kloster St. Ottilien und wieder nach Geltendorf zurück. 3,5 km. Auch für kleinere Kinder bereits geeignet.

Vom Bahnhof Geltendorf gehen wir zunächst nach links und an den Parkplätzen vorbei bis zu einer Fahrstraße, auf der wir linksgerichtet durch eine schmale Unterführung die Bahnschienen unterqueren. Gleich danach geht es linksabbiegend auf einem Privatweg weiter, der zuerst über freies Feld führt, dann einen schattigen Waldstreifen durchquert und anschließend wieder übers freie Feld auf die Klosteranlage von St. Ottilien zusteuert. Kurz davor treffen wir auf eine querende Fahrstraße, auf der wir linkshaltend, dann im Rechtsbogen zum Gasthof Emminger Hof und zum Klosterbezirk wandern. Die neugotische Kirche und das stattliche Kloster stehen am Südrand der Gebäudegruppe.

Nach der Kirchenbesichtigung geht es wieder bis zum Emminger Hof zurück, dann auf einer Teerstraße rechts vor und am Nordrand des Gebäudekomplexes bis zu einer links abzweigenden Birkenallee, die für den motorisierten Verkehr gesperrt und als Fußweg nach Geltendorf ausgewiesen ist. Das stimmungsvolle Sträßchen führt schnurgerade in die nördliche Richtung und unterquert östlich des Geltendorfer Bahnhofs die Schienen. Nach der Unterführung kehren wir linksgerichtet neben den Bahngleisen wieder zum Ausgangspunkt zurück.

__Route 2:__ Entsprechend dem Eingangsabschnitt von Route 1 nach St. Ottilien, dann aber nach Eresing weiter und westlich der Römerstraße wieder nach Geltendorf zur S-Bahn-Station zurück. 7 km. Für ältere Kinder geeignet.

Insbesondere die Kunstinteressierten werden in Fortsetzung der ersten Etappe der vorgenannten Route 1 von St. Ottilien noch gerne zur sehenswerten Eresinger Rokokokirche weiterwandern. Der Fußweg von St. Ottilien nach Eresing setzt westlich der Klosterkirche ein (Wegtafel an der Gartenmauer) und führt zunächst zur südwestlichen Peripherie des Klosterbezirks hinab. Hier trifft man auf einen Querweg, dem man entsprechend dem Wegweiser (»Fußweg nach

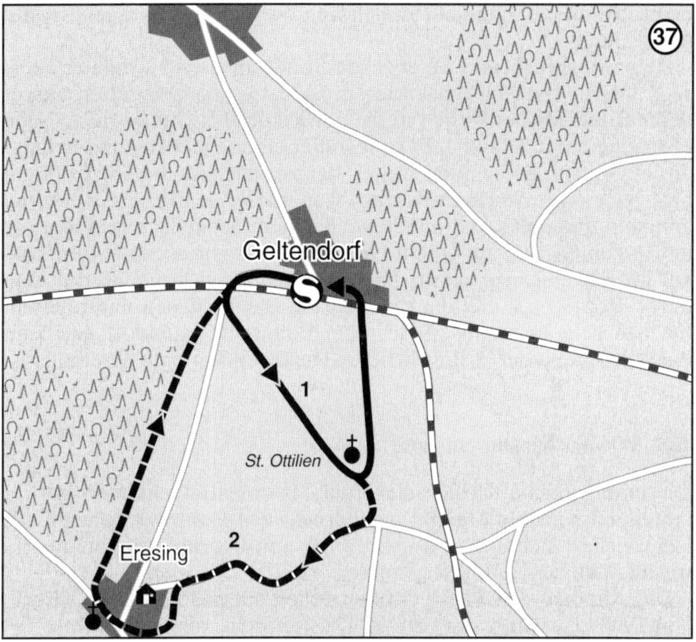

Eresing«) nach rechts folgt. Der Feldweg zieht zunächst noch links an der Klostermauer entlang, dann (gleich am Waldeingang bei einer Wegteilung linkshaltend) für einige Zeit unterm Blätterdach dahin, anschließend wieder übers freie Feld in die südwestliche Richtung und stößt vor Eresing auf eine Weggabelung, bei der man linkshaltend auf den Eresinger Kirchturm zuwandert.

Die Emminger Straße bringt uns zur Pflaumdorfer Straße, der man rechtsgerichtet bis zum meisterlich ausgestatteten Rokoko-Gotteshaus folgt. Vis-à-vis der Kirche wartet das Gasthaus zum Vogelwirt, so daß sich der Kunstgenuß und die Brotzeit-Einkehr bestens unter einen Hut bringen lassen. Anschließend wandern wir von der Kirche bzw. vom Gasthaus auf der Kaspar-Ett-Straße rechtsgerichtet bis zu einer Straßenkreuzung (links das Gasthaus Wiedmann als weitere Einkehr-Alternative), bei der wir die querende Fahrstraße geradewegs überschreiten und auf der Schwabhauser Straße in Richtung

Schwabhausen bis zum nordwestlichen Eresinger Ortsausgangsschild marschieren.

Hier zweigt rechts die Feldflecken-Straße ab, die als schmaler Teerweg nahezu eben und fast wie am Lineal gezogen inmitten ausgedehnter bäuerlicher Fluren in die nordöstliche Richtung zieht. Nach etwa eineinhalb Kilometern geht's über einen Querweg und geradeaus auf einem Wiesenpfad weiter, der zwischendurch aussetzt, dann aber nach einem leichten Rechtsbogen wieder deutlichere Konturen annimmt und sich den Bahnschienen nähert. Schließlich wandern wir neben den Gleisen auf einem Fahrweg rechts vor und sind kurz darauf bei der eingangs bereits benutzten schmalen Bahnunterführung (siehe Route 1), durch die wir links die Bahnschienen unterqueren. Danach geht es rechts wieder zum Bahnhof Geltendorf und zum Ausgangspunkt der ausführlicheren Rundweg-Variante zurück.

✱ Wie das Kloster entstand

Die umfangreiche Klosteranlage der Missions-Benediktiner mit der Abteikirche im Mittelpunkt beeindruckt den Besucher, ganz gleich, aus welcher Richtung er kommt. Und unwillkürlich fragt man sich, wie alt denn der Komplex schon sei.

Die Anfänge von Sankt Ottilien gehen auf das Jahr 1886 zurück. Um 1900 erst wurde die heutige Klosterkirche von Hans Schurr errichtet. Und die Gebäude ringsum – mehrmals wurden Erweiterungsbauten angefügt – entstanden auch erst nach und nach um die Jahrhundertwende und in den Jahrzehnten danach. Ein sehr junges Kloster also, das dennoch in der Bundesrepublik Rang und Namen besitzt. Da, wo jetzt das Kloster steht, befand sich einmal ein kleiner Weiler namens Emming. Ein altes, heruntergekommenes Schlößchen und eine kleine Wallfahrtskapelle zur heiligen Ottilia gab es hier. Drumherum ödes, nichtstragendes Moorgebiet. Pater Andreas Amrhein – er starb im Jahre 1927 – sah das Gelände, und es schien ihm für den Bau eines großen Missionshauses geeignet. Der größte Vorzug: Es war billig, weil das Land nichts wert war.

Wen will es da wundern, wenn man in der jungen Klostergeschichte jene Jahre der Gründerzeit als das »heroische Zeitalter« bezeichnet.

Bevor der Klostergründer Pater Andreas Amrhein hierher kam, wollte er seine Pläne im ehemaligen Benediktinerkloster Reichenbach in der Oberpfalz verwirklichen. Doch dort hatte es Schwierigkeiten gegeben, und so wurde schließlich der Grundstein für das neue Kloster im kleinen, unbekannten Weiler Emming gelegt. 1886 kam Pater Amrhein, und schon ein Jahr später, 1887, konnten die ersten Glaubensverkünder nach Ostafrika geschickt werden. Sankt Ottilien wurde schnell zum Mutterhaus für viele Niederlassungen in Deutschland und in Übersee. Innerhalb weniger Jahrzehnte war die »Benediktinerkongregation von St. Ottilien für auswärtige Missionen« entstanden, eine der jüngsten und größten unter den 16 Kongregationen des Ordens. Heute wirken die Missionare in Amerika, Asien und Afrika. Früher gehörte auch Korea zu ihrem Missionsgebiet.

Zum Klosterverband zählen in Deutschland: die Abteien Münsterschwarzbach, Schweiklberg und Königsmünster in Meschede. Häuser des Ordens stehen in Nordamerika, Venezuela, Kolumbien und in der Schweiz.

✱ Herz der Anlage: die Abteikirche

Wer um die Mittagszeit kommt oder in den Abendstunden, der kann den Mönchen beim Sprechen und Singen des Chorgebetes zuhören. Ein eindrucksvolles Erlebnis religiöser Einkehr und Sammlung. Lassen wir uns dann ein bißchen Zeit, und verharren wir in der friedlichen Stille des Gotteshauses. Priesterweihen, Abtsbenediktionen, Gelübdeablegungen, Bischofskonsekrationen und die Aussendung von Missionaren hat die Kirche schon zu Hunderten gesehen.

Der Grundstein zum Bau der Kirche im nachempfundenen Stil der Frühgotik wurde am 1. August des Jahres 1897 von dem damaligen apostolischen Nuntius in München, Lorenzelli, gelegt. Am 12. März 1899 konnte die Kirche bereits für den Gottesdienst benutzt werden. Konsekriert wurde sie am 29. Juli 1903 durch den damaligen Diözesanbischof Maximilian von Lingg. Die Kirche wurde dem Herzen Jesu geweiht, der Hochaltar als Ziboriumsaltar errichtet. Freistehend beherrscht er den Innenraum.

Im Jahre 1951 wurde die Kirche unter der Leitung von Professor Toni Roth renoviert.

Zwischen dem Querschiff und den östlichen Seitenkapellen führen steinerne Wendeltreppen zu einer geräumigen Krypta mit fünf Altären. Beachtenswert ist hier eine barocke Kreuzigungsgruppe auf dem Hochaltar. Im Jahre 1893 wurde der Altbau des Klosters fertiggestellt. Er wurde noch nach den Plänen des Klostergründers ausgeführt. Hier befinden sich der Kapitelsaal, der große Gemeinschaftsraum des Klosters, außerdem die Aula und die Hörsäle für die Philosophische Hochschule, das Noviziat und die vielen Wohnzellen für die Patres und die Brüder.

Im Jahre 1911 wurde an das alte Kloster der großzügige Südflügel angebaut. Im Erdgeschoß sind hier Bäckerei, Kellerei, Heizanlage und Bad untergebracht, im ersten Stockwerk die große Klosterküche mit Nebenräumen, der Speisesaal mit 250 Plätzen, im zweiten Stock eine gut eingerichtete Krankenabteilung und eine reichhaltige Klosterbibliothek mit rund 90000 Bänden; die wissenschaftliche Rüstkammer für die Patres in der Schule, für die Erziehung und die Seelsorge und eine der größten Klosterbüchereien Bayerns.

In den Jahren 1954/55 wurde der Südflügel bis zur Straße hin verlängert.

Wissens- und sehenswert

Zum Studium der Theologie besuchen die jungen Kleriker die Münchner Universität. Die Philosophische Hochschule dagegen befindet sich hier im Hause. Sie ist staatlich anerkannt und wird von den deutschen Klöstern der Ottilien-Kongregration und von einzelnen bayerischen Benediktinerabteien beschickt.

Das Missionsmuseum verfügt über eine naturkundliche und eine völkerkundliche Abteilung. Dazu werden exotische Tiere, Erzeugnisse des Bodens und Gebrauchsgegenstände aller Art aus Afrika und Ostasien gezeigt. Der Eintritt ist frei.

Die Wiege des Klosters ist die Ottilienkapelle, das Kirchlein des ehemaligen Weilers Emming. Sie wurde vor mehr als 500 Jahren ursprünglich im gotischen Stil erbaut, später erweitert und barockisiert. 1947 wurde sie renoviert.

Zwei große Brände richteten in der Ökonomie des Hauses großen Schaden an: 1908 und 1919. 1927 wurde eine große Hühnerfarm angelegt. Heute verfügt Sankt Ottilien über ein angesehenes Mustergut mit bekannten Zuchterfolgen und hohen Ertragsleistungen.

Einkehr am Weg

Emminger Hof: In Sankt Ottilien. Terrasse, Gartenbetrieb, Andechser Bier.

Gasthaus Wiedmann: Eresing.

38 Mit der S5 nach Weßling

Abfahrt in München: mit der S5 in Richtung Herrsching, fahren bis Weßling. Die Züge fahren alle 20 bzw. 40 Minuten. Fahrzeiten im amtlichen Fahrplan.
Fahrpreise für die Hin- und Rückfahrt: München–Weßling und zurück = zweimal 2 Zonen.
Fahrzeit: einfache Fahrt ca. 35 Minuten.

★ Rund um den kleinsten Vertreter des Fünf-Seen-Landes

Im abwechslungsreichen hügeligen bayerischen Voralpenland, in einer uralten Moränenlandschaft, 600 Meter über dem Meer, liegt Weßling. Ausgedehnte Laub- und Nadelwälder, das urwüchsige Wildmoos im Norden, im Süden das Auerbachmoos und – zwischen Hochstadt/Unering und Seefeld – der Wildpark, der zu Schloß Seefeld gehört, bilden die erholsame Umgebung von Weßling.

Diese Lage und das moorhaltige Wasser des Sees bestimmen die reine, kräftig-würzige Luft des Ortes. Spaziergänge durch die Wälder, durchs Aubachtal, durch den Wildpark zum Kloster Andechs dienen der Erholung, der Entspannung. Der Höhenberg und die Dellinger Höhe bieten einen Rundblick über das Vierseengebiet bis zur Alpenkette. Seit Jahren schon ist Weßling auch ein Wintersportparadies: für Schlittschuhläufer, Eisstockschießer und Freunde des Eishockeyspiels. Auch für Skiläufer gibt es viele Möglichkeiten. Die sommerliche Badesaison ist ziemlich lang. Der Weßlinger See erwärmt sich schnell, so daß man oft Mitte Mai schon darin baden kann. Und selbst im Oktober kann man meist noch wagen, ins Wasser zu steigen.

Segeln, Rudern, Paddeln – für jeden Wasserfreund gibt es ausreichend Möglichkeiten am Weßlinger See, der noch zu den »Stillen im Lande« gehört.

Wandern

Route: *Spaziergang rund um den Weßlinger See. 2,5 km, das heißt, auch für kleinere Kinder geeignet.*

Zuerst wird vom Weßlinger Bahnhof auf der Bahnhofstraße ein paar Meter links vor spaziert. Dann geht's rechts über die Hauptstraße und auf der Gautinger Straße zur schräg rechts abzweigenden Unteren Seefeldstraße. Auf dieser wird am Ostufer des malerischen Gewässers in die südliche Richtung gewandert. Am Südostrand des Sees und vor dem Eis- bzw. Tennisplatz stoßen wir auf eine Querstraße, der wir nach rechts folgen. Das waldschattige Süduferstäßchen führt über das Hochufer und setzt sich vom See etwas ab. Bald aber geht es auf dem rechts abbiegenden Uferweg (Wegweiser »Zum See«) wieder zum Ufer hinab, wo sich auf den gegenüberliegenden Ort Weßling mit seiner mächtigen Kirchturmspitze stimmungsvolle Ausblicke eröffnen.

Links vor gelangen wir zum Westufer und zu einer kleinen, idyllischen Parkanlage, durch die wir zur Nordseite des Weßlinger Sees kommen. Schräg zurück fällt der Blick auf das romantische Malermotiv mit der alten Weßlinger Dorfkirche, das sich von der seeangrenzenden gastlichen Einkehrmöglichkeit am Nordufer aus im Rahmen einer Kaffeepause eingehender genießen läßt. Schließlich erreichen wir den Nordostrand des Weßlinger Sees, wo wir auf dem Fischerweg rechts vor zur bereits bekannten Unteren Seefeldstraße wandern. Auf dieser geht's linksgerichtet wieder zum Bahnhof zurück.

✱ Ein landschaftliches Idyll

Den Weßlinger See müßte es heute, geologisch gesehen, nicht geben. Er ist durch Zufall aus einer reinen Laune der Natur heraus entstanden. Da gab es die verschiedenen Eiszeiten, durch die unsere Voralpenlandschaft gestaltet wurde. Bei der letzten, der Würmeiszeit, hatten sich von den zurückweichenden Gletschern einige größere und kleinere Eisbrocken und -berge abgespaltet. Ein solcher Brocken lag bei Weßling. Er schmolz langsam ab, der Schotter sank nach unten, und nach und nach füllte sich das Becken mit Schmelzwasser auf.

Dies geschah vielerorts, aber die meisten kleinen Seen und Weiher sind längst verschwunden. Nicht so der Weßlinger See. Feine Sinkstoffe setzten sich auf dem Grund ab und machten ihn nahezu wasserundurchlässig. Der See blieb die vielen Jahrtausende und Jahrhunderte bis auf unsere Zeit erhalten. Er verändert sich auch kaum. Gespeist wird er von unterirdischen Quellen.

Botanische Raritäten weist die Flora rund um den See auf. Da kann man die roten Blütenähren des Wasserknöterichs und das feingliedrige Tausendblatt bestaunen, den Wasserschierling mit seinen kugelartigen Früchten entdecken oder sich an sonst einer der vielen selten vorkommenden Moorpflanzen erfreuen.

Weiße, gelbe und rote Seerosen hatten einst dem See seinen besonderen Reiz gegeben. Doch diese Pflanzen gibt es nicht mehr; seitdem die kanadische Wildgans hier heimisch wurde, gingen sie immer mehr zurück. Die Gänse fraßen ihnen die Blätter ab – und das war das Ende der Seerosen. Erfolglos blieben Versuche, sie durch Gittereinfriedungen zu schützen.

✶ Drei sehenswerte Kirchen

Drei hübsche, sehenswerte Kirchen hat der kleine, idyllische Ort Weßling am See. Am südlichen Ortsausgang steht die Kirche Mariä Himmelfahrt. Das Mauerwerk ist gotisch und mit einem Satteldach abgedeckt. Um das Jahr 1860 wurde der Innenraum der Kirche völlig umgestaltet. Dabei entfernte man leider die wertvollen Stuckmarmoraltäre und die ebenfalls stuckierte Kanzel aus der Rokokozeit. Sie wurden durch neuromanische Schreinerarbeiten ersetzt.

Sehr alt sind die beiden Glocken, die im Jahre 1897 vom Turm der Kirche heruntergenommen wurden. Sie trugen die Jahreszahlen 1492 und 1499.

Im Jahre 1939 wurde die neue katholische Pfarrkirche eingeweiht. Sie fällt durch ihren ungewöhnlich großen, langgezogenen Zwiebelturm auf. Im Innern kann man einen überlebensgroßen Christus aus dem 16. Jahrhundert sehen. Eine Figur des hl. Georg aus dem 17. Jahrhundert ist ebenfalls sehenswert. Auf dem rechten Seitenaltar: die hl. Anna aus dem Beginn des 16. Jahrhunderts, die gotische Madonna auf dem linken Seitenaltar ist noch älter, sie stammt aus dem 15. Jahrhundert. Die meisten der wertvollen Ausstattungsstücke der neuen Weßlinger Pfarrkirche stammen aus der alten Kirche.

In einer von Wäldern umgebenen grünen Mulde liegt einen Kilometer südlich von Weßling, an der Straße nach Etterschlag, die Wallfahrtskirche von Grünsink. Das Kirchlein »in der grünen Senke« mit einer Eremitenklause ist um 1763 entstanden. Votivtafeln künden von der jahrhundertealten Marienwallfahrt und von den Gebetserhörungen. Das Gnadenbild ist die Kopie einer Madonna von Lucas Cranach dem Älteren (1472 bis 1553) aus dem 17. Jahrhundert. Das Original befindet sich in der Innsbrucker Pfarrkirche.

Im Juli des Jahres 1962 wurde die 200-Jahr-Feier der Wallfahrtskirche begangen. Zu diesem Fest wurde die Kirche gründlich restauriert. Die Deckenfresken in Chor und Mittelschiff stammen von Joh. Kirzinger (1764), das Fresko im Vorschiff von J. M. Ott (1776).

Der Weßlinger See

Der Weßlinger See ist 600 Meter lang, an seiner breitesten Stelle mißt er 500 Meter, er ist 16 Meter tief und liegt 582 Meter über dem Meeresspiegel.

21 Grad erreicht der See durchschnittlich, die höchsten Wassertemperaturen liegen bei 25 Grad.

Schleien, Karpfen, Aitel, Zander und die Renke sind im Weßlinger See anzutreffen.

Geologisch ausgedrückt ist der Weßlinger See ein sogenannter »Toteissee«. So bezeichnet man die aus der letzten Eiszeit entstandenen Seen. Mächtige Eisblöcke (Toteis) hatten sich abgespalten, schmolzen und bildeten die Seen.

Im Winter friert der Weßlinger See schneller zu als die größeren Seen. Er ist deshalb auch ideal für den Wintersport geeignet.

Am Weßlinger See hatten sich schon vor vielen Jahrhunderten Menschen angesiedelt. Im 13. Jahrhundert ist von einem Ortsadel die Rede.

Einkehr am Weg

Café am See: In Weßling. Schöner Garten, eigene Konditorei.

39 Mit der S4 nach Grafrath

Abfahrt in München: mit der S4 in Richtung Geltendorf, fahren bis Grafrath. Die Züge fahren alle 20 bzw. 40 Minuten. Fahrzeiten im amtlichen Fahrplan.
Fahrpreise für die Hin- und Rückfahrt: München–Grafrath und zurück = zweimal 3 Zonen.
Fahrzeit: einfache Fahrt ca. 37 Minuten.

Vom »Bayerischen Bethlehem« zur Rasso-Wallfahrt

Er war eine Hünengestalt, der hl. Rasso, zweieinhalb Meter groß. Seine Gebeine sind noch heute in der ganzen Körperlänge in einem Glasschrein über dem Hochaltar zu sehen.

Überhaupt: Den heiligen Rasso muß man sich ganz anders vorstellen, als man sich vielleicht sonst einen Heiligen und Klostergründer vorstellen möchte. Er war – so würden wir heute sagen – ein Sportfan. Das Reiten hatte es ihm besonders angetan. Mehrmals wurde er Sieger bei den damals sehr beliebten Reitturnieren. In Magdeburg (938) und in Rothenburg ob der Tauber war er Turniervogt, in Konstanz am Bodensee wurde er sogar Turnierkönig.

Dieser Graf Rasso, der aus dem altbayerischen Adelsgeschlecht Dießen-Andechs stammte, gründete Kloster und Wallfahrt Grafrath – heute einer der ältesten Wallfahrtsorte in Deutschland.

Wildenroth und Grafrath bilden ein lohnendes Ausflugsziel. Wegen der hübschen landschaftlichen Lage wird die Gegend auch als das »Bayerische Bethlehem« bezeichnet. Tatsächlich kann man in manchen biedermeierlichen Krippenbauten diese Gegend als Vorbild erkennen.

Uralte geschichtliche Zeugnisse weisen darauf hin, daß dieses Landstück schon in sehr früher Zeit besiedelt war. Ausgedehnte Fichten- und Buchenwälder machen einen besonderen Reiz des Landes um den Doppelort Wildenroth/Grafrath aus. Eine ganz spezielle Pflanzen- und Tierwelt treffen wir in dem ausgedehnten Ampermoos an. Die Amper zeigt sich hier von ihrer schönsten Seite. Ihr heilkräftiges Wasser lädt zum Baden und Schwimmen ein.

Wir lassen uns Zeit für diese Wanderung; denn es gibt in dieser erholsamen Landschaft viel zu sehen und zu entdecken.

Wandern

Route: *Vom Bahnhof Grafrath zur Amper und zur Rasso-Kirche, dann über Unteralting und Wildenroth wieder zum Bahnhof zurück. 6 km. Einige kürzere Anstiege, trotzdem auch für gehfreudige Kinder geeignet.*

Vom Grafrather Bahnhof gehen wir zunächst wenige Meter linksgerichtet bis zum abermals links abzweigenden Bahnhofweg, der die Schienen unterquert und anschließend in südlicher Richtung und waldschattig zur Bahnhofstraße führt. Die belebte Fahrstraße wird bald wieder verlassen, weil rechts ein schmaler Fußweg abzweigt (Hinweis zu einem Kinderspielplatz), der zuerst links an der Kinderspielanlage vorbeizieht, dann im Schatten von Birken bergab zur B 471 führt, die Bundesstraße unterquert und auf die Hauptstraße stößt. Dieser folgen wir rechts bis zur B 471, auf der wir linkshaltend und die Amper überquerend mit einem kurzen Abstecher zur St.-Rasso-Kirche kommen.

Von der Kirche geht's wieder auf gleichem Weg zur Hauptstraße und bis zum Beginn eines Fußwegs zurück, der unmittelbar vor der Einmündung der Hauptstraße in die B 471 in die südöstliche Richtung abzweigt. Der idyllische Wiesenweg taucht wieder in den Waldschatten ein und führt an der Amper entlang. Dann geht es rechts auf einer überdachten Holzbrücke über die Amper und anschließend auf der Adalmunt-(Fahr-)Straße schräg links bergan und auf der abermals links abzweigenden Kirchstraße durch Unteralting. Unmittelbar bevor die Kirchstraße wieder auf die Adalmuntstraße trifft, geht es auf einem Feldweg schräg links weiter und mit leichtem An- und Abstieg bis zu einer Wegkreuzung neben einem freistehenden Haus, bei der wir unsere Wanderung linksgerichtet fortsetzen.

Absteigend treffen wir bei einer Freizeitanlage mit einladendem Gasthaus auf die Mauerner Straße, auf der wir links hinab zur Amperbrücke marschieren. Jenseits des Flußübergangs zweigt rechts die Straße zur Theresienhöhe ab, die allerdings auf einem links abzweigenden Treppenaufgang gleich wieder verlassen wird. Oben angekommen wandern wir rechts am Schloß vorbei, unterqueren die B 471, nehmen anschließend die linksgerichtete Mülleranger Straße, durchschreiten eine Siedlung, spazieren als nächstes auf der Lerchenstraße rechts vor bis zur Siedlungsgrenze und kommen nach einem Rechtsbogen zu einem Feldweg, der linksgerichtet am östlichen Sied-

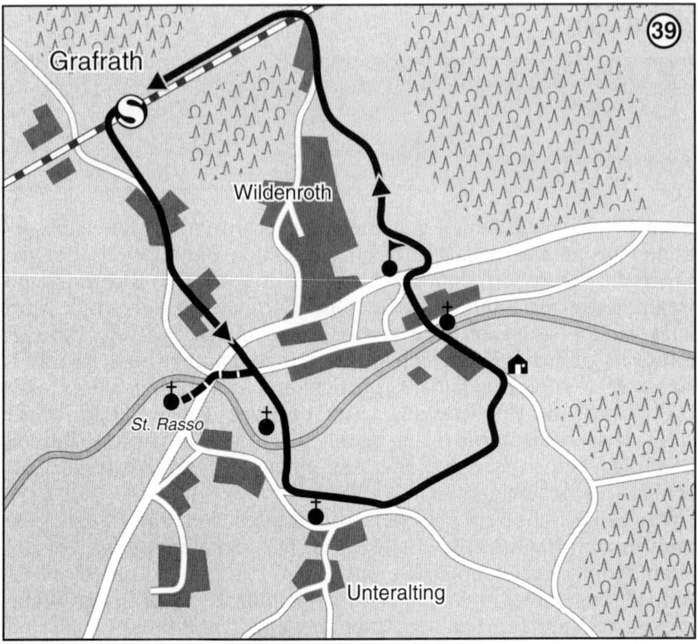

lungsrand dahinführt. Schließlich geht's auf der Brunnleitenstraße links zur Jesenwanger Straße, auf dieser rechts und unter den Bahnschienen hindurch und gleich danach auf einem bahnbegleitenden Kiesweg linksgerichtet wieder zum Ausgangspunkt zurück.

So begann die Grafrather Wallfahrt

Als junger Graf, geboren um 880, kam der hl. Rasso in die Gegend des oberen Ampertales und baute sich auf dem heutigen Kapellenberg seine Stammburg. Das war in einer Zeit, als das ganze Land unter dem Schrecken der ständigen Ungarneinfälle schwer zu leiden hatte. Herzog Heinrich von Bayern ernannte Rasso zum Feldhauptmann. Rasso schlug sich tapfer, und bald schon wurde er zum Schrecken für die Ungarn. 948 schlug er sie vernichtend bei Braunau.

Sie ließen sich zu seinen Lebzeiten nicht mehr blicken. Kein Wunder: Rasso war schon von seiner äußeren Erscheinung her ein Riese, und er kannte sich in den kriegerischen Tugenden und im Handwerk der Soldaten aus. Seine Reiterkünste kamen ihm dabei zustatten.

Doch Rasso wurde ob solcher Erfolge nicht hochmütig. Er war sich stets seiner ritterlichen Erziehung bewußt. Damals hießen die ritterlichen Tugenden: die Wahrheit ehren, sich einsetzen für alles Große und Erhabene, für die Güter des Glaubens, der Heimat und der Kultur. Und danach handelt er. 949 trat er eine lange Reise ins Heilige Land an. In der Tasche trug er ein Empfehlungsschreiben von Kaiser Otto I. an den Papst und an den Kaiser von Konstantinopel. In seiner Begleitung befand sich die Herzogin Judith, die Gemahlin des Herzogs Heinrich. Vor Antritt der Reise gelobte Rasso, auf der Amperhalbinsel Wörth ein Benediktinerkloster zu errichten, wenn ihm die Heimkehr gegönnt sein würde.

Er kehrte gesund zurück, in seinem Gepäck führte er zahlreiche Reliquien – heute meist im Andechser Reliquienschatz – mit sich. Und sofort machte er sich daran, sein Gelübde in die Tat umzusetzen. Die erste Kirche mit den Klosterzellen für die Mönche entstand schon 950. Rasso selbst hatte alle weltlichen Titel abgelegt und trat zwei Jahre später, 952, als Mönch in den Orden ein. Am 19. Juni 954 starb er. Kaum war er beerdigt, fielen die Ungarn von neuem ein. Die Mönche aber konnten Kunstschätze und Reliquien ins befestigte Kloster Andechs retten.

Nach dem Dreißigjährigen Krieg, am 12. August 1688, wurde der Grundstein zur jetzigen Kirche gelegt. Am 17. Juli 1695 wurde sie eingeweiht. 1677 entstand der Klosterbau, der mit der Kirche durch einen überdachten Straßenübergang verbunden wurde. 1836 übernahmen Münchner Franziskaner die Seelsorge und die Betreuung des Klosters. 1954 wurde die Tausendjahrfeier festlich begangen. Nur noch wenige Brüder unterhalten heute das Kloster.

☛ Wissens- und sehenswert

1700 Menschen vermag die Grafrather Wallfahrtskirche zu fassen. Die Innenausstattung in der heutigen Form entstand zwischen 1750 und 1770.

Der Hochaltar in der Wallfahrtskirche gilt als eines der Hauptwerke von Johann Baptist Straub (gestorben 1784). Er ist als Grabmonument des hl. Rasso gestaltet.

Über das Kreuz Karls des Großen – heute im Andechser Kirchenschatz – berichtet die Legende: Bei seinen Feldzügen nach Ungarn hatte Graf Rasso das kostbare Kreuz bei sich, aber er verlor es dort. Dem König Stephan I. von Ungarn, dem Heiligen (997 bis 1038), soll es dann später in einem Gesicht gezeigt worden sein. Er fand es und baute an dem Ort die erste Kirche in seinem Königreich. Nach Andechs kam das Kreuz wahrscheinlich durch die Mutter der hl. Elisabeth, Gertrud von Andechs.

Den Sarkophag des heiligen Rasso bedeckt eine rote Marmorplatte, auf der zu lesen ist: »Hie ligt begrabn der Edel Fürst und Graf sand Rasso, der diß Gotzhaus zum ersten hat gstifft zu den Eren Unsers lieben Herren und hie will warten des jüngsten Tags. Anno 974« (richtig: 954!). Die Gebeine des Heiligen liegen in einem Glasschrein über dem Hauptaltar.

Die spätgotische Kirche St. Moritz in Unteralting wurde im Jahre 1580 neu gebaut, im Jahre 1825 verändert. Hier hat die Pfarrei Höfen seit dem Jahre 1477 ihren Sitz.

Das Ulrichsbrünnlein am Schloßberg soll auf den Augsburger Bischof Ulrich zurückzuführen sein, der sich nach der Lechfeldschlacht im Jahre 955, wo er die Ungarn besiegte, an dem Quellwasser erfrischt habe.

Einkehr am Weg

Klosterwirt: In Grafrath. Biergarten.
Gasthaus Alter Wirt: In Wildenroth. Biergarten.

40 Mit der S4 nach Schöngeising

Abfahrt in München: mit der S4 in Richtung Geltendorf, fahren bis Schöngeising. Die Züge fahren alle 20 bzw. 40 Minuten. Fahrzeiten im amtlichen Fahrplan.
Fahrpreise für die Hin- und Rückfahrt: München–Schöngeising und zurück = zweimal 3 Zonen.
Fahrzeit: einfache Fahrt ca. 34 Minuten.

✱ Zwei alte Wallfahrtskirchen am Weg

Eines haben die beiden Wallfahrtskirchen, denen wir auf unserer kleinen Wanderung begegnen, gemeinsam: Über ihre Entstehung weiß man nichts Genaues. Man ist auf Mutmaßungen angewiesen. Wie dem auch sei, es lohnt sich, sie beide anzuschauen. Die Kirche St. Willibald auf dem Weg nach Jesenwang wurde vor kurzem erst renoviert.

Bis auf den heutigen Tag wird bei der Willibaldskirche der jahrhundertealte Brauch der Pferdesegnung, verbunden mit einem Umritt, aufrechterhalten, obwohl die Zahl der Pferde bis auf einen bescheidenen Rest zurückgegangen ist. In den alten Rechnungsbüchern des Klosters Fürstenfeld kann man lesen, daß schon in sehr früher Zeit der Abt des Klosters hinaus nach Jesenwang ritt, um bei der St. Willibaldskirche die Pferde zu segnen.

Willibald ist ein Patron der Pferde; zu seiner Ehre putzten die Bauern an seinem Fest die Pferde sauber heraus, schmückten sie und ritten mit ihnen durch die Kirche. Die beiden großen, einander gegenüberliegenden Tore zeigen noch heute den Weg.

In der Kirche mußten die Pferde einen Blick auf den Altar werfen. Sie blieben dann im kommenden Jahr von Unheil bewahrt. Das Stroh, das am Boden ausgebreitet worden war, wurde nach dieser Zeremonie wieder eingesammelt und unter das Futter gemischt. Auch davon versprach man sich eine segnende Wirkung. Die Kirche, einst am Schnittpunkt zweier wichtiger Straßen, würde heute nicht mehr stehen, wenn sich bei der Säkularisation (1803) die Bauern nicht kurz entschlossen hätten, sie zu kaufen. Der Abbruch war bereits angeordnet worden. Und den Brauch der Pferdesegnung gäbe es heute auch nicht mehr, wenn die Jesenwanger sich nicht gegen

Verbote allzu eifriger Verwaltungsbeamter mit Erfolg gewehrt hätten.

Mit Blick nach Westen kommt uns beim Weitergehen allmählich der hübsche alte Bau der Marienwallfahrt von Bergkirchen näher. Der vorstehende Berghügel, der nach drei Seiten steil abfällt, hat damit eine gelungene Krönung erhalten. Vielleicht war das Gelände eine vorgeschichtliche Fliehburg – es ist typisch dafür. Möglich, daß hier auch einmal ein römischer Wachturm stand – eine Sage berichtet davon, Nachforschungen wurden jedoch noch nicht angestellt. Man weiß nur, daß die Wallfahrtskirche schon im Jahre 1273 bestanden hat.

Auch der Bauernhof nebenan ist schon uralt. Ein genaues Datum seiner Entstehung liegt bis jetzt ebenfalls noch im Nebel der Geschichte. Die Jesenwanger pflegen die kleine Kirche, und sie pilgerten oft hierher. Wenn ihre Gebete erhört wurden, stifteten sie Votivtafeln oder auch Grund und Boden. Eine größere Bedeutung freilich hat Bergkirchen niemals bekommen.

Wandern

Route: *Von der S-Bahn-Station Schöngeising nach Landsberied, dann mit einem Abstecher zur St. Willibaldskapelle nach Jesenwang (ggf. Abstecher nach Bergkirchen), schließlich durch den Fürstenfelder Wald zur S-Bahn-Station Schöngeising zurück. 10 km (mit Abstechern 13,5 km). Nur für wandergeübte Kinder geeignet.*

Von der Nordseite der Schöngeisinger S-Bahn-Station geht es links zu einer Fahrstraße hinab, der man rechtsgerichtet folgt. Die kaum befahrene Straße durchquert zunächst einen lichten Mischwald und führt dann ins freie Feld hinaus. Inmitten eines stimmungsvollen, leicht hügeligen Bauernlands nähern wir uns Landsberied. Vor der Ortschaft geht's bei der Wegteilung links weiter, dann durch die ganze westliche Dorfhälfte bis zum nordwestlichen Siedlungsrand, bei dem linksgerichtet ein Feldweg abzweigt, der westwärts und fast schnurgerade nach Jesenwang führt.

Zwischendrin kann man rechtsabbiegend einen Abstecher zur Willibaldskapelle unternehmen. Desgleichen könnte man in Jesenwang rechtshaltend und der Mammendorfer Straße folgend mit einem

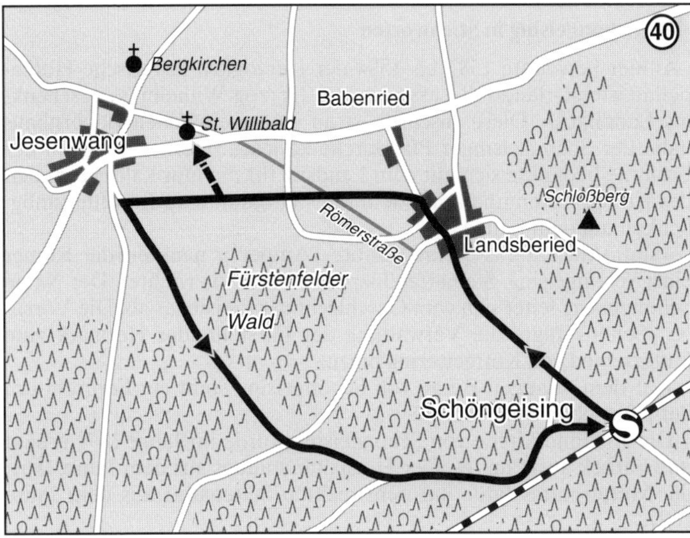

3-km-Zusatzpensum nach Bergkirchen hinüberschauen. Ein Mehraufwand, der allerdings überlegt sein will, da außer der Fahrstraße keine angenehmere Wegalternative auf der Karte zu entdecken ist. Vom Jesenwanger Ortszentrum wandern wir dann zuerst in Richtung Grafrath/Kottgeisering weiter, nehmen bei der nächsten Wegteilung die schräg links abbiegende Kapellenstraße, die an einer Pestkapelle vorbeizieht, in südöstlicher Richtung über freies Feld auf den Fürstenfelder Wald zusteuert und bald nach dem Waldeingang in einen ungeteerten Forstweg übergeht.

Wir wandern etwa 2 Kilometer in die südöstliche Richtung, stoßen dann auf eine Querstraße, der wir uns linksgerichtet anschließen. In nordöstlicher, dann östlicher Richtung kommen wir zwischendurch zu den Bahnschienen, von denen wir uns linksabbiegend aber gleich wieder entfernen. Nach etwa 300 Metern teilen sich die Wege. Rechtsabzweigend kommt man bald wieder zur Schöngeisinger S-Bahn-Station zurück. Wer geradeaus weiterwandert und schließlich auf der eingangs benutzten Landsberieder Straße rechtsgerichtet wieder zum Ausgangspunkt zurückkehrt, muß hingegen noch einen zusätzlichen halben Kilometer in Kauf nehmen.

Schöngeising in Stichworten

»Allhier bewohnte 1587 bis 1594 der Herzoglich-bayerische Hofkapellmeister Orlando di Lasso ein von Herzog Wilhelm V. geschenktes Landhaus.« Diese Inschrift ist an einem einfachen Bauernhaus nahe der Schöngeisinger Pfarrkirche zu lesen. Herzog Wilhelm der Fromme bedankte sich mit dem Landsitz für die musikalische Arbeit des Komponisten und schuf dem Meister damit eine Erholungsmöglichkeit auf dem Lande.

»Statio ad ambras«, kurz Ambre (Amper!), nannten die Römer einst Schöngeising. Sie hatten hier auch ein Bad errichtet. Der Name Schöngeising leitet sich vom Geschlecht der Geisinger ab. Die Vorsilbe »Schön« fügte die Verwaltung der Fürstenfelder Hofmark zum Unterschied von Kottgeisering hinzu.

Auf dem »Langen Berg« von Schöngeising steht ein Fernsehturm der Deutschen Bundespost.

Die Johanneskirche von Schöngeising wurde im Jahre 1699 erbaut und barock ausgestaltet. Der Hochaltar stammt aus dem Jahre 1861, die Muttergottesstatue auf dem rechten Seitenaltar aus dem Jahre 1691.

Einkehr am Weg

Zum Unter'n Wirt/Thomas Braumiller: In Schöngeising, an der Kirche. Biergarten, Spielwiese.
Huberwirt: An der Kapellenstraße in Jesenwang.
Zum alten Wirt: In der Kirchstraße in Landsberied. Biergarten.

41 Mit der S3 nach Maisach

Abfahrt in München: mit der S3 in Richtung Nannhofen, fahren bis Maisach. Die Züge fahren alle 20 bzw. 40 Minuten. Fahrzeiten im amtlichen Fahrplan.
Fahrpreise für die Hin- und Rückfahrt: München–Maisach und zurück = zweimal 2 Zonen.
Fahrzeit: einfache Fahrt ca. 32 Minuten.

Durch ein friedliches Bauernland

Papst Pius XII. erinnerte sich im Jahre 1942 bei einer kleinen Audienz noch an seine Zeit als Nuntius in Deutschland. Damals kam er auch oft in die Maisacher Gegend, die er eine »schöne und friedliche Landschaft« nannte. Ein wahres Wort.

Diese schöne und friedliche Landschaft erwandern wir uns bei dieser Tour. Einige Höhepunkte liegen am Weg: die Aussicht auf das Maisach- und Ampertal hinter Diepoltshofen, der Ort Stefansberg mit seiner malerisch gelegenen alten Kirche und die Überquerung eines langgezogenen Moränenkammes hinter Oberlappach.

Die Landschaft zeigt sich uns bei dieser Wanderung immer wieder von einer anderen Seite. Ist es einmal das Moos mit seiner typischen Vegetation, so wechselt das Bild schnell über zu fruchtbaren Feldern, die sich an den Hängen – Überbleibsel der Eiszeit – hinaufziehen. Wir sehen bei dieser Wanderung überall Wälder am Horizont. Wir machen Rast an schönen einzelstehenden Bäumen und ruhen uns in deren Schatten ein wenig aus, wenn die Füße vom langen Wandern müde geworden sind.

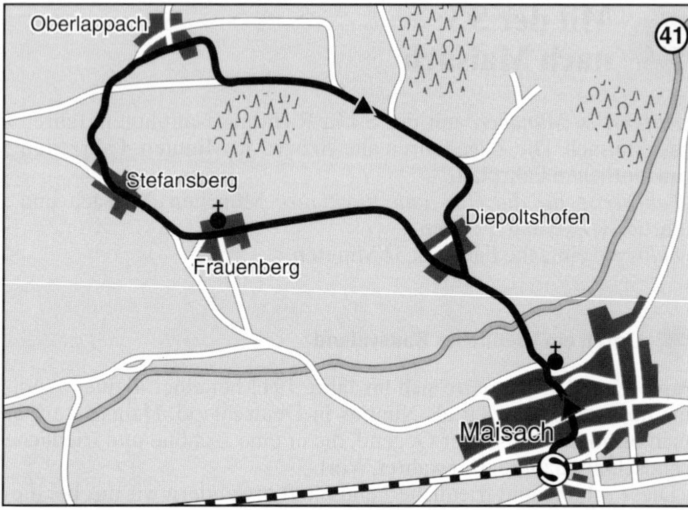

Wandern

Route: *Vom Bahnhof Maisach nach Diepoltshofen, dann über Frauenberg, Stefansberg und Oberlappach nach Diepoltshofen und Maisach zurück. 9 km. Auch für ältere Kinder bereits geeignet.*

Vom Maisacher Bahnhof geht es zunächst rechts zur Bahnhofstraße, auf dieser linksgerichtet über die Aufkirchner Straße und auf dem Schulweg und der anschließenden Schulstraße in die nördliche Richtung. Als nächstes wandern wir auf einem straßenbegleitenden Rad- und Fußweg in Richtung Diepoltshofen, wo wir, kurz vor der Siedlung bei einer Straßenteilung linkshaltend, zur kleinen Dorfkirche kommen. Wir gehen vor der Kirche auf der Teerstraße ein paar Schritte nach rechts, folgen dann dem linksabbiegenden Feldweg, der unmittelbar rechts am schlichten Gotteshaus vorbeiführt und wieder das freie Feld erreicht.

Im Links-, dann Rechtsbogen stoßen wir auf einen Querweg, der linksgerichtet und leicht ansteigend inmitten weiter Äcker und Felder nach Frauenberg hinaufzieht. Hier geht's in Richtung Aufkirchen geradewegs durch die Ortschaft, dann am westlichen Dorfausgang auf einer Fahrstraße rechts weiter und auf einem separaten Rad-Fußweg neben der Autotrasse nach Stefansberg, wo die schmucke Kirche neben der betagten Dorflinde malerische Akzente setzt. Die Idylle wird jedoch von unserer Wanderroute nicht unmittelbar berührt, weil schon zuvor rechts die Flurstraße abzweigt, auf der wir den Ort in östlicher Richtung wieder verlassen. Am Dorfrand geht's bei einer Wegteilung links weiter und anschließend im Rechtsbogen wieder ins friedliche, weiträumige Bauernland hinaus. Der Feldweg führt über eine kleine Anhöhe, senkt sich dann in nordöstlicher Richtung zu einer Betonplatten-Straße, die uns rechts nach Oberlappach bringt.

Der Ort wird in östlicher Richtung geradewegs durchquert (in Ortsmitte nicht die links abbiegende Fahrstraße benutzen!). Hinter dem letzten Gehöft am östlichen Siedlungsrand zweigt rechts ein Feldweg ab, der zügig eine Anhöhe erklimmt, dann wieder bergab zu einer Talmulde führt, wo wir links in einen Wiesenweg einbiegen. Nach einiger Zeit quert ein Feldweg, dem rechts gefolgt wird. Als nächstes stoßen wir auf eine Teerstraße, der wir uns ebenfalls rechtsgerichtet anschließen. Schließlich treffen wir vor Anzhofen noch mal auf eine Straßengabelung, bei der wir abermals rechtshaltend weiter- und nach Diepoltshofen zurückwandern. Der Rest des Rückwegs bis zum Ausgangspunkt Maisach entspricht der Eingangsroute.

☛ Wissens- und sehenswert

Diepoltshofen: Als einst das Langhaus der kleinen gotischen Leonhardskirche wegen Baufälligkeit einstürzte, blieb der noch heute zu sehende Chorraum übrig. Das kleine Kirchenbauwerk stammt aus dem Jahre 1772.

Der Weiler Frauenberg hieß früher einmal ganz anders: Perwines. 819 schon wird der Ort erstmals erwähnt. Um die Jahrtausendwende baute man an den Hängen Wein an. Die Kirchenanlage ist romanischen Ursprungs. Lange gehörte Frauenberg pfarrlich zu Aufkirchen, heute zu Maisach. – Der heutige Name taucht 1330 erstmals als »Vrauenperg« auf: Um 1770 wurde die Kirche durch das Kloster Fürstenfeld barock erneuert. An der Seitenwand eine bemalte Madonna aus dem 15. Jahrhundert.

Stefansberg mit der malerisch gelegenen kleinen Kirche: 1260 wird das Kirchdorf erstmals genannt. Man ist sich heute aber sicher, daß es mindestens 700 Jahre älter ist. Um 1480 erlosch der Ortsadel, die Herrschaftsverhältnisse wurden mit Maisach geteilt. – In der Nähe des kleinen Hügels mit der St.-Stefan-Kirche (massiver Zwiebelkuppelturm) und den alten Linden liegt der ausgedehnte frühere Herrensitz. Kirche: Einfache Barockgestaltung, Einrichtung aus dem Jahre 1728, Ziegelboden aus gotischer Zeit, im Glockenhaus gotische Spitzbogen. Schöner Sonnenblumenstuck. Die Barockaltäre sind St. Joachim und St. Anna geweiht.

Oberlappach, Ortsteil von Rottbach. Wird in ettalischen und fürstenfeldischen Hofmarksnotizen als freier Bauernsitz im Hofmarksbestand Laittbach bezeichnet.

Die Maisacher Pfarrkirche St. Vitus stammt in ihrem ältesten Teil wahrscheinlich aus dem Jahre 1425. Noch heute kann man den einst gotischen Chor erkennen, wie überhaupt in dem Kirchenbau die Entwicklung der verschiedenen Bauepochen gut zu beobachten ist. Im Jahre 1721 schmückte Benedikt Heiß von Dachau die Kirche mit feinen Stuckarbeiten aus. Das Deckengemälde ist neueren Datums. Josef Kögl aus Pasing schuf es im Jahre 1910. Besonders sehenswert ist eine barocke Kreuzigungsgruppe. Der Kirchturm aus dem Jahre 1759, sehr schön gegliedert, wurde 1929 erhöht und mit der heutigen Zwiebelhaube bedeckt.

In der Maisacher Brauerei wurde schon 1556 Bier hergestellt.

Von Norden her wird Maisach durch Moränenzüge, Rückstände der verschiedenen Eiszeiten, begrenzt. Im nördlichen Teil der Gemeindeflur herrscht Moorboden (durch Kultivierung inzwischen fruchtbar gemacht) vor, im Süden magerer und steiniger Boden, der an einigen Stellen in Heidelandschaft übergeht.

Aus der Geschichte von Maisach: Der Ortsname leitet sich von den Edlen von Maisaha ab. Der Name taucht auch später in leicht veränderter Form wieder auf. Ursprünglich hatte Maisach eine St.-Lorenz-Kirche. 806 wird der Ort unter Bischof Atto erstmals urkundlich erwähnt. Schwere Schicksalsschläge hatten die Maisacher in den Brandjahren 1422, 1632 und 1704 zu bestehen. Pest und Plünderungen gingen meist mit katastrophalen Bränden einher.

Einkehr am Weg

Bräustüberl: An der Hauptstraße in Maisach. Bier aus der Maisacher Brauerei.

Gasthof Schlammerl: An der Hauptstraße in Maisach.

42 Mit der S4 nach Fürstenfeldbruck

Abfahrt in München: mit der S4 in Richtung Geltendorf, fahren bis Fürstenfeldbruck. Die Züge fahren alle 20 bzw. 40 Minuten. Fahrzeiten im amtlichen Fahrplan.
Fahrpreise für die Hin- und Rückfahrt: München–Fürstenfeldbruck und zurück = zweimal 2 Zonen.
Fahrzeit: einfache Fahrt ca. 28 Minuten.

Barockjuwel im Wechselbad

Daß eine der schönsten deutschen Barockkirchen heute noch steht, ist ein wahres Wunder: Mit Kanonensalven vom nahen Engelsberg aus sollte im Jahre 1803 das Marienmünster in Fürstenfeld, das eine Inventarisierungskommission für »baufällig« erklärt hatte, zu Schutt geschossen werden. Diese Methode war billiger als der Abbruch durch einen Handwerkertrupp. Die Säkularisierer waren an der Arbeit. Und die taten sie gründlich.

Niemand hatte die Kirche vorher haben wollen, und dem bayerischen Staat war die Baulast zu hoch. Als sie für immer geschlossen wurde, um zerschossen zu werden, da machten die Brucker nicht mehr mit. Der Posthalter Philipp Weiß machte sich mit einer Abordnung auf den Weg nach München. Erste Adresse war der einflußreiche Graf Spreti-Weilbach. Über ihn gelang es den Bruckern, von Montgelas die Order zu erhalten, daß die Kirche wegen ihres hohen Kunstwertes erhalten werden sollte.

Am 13. August des Jahres 1816 wurde die Kirche dann zur königlichen Hofkirche erhoben. Am 15. August des gleichen Jahres, als die Kirche wieder feierlich geöffnet wurde, übernahm der bayerische Staat die Baulast.

Fürstenfeldbruck hat neben der Klosterkirche in Fürstenfeld eine sehr schöne barocke Pfarrkirche, die zwischen 1673 und 1679 erbaute Kirche St. Magdalena mit Stuckarbeiten von A. Sießmayr. Es gibt auch ein sehenswertes Heimatmuseum.

Unsere kleine Wanderung führt uns hinaus vor die Tore der Stadt an der Amper nach Pfaffing, der alten Taufkirche von Fürstenfeldbruck. Wir entdecken das schöne Ampertal und genießen die Aussichten, die sich unterwegs bieten.

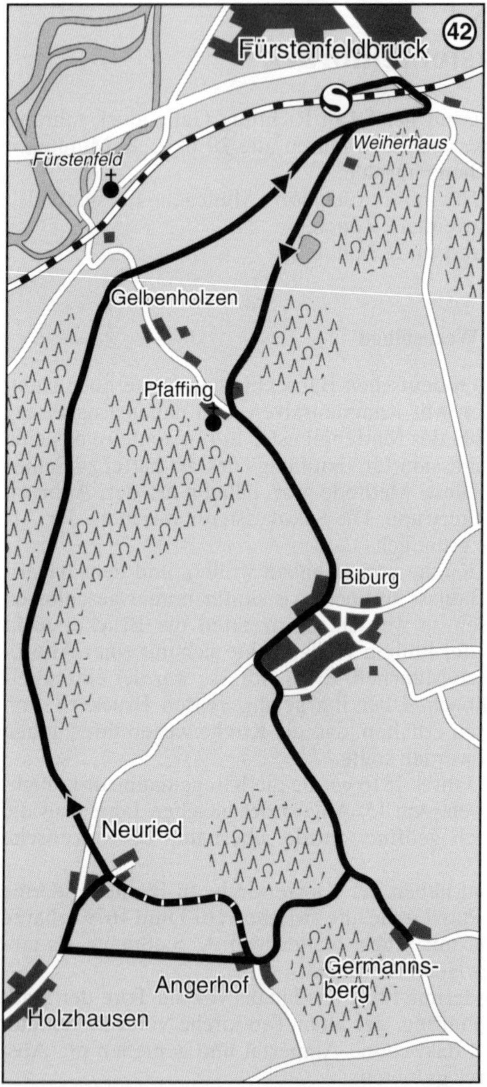
42
Fürstenfeldbruck
S
Weiherhaus
Fürstenfeld
Gelbenholzen
Pfaffing
Biburg
Neuried
Germanns-
berg
Angerhof
Holzhausen

Wandern

Route: *Vom Bahnhof Fürstenfeldbruck über Pfaffing, Biburg, Germannsberg und Neuried nach Fürstenfeldbruck zurück. 11 km. Leichte Anstiege. Für wandergeübte, ältere Kinder geeignet.*

Wir gehen als erstes vom Fürstenfeldbrucker Bahnhof rechts vor zur Münchner Straße, unterqueren, abermals rechtsgerichtet, die Bahn und folgen anschließend, noch mal rechtsgerichtet, dem Wegweiser nach Biburg und Pfaffing. Die Fahrstraße wird bald wieder verlassen, weil rechts die Pfaffinger Straße abzweigt. Entsprechend dem Wanderwegweiser kommen wir in südwestlicher Richtung und leicht ansteigend zu einer Querstraße, die uns linksgerichtet nach Gelbenholzen und Pfaffing bringt.

Vom malerischen Pfaffinger Dorfweiher wandern wir auf der Straße nach Biburg hinauf (eine stillere, in der Wegskizze angegebene Feldwegvariante zweigt vor einem Feldkreuz rechts ab und schwenkt nach 500 Metern nach links in Richtung Biburg), folgen hier zunächst rechtshaltend dem Wegweiser nach Schöngeising, dann linksabzweigend der Germannsberger Straße und kommen zum Waldeingang, wo wir auf einer rechtsabbiegenden Forststraße unsere Wanderung fortsetzen (geradeaus käme man mit einem insgesamt 1 Kilometer langen Abstecher nach Germannsberg). In aussichtvoller Höhe erreichen wir nach einem Rechts-, dann Linksbogen das Gut Angerhof, an dem wir rechts vorbeimarschieren.

Gleich danach teilen sich die Wege: Wer die etwas kürzere Variante bevorzugt, wandert rechts weiter und nach 200 Metern linkshaltend in westlicher Richtung nach Neuried. Einen halben Kilometer länger ist hingegen die zweite Variante, die geradeaus zum östlichen Ortsausgang von Holzhausen, dann auf der Fahrstraße rechts nach Neuried führt. So oder so geht's von Neuried auf der Teerstraße noch ein paar Meter über den nördlichen Siedlungsrand hinaus, dann auf einem linksabzweigenden, bezeichneten Wanderweg weiter (MVV-Markierung beachten), der uns wieder nach Fürstenfeldbruck und zum Ausgangspunkt zurückbringt.

Mit einer Bluttat beginnt die Klostergeschichte

Ein furchtbarer Irrtum, der einen Gattenmord nach sich zog, steht am Anfang der Klostergeschichte auf »des Fürsten Feld« an der Amper. Die Geschichte muß man kurz erzählen: Herzog Ludwig II. aus dem Hause Wittelsbach heiratete im Jahre 1254 die junge Tochter Marie des Herzogs Heinrich II. von Brabant. Ein Jahr nach der Hochzeit fiel ihm die Rheinpfalz zu, und er zog dorthin, um für Ruhe und Ordnung in dem Erbland zu sorgen. Seine junge Frau kam bei seiner Schwester Elisabeth auf der Burg Mangoldstein bei Werde unter (heute Donauwörth). Länger als vorgesehen blieb der Herzog aus. Die junge Marie schrieb ihm glühende Briefe und bat ihn, bald zurückzukehren. Da kam es zu einem schrecklichen Irrtum: Einer dieser Liebesbriefe wurde mit einem Schreiben an einen Höfling vertauscht. Den Herzog erfaßte blinde Eifersucht, und sofort ritt er nach Donauwörth. Er war so wütend und aufgebracht, daß er seine Frau nicht mehr sprechen wollte, die immer und immer wieder ihre Unschuld beteuerte. Am 17. Januar 1256 ließ er sie enthaupten.

Das Furchtbare war kaum geschehen, da stellte sich der Irrtum heraus. Der 27jährige Herzog war entsetzt. In einer einzigen Nacht, so wird berichtet, soll er vollkommen ergraut sein. Er zog sich zu den härtesten Bußübungen in ein Kloster bei Augsburg zurück, um seine grausige Tat zu sühnen. Doch das reichte ihm nicht. Er pilgerte nach Rom, um sich vom Papst seine schwere Schuld vergeben zu lassen.

Als Buße trug ihm Papst Alexander IV. auf, eine Kartause für zwölf Mönche zu errichten. Da es in Bayern zu jener Zeit aber keine Kartäusermönche gab, berief Ludwig, dem man später den Beinamen »der Strenge« gab, Zisterzienser zu sich.

Nachdem mehrere Versuche der Klostergründung gescheitert waren, ließen sich die Mönche nahe der Amper auf des Fürsten Feld nieder. Der Platz war ideal für ihr Vorhaben. Am Abend vor dem Himmelfahrtstag des Jahres 1263 nahm der erste Abt, Anselm, zusammen mit seinen ersten Mönchen das Land für die Klostergründung in Besitz.

Zunächst entstand ein kleines Klösterl aus Holz, Lehm und Stroh. Gegen Wind, Regen und Kälte bot der notdürftige Bau kaum Schutz. Die Mönche mußten betteln, um sich am Leben zu erhalten. Und fast wäre das Vorhaben auch hier gescheitert. Doch Ludwig der Strenge hatte seine Stiftung nicht aus dem Auge verloren. Er schenkte dem Kloster ein gutes Dutzend Höfe aus der Umgebung und schuf damit die Existenzgrundlage für die Mönche.

Fürstenfeldbruck in Stichworten

Nach dem Abbruch der alten frühgotischen Klosterkirche von Fürstenfeld begann im Jahre 1701 Viscardi mit dem Bau der heutigen Kirche. Das Werk vollendete im Jahre 1741 der Münchner Ettenhofer. Ferdinand Appiani und Egid Quirin Asam führten die prachtvollen Stuckarbeiten im Innern aus. Cosmas Damian Asam malte die Fresken.

Die Klostergebäude wurden nach der Säkularisation 1803 Herberge für pensionierte Mitglieder der italienischen Oper von München, Militärinvalidenanstalt für die bayerische Armee, Kaserne und später Unteroffiziersschule. 1924 schließlich wurde eine Polizeischule eingerichtet. Sehenswert ist die Barockkirche St. Magdalena, 1673–1679 erbaut. Die Leonhardikirche wurde 1440 errichtet. Eigentlich ist sie für eine Kirche zu klein und für eine Kapelle zu groß: deshalb nennen sie die Brucker »Kapellkirch«. Am Marktplatz sind noch schöne alte Bürgerhäuser aus dem 17. und 18. Jahrhundert zu sehen.

Pfaffing ist die alte Taufkirche von Fürstenfeldbruck. Die Kirche St. Stephan ist spätgotisch; besonders kostbar ist ein Kruzifix aus dem Jahre 1550. Die übrige Ausstattung entstammt dem 19. Jahrhundert. Über Fürstenfeldbruck liegen erst aus dem 13. Jahrhundert verläßliche Nachrichten vor. Bei der Klostergründung im Jahre 1263 bestand bereits eine in sich geschlossene Marktgemeinde. Seit 1306 besitzt die heutige Stadt das Marktrecht.

Das »alte Rathaus« wurde 1867 gebaut. An der Giebelseite sieht man zwei goldene Reliefs aus der berühmten Erzgießerei Miller in München. Ferdinand Miller der Jüngere schenkte sie dem Heimatort seines Vaters. Links: Ludwig der Strenge, rechts: Ludwig der Bayer, sein Sohn.

In Bruck gab es früher mehrere Brauereien. Erhalten ist heute noch als einzige die Martha-Brauerei, in der seit über 400 Jahren gutes Bier hergestellt wird.

Mehr über Fürstenfeldbruck: Tour 44.

Einkehr am Weg

Klosterbräustüberl: Fürstenfeldbruck.

43 Mit der S5 nach Weßling

Abfahrt in München: mit der S5 in Richtung Herrsching, fahren bis Weßling. Die Züge fahren alle 20 bzw. 40 Minuten. Fahrzeiten im amtlichen Fahrplan.
Fahrpreise für die Hin- und Rückfahrt: München–Weßling und zurück = zweimal 2 Zonen.
Fahrzeit: einfache Fahrt ca. 35 Minuten.

Zur Madonna »in der grünen Senke«

Die Wallfahrtstage von Grünsink, alljährlich am letzten Sonntag im Juli und am Sonntag nach Mariä Himmelfahrt, drei Wochen später, gehören zu den wenigen Festen im Voralpenraum, die noch ganz nach altbayerischer Art gefeiert werden. Da werden Altar und Beichtstühle im Freien aufgestellt. Aus allen Richtungen kommen die Marienverehrer zum Gottesdienst. Anschließend wird in der großen Gemeinschaft – viele kennen sich untereinander – Jahrmarkt gefeiert. Bier wird ausgeschenkt, und an einfachen Tischen machen die Wallfahrer Brotzeit, an den Hängen stehen die Jahrmarktbuden.

Die Landschaft, durch die unsere Wanderung führt, ist recht abwechslungsreich. Vom Bahnhof aus müssen wir eine Anhöhe hinaufwandern, dann geht es auf halber Höhe am Höhenberg entlang. Wer Lust und Zeit hat, kann den Berg hinauf»klettern«. Die Aussicht lohnt die kleine Mühe. Auf unserer Wanderroute wechselt ständig das landschaftliche Bild: Weiden gehen in einen kleinen Wald über, dahinter wird eine Lichtung sichtbar, es folgen fruchtbare Felder, und wieder hören wir aus einem buckeligen Gelände die Glocken von weidenden Rindern.

Wie die Grünsinker Wallfahrt entstand

Vor 100 Jahren war die Gegend rund um den Höhenberg noch bei weitem nicht so erschlossen wie heute. Straßen und Wege gab es kaum, und die Wälder waren noch wesentlich dichter als heute. Es gab kaum einen Punkt in der Landschaft, an dem man sich orientieren konnte. Da verirrte sich – man schrieb das Jahr 1740 – ein Jäger aus Seefeld in dem dichten Wald. Als er nicht mehr ein und aus wußte und es schon mit der Angst zu tun bekam – die Wälder waren damals noch sehr gefährlich –, da gelobte er der Gottesmutter ein Bild, wenn sie ihn den Weg zurück zur grünen Senke finden lasse.

Sein Gebet wurde erhört. Er fand zurück und übernachtete beim Schluifelder Einödbauern. Tags darauf befestigte der Jäger ein Marienbild, das ihm der Bauer geschenkt hatte, in der grünen Senke an einem hohen Birnbaum. Die wunderbare Errettung des Jägers sprach sich schnell herum und auch, daß er an dem Baum ein Marienbild angebracht hatte. Es dauerte nicht lange, da wurde die Stelle zu einem Ort der Marienverehrung. Die gläubigen Menschen jener Zeit pilgerten hierher, um ihre Gebete zum Himmel zu schicken. Sorgen und Kümmernisse hatten sie genug. Wurden ihre Bitten erhört, widmeten die Wallfahrer der Gottesmutter Votivbilder.

Schon vier Jahre nach jenem denkwürdigen Ereignis um den Seefelder Jäger, im Jahr 1744, kam ein Votivbild in die »grüne Senke« – es ist das älteste –, und es zeigt, wie berichtet, ein Marienbild in einem Birnbaum. Im Laufe der Jahrzehnte und Jahrhunderte kamen immer wieder neue Votivbilder dazu.

Wandern

Route: *Von der S-Bahn-Station Weßling am Höhenberg vorbei zur Wallfahrtskapelle Grünsink und wieder nach Weßling zurück.*
5 km. Auch für Kinder geeignet.

Vom Weßlinger Bahnhof gehen wir zunächst auf der Bahnhofstraße links vor zur Hauptstraße und zur Linken der Fahrstraße in gleichbleibender, also nordöstlicher Richtung bis zu einer Fußgängerunterführung, durch die wir linksgerichtet die Schienen unterqueren. Anschließend wandert man, auf der Tannbergstraße und nachfolgenden Sandbergstraße jeweils linkshaltend, zum Waldrand und links am Gehölz dahin.

Wir folgen der Wegtafel nach Grünsink, umgehen links den Höhenberg und erreichen die Etterschlager Fahrstraße, die uns, rechtsgerichtet, nach etwa 200 Metern zu der idyllisch in einer Waldsenke gelegenen Wallfahrtskirche bringt.

Für den Rückweg werden nur ganz Eilige die Kurzverbindung auf der Etterschlager Fahrstraße benutzen. Wesentlich ansprechender ist

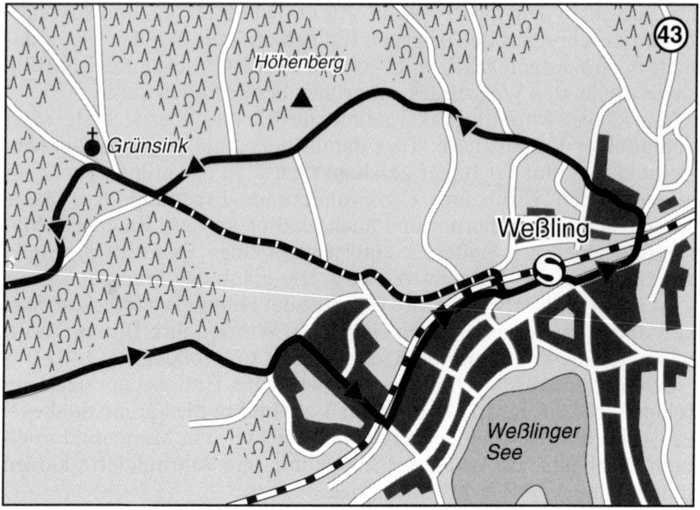

nämlich der Wanderpfad, der gegenüber dem kleinen Grünsinker Gotteshaus auf der anderen Straßenseite einsetzt und westwärts (blaue Markierung) in den Wald hineinführt. Der schattige Waldweg trifft nach etwa 600 Metern auf eine Wegteilung, bei der wir links abbiegen. Auf dem Taxleitenweg kommen wir in östlicher Richtung zum Weßlinger Ortsrand, wo wir auf dem Bognerweg, dann auf dem Walchstadter Weg rechtsabbiegend die Bahn unterqueren und zuletzt auf der Schulstraße linksgerichtet wieder zum Bahnhof und Startpunkt zurückkehren.

In der Sakristei unterrichtete ein Eremit

Der Fürstbischof von Augsburg erlaubte im Jahre 1761, 20 Jahre nach der Rettung des Jägers aus der Verirrung im Wald, die Marienverehrung und den Bau einer Kirche. Ein Jahr später, 1762, war der kleine Bau vollendet, an ihn angebaut wurde eine kleine Klausnerwohnung. Der fromme Eremit war auch bis zum Jahre 1803 Schullehrer für die ganze Umgebung. Unterrichtsraum war die recht geräumige Sakristei.

Lange Zeit wußte man nicht sicher, welches das eigentliche Gnadenbild sein sollte: eine stehende Madonna oder eine kleine Majolikafigur. Zur Renovierung der Kirche aus Anlaß der 200-Jahr-Feier im Jahre 1962 konnte jedoch geklärt werden, daß das rechte Gnadenbild eine Kopie der Madonna von Lucas Cranach dem Älteren (1472 bis 1553) ist; das Original kann man in der Innsbrucker Pfarrkirche sehen. Die Kopie stammt aus dem 17. Jahrhundert.

Die Deckenfresken im Chor und im Mittelschiff der Wallfahrtskirche zeigen eine eindrucksvolle Darstellung der Marienverehrung. Das Bild schuf Johann Kirzinger, der diese Arbeit im Jahre 1764 vollendete.

An der Decke des Kirchenvorschiffes bewundert man die Himmelfahrt Mariens, gemalt in wunderschönen Farben von Josef Michael Ott im Jahre 1776.

Auch an beiden Türen und an den Kirchenbänken lösten die Restauratoren dicke Übermalungen ab. Ebenso wurden das barocke Gitterwerk, das Vorschiff und Hauptschiff trennt, gereinigt, und die zierlichen Ornamente durch die Vergoldung der Spitzenteile besonders hervorgeholt. Ein barocker, auf Blech gemalter Kreuzweg hängt an der Empore. Selbst die alten Votivbilder wurden mit viel Mühe und Sorgfalt restauriert.

Sehr wertvoll ist die kleine Orgel aus dem Jahre 1782. Sie wurde unter Denkmalschutz gestellt.

Der alte Zwiebelturm der Kirche ist nicht mehr original. Er war 1875 beschädigt und durch einen Spitzturm ersetzt worden. Im Jahre 1913 wurde die heutige Zwiebelform wieder aufgesetzt.

Mehr über Weßling: Tour 38.

Einkehr am Weg

Café am See: In Weßling am See. Schöner Garten, eigene Konditorei.

44 Mit der S4 nach Fürstenfeldbruck

Abfahrt in München: mit der S4 in Richtung Geltendorf, fahren bis Fürstenfeldbruck. Die Züge fahren alle 20 bzw. 40 Minuten. Fahrzeiten im amtlichen Fahrplan.
Fahrpreise für die Hin- und Rückfahrt: München–Fürstenfeldbruck und zurück = zweimal 2 Zonen.
Fahrzeit: einfache Fahrt ca. 28 Minuten.

Amperidylle zwischen Fürstenfeldbruck und Holzhausen

An den Ufern der Amper kann man zu allen Zeiten des Jahres entlangwandern – es wird immer ein Erlebnis sein. Und wer Lust hat, kann zur Sommerzeit in dem Fluß auch baden, das Wasser ist heilkräftig, was übrigens schon die Römer wußten, die in Schöngeising ein Bad anlegten, um darin ihren Rheumatismus zu kurieren.

Wir wandern an der geschichtsträchtigen Klosteranlage Fürstenfeld vorbei, überqueren die Amper, kommen zur Einöde Zellhof, die in frühen Zeiten einmal ein Wirtschaftshof der Fürstenfelder Mönche war. Unter Eichen das Vituskirchlein.

Zum Wahrzeichnen dieser Ampergegend wurde ein sehr moderner Turm, der Fernmeldeturm der Deutschen Bundespost im Bernrieder Wald. Auf dem »Langen Berg« wandern wir, bis das Gelände wieder talwärts abfällt: Holzhausen wird erreicht.

Ganz in der Nähe von Holzhausen sind keltische Schanzen gefunden worden. Sie weisen auf eine sehr frühe Besiedlung dieses Gebietes hin. Das erste urkundliche Zeugnis trägt die Jahreszahl 764. Von einem Geschlecht derer von Holzhausen ist in dieser Zeit die Rede. Die heutige Kirche zum Heiligen Kreuz dürfte aus dem Jahre 1400 stammen, sie wurde 1832 »romanisiert«, also baulich erheblich verändert. Die »Kreuzwallfahrt« gehört zu den ältesten Wallfahrten in dieser Gegend.

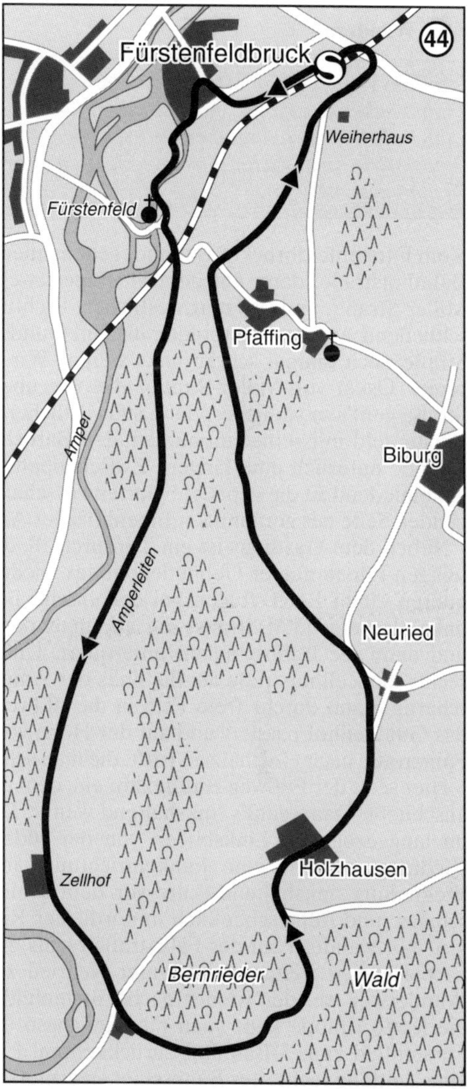
44
Fürstenfeldbruck
S
Weiherhaus
Fürstenfeld
Pfaffing
Amper
Biburg
Amperleiten
Neuried
Holzhausen
Zellhof
Bernrieder
Wald

Wandern

Route: *Vom S-Bahnhof Fürstenfeldbruck zum Kloster Fürstenfeld, dann neben der Amper nach Zellhof, durch den Bernrieder Wald nach Holzhausen und über Neuried wieder nach Fürstenfeldbruck zurück. 14 km. Leichte Anstiege. Angesichts der Länge für Kinder kaum geeignet.*

Vom Fürstenfeldbrucker Bahnhof geht es zuerst schräg links über die Bahnhofstraße, dann auf dem Stockmeierweg über die Oskar-von-Miller-Straße und in nordwestlicher Richtung stadteinwärts, anschließend auf der Luitpoldstraße links und auf der Fürstenfelder Straße noch einmal schräg links weiter. Wir treffen erneut auf die breite Oskar-von-Miller-Straße, die wir überqueren. Jenseits der Straße geht's in südlicher, dann südwestlicher Richtung zum Kloster Fürstenfeld mit seiner monumentalen Barockkirche, die für Kunstfreunde natürlich eine längere Zwischenpause bedingt. Nicht weniger einladend ist die gepflegte Gartenwirtschaft auf der gegenüberliegenden Seite des geräumigen Innenhofs der Anlage.

Neben dem Gasthaus ist ein Tordurchlaß, durch den wir den vielteiligen Fürstenfelder Gebäudekomplex wieder verlassen. Wir überqueren einen Bach, folgen bei der anschließenden Wegteilung der links abzweigenden Straße, die abermals den Mühlbach überquert und dann die Bahnschienen unterquert. Unmittelbar danach biegt rechts die Zellhofstraße ab, die links der Amper und zunächst waldschattig, dann durchs freie Feld in die südwestliche Richtung zieht, das Gut Zellhof passiert und auf der Höhe von Schöngeising auf die Fahrstraße nach Holzhausen trifft, die man schräg links überquert.

Hier setzt der Fußweg zum Jexhof ein, dem man sich für einige Zeit anschließt. Dann geht's linkshaltend weiter. Der Waldweg schwenkt im langgezogenen Linksbogen von der südlichen in die westliche Richtung, passiert eine Funkeinrichtung, anschließend, bei einer Wegteilung linkshaltend, kurz vor dem Waldausgang eine Keltenschanze und führt schließlich in nördlicher Richtung nach Holzhausen. Wir wandern auf der Fahrstraße rechts durch die Ortschaft und nach Neuried weiter. Kurz hinter Neuried zweigt links ein MVV-Wanderweg ab, der wieder nach Fürstenfeldbruck hinabzieht. Für die letzte Etappe kann man die Eingangsroute benutzen und über Fürstenfeld zum S-Bahnhof zurückkehren. Ebenso kann man noch eine Zeitlang rechts der Bahnschienen weiterspazieren, kurz vor dem

Bahnhof links die Schienen unterqueren und zuletzt auf der Bahnhofstraße rechtsgerichtet zum Ausgangspunkt gelangen.

Wissens- und sehenswert

Herzog Ludwig II., der Strenge, aus dem Hause Wittelsbach gründete als Sühne für die voreilige Tötung seiner Frau im Jahre 1263 das Kloster Fürstenfeld. Die heutige Barockkirche begann Viscardi im Jahre 1701 zu bauen, Ettenhofer vollendete das Werk im Jahre 1741. Die Innenausstattung stammt von den Gebrüdern Asam.
Im Jahre 1803 (Säkularisation) sollte das Marienmünster von Kloster Fürstenfeld mit Kanonen zerschossen werden, weil der schon angeordnete Abbruch zu hohe Kosten verursacht hätte. Einer Abordnung Brucker Bürger unter Führung des Posthalters Philipp Weiß gelang es, das Vorhaben zu vereiteln.
Die Klostergebäude von Fürstenfeld wurden nach der Säkularisation im Jahre 1803 Herberge für pensionierte Mitglieder der italienischen Oper in München, Militärinvalidenanstalt für die bayerische Armee, Kaserne und später Unteroffiziersschule. 1924 schließlich wurde die Polizeischule eingerichtet. Sie befindet sich heute noch hier.
Die Barockkirche St. Magdalena in Fürstenfeldbruck ist sehenswert. Sie wurde in den Jahren 1673 bis 1679 errichtet. Die Kirche St. Leonhard stammt aus dem Jahre 1440.
Das »alte Rathaus« von Fürstenfeldbruck wurde im Jahre 1867 gebaut. An der Giebelseite sieht man zwei goldene Reliefs aus der berühmten Erzgießerei Miller in München.
In Fürstenfeldbruck gab es früher mehrere Brauereien. Erhalten ist heute nur noch die über 400 Jahre alte Martha-Brauerei.
Statio ad »ambre« (Amper) nannten die Römer den Ort Schöngeising. Er ist der einzig bekannte römische Name im Landkreis. Der heutige Ortsname leitet sich von den Herren von Geisingen ab. Das »Schön« wurde von der Fürstenfeldbrucker Hofmark zur Unterscheidung von Kottgeisering vorangesetzt.
Das alte Wahrzeichen von Schöngeising ist die St.-Johannis-Kirche aus dem Jahre 1699.
Die Einöde Zellhof war in frühen Zeiten ein Wirtschaftshof der Mönche, der auf einer noch älteren Siedlung errichtet worden war. Neben dem Hof mit mächtigen Eichen das Vituskirchlein.
Um das Jahr 1400 wurde die Kirche von Holzhausen erbaut. Vorher existierten bereits mehrere Kirchenbauten, der erste um 770. 1832 wurde die heutige Kirche »romanisiert«.

Die Kreuzwallfahrt in Holzhausen gehört zu den ältesten der Gegend. Dem Heiligen Kreuz ist die Pfarrkirche geweiht.
Der Weiler Neuried ist noch nicht sehr alt. Er entstand durch eine Rodung des Klosters Fürstenfeld rings um einen Ziegelstadel von 1293.

Mehr über Fürstenfeldbruck: Tour 42.

Einkehr am Weg

Klosterbräustüberl: Im Kloster Fürstenfeld.

45 Mit der S5 nach Harthaus (Freiham)

Abfahrt in München: mit der S5 in Richtung Herrsching, fahren bis Harthaus. Die Züge fahren alle 20 bzw. 40 Minuten. Fahrzeiten im amtlichen Fahrplan.
Fahrpreise für die Hin- und Rückfahrt: München–Harthaus = 1 Zone. Gräfelfing–München, Marienplatz (S6) = 1 Zone.
Fahrzeiten: einfache Hinfahrt ca. 21 Minuten, Rückfahrt ca. 20 Minuten.

Idylle vor der Stadt

Die Freihamer hatten schon immer besondere Rechte. So war das Gut Freiham beispielsweise als Hofmark nicht abgabepflichtig. Von dem kleinen hübschen Landschloß hört man erstmals in Urkunden aus dem Jahre 1190. Ab 1400 kommt es in den Besitz der Münchner Patrizierfamilien Barth, Pütrich, Ligsalz und Lindauer.

Im 18. Jahrhundert sind es die Reichsgrafen von Yrsch, die das Schloß samt Gut besitzen.

Karl Theodor von Yrsch verkauft es schließlich im Jahre 1887 an Hugo von Maffei. Noch heute sieht man an der hinteren Friedhofsmauer die Grabmäler der reichsgräflichen Familie, die der bayerischen Armee viele Offiziere und dem Königshaus zahlreiche Hofbeamte geschenkt hat.

Die kleine Schloßkirche gilt als Juwel unter den Kirchen in der Münchner Umgebung. Kunstkenner schätzen besonders die Rokokoaltäre, die stilvolle Kanzel und den zierlichen Orgelprospekt.

Es ist noch gar nicht so lange her, da war die Schloßkirche von Freiham Schauplatz zahlreicher herrschaftlicher Hochzeiten.

Vom Dorf zur Villensiedlung

Daß Gräfelfing einmal ein kleines Bauerndorf war, in dem sich jahrhundertelang nichts Außergewöhnliches ereignete, will man heute kaum glauben. Und doch: Die »Geschichte« des heutigen Gräfelfing beginnt erst um 1900. Im Jahre 1881 wurde in Gräfelfing eine Schule errichtet. Damit war der erste Schritt auf dem Weg in die »Neuzeit«

getan. Am 1. Mai des Jahres 1900 folgte ein weiterer entscheidender Schritt: Gräfelfing wurde Bahnstation. Fünf Jahre später kam die Postagentur dazu.

Mehr und mehr entwickelte sich Gräfelfing in den Folgejahren zur Stadtrandsiedlung von München. Großstadtmüde Bürger zogen nach draußen um und siedelten sich hier an. Die Gartenstadt entstand. Die ersten Vereine wurden gegründet. Nächstes denkwürdiges Ereignis: Am Ostermontag des Jahres 1914 wurde in Lochham, das schon seit 1256 zum Kirchensprengel Gräfelfing gehörte, das Waldheim der Bäckerinnung eröffnet. Noch heute ist das Heim eine zentrale Ausbildungs- und Lehrstätte für das Bäckerhandwerk von ganz Bayern und darüber hinaus.

Im Jahre 1945 stieg die Einwohnerzahl enorm an. Plötzlich war eine große Wohnungsnot da, und die Gemeinderäte sorgten sich um die Lösung dieses Problems. Es entstanden die Wohnanlagen »Am Anger« und »Am Unterfeld«, zu ihrer Zeit vorbildliche Siedlungsanlagen, die in ganz Oberbayern ihresgleichen suchten. Die Industrieansiedlung wird mit der Erschließung eines eigenen Gewerbegebietes gefördert.

Wandern

***Route:** Vom S-Bahn-Haltepunkt Harthaus bei Germering zunächst nach Freiham, dann auf der Freihamer Allee und durch den Kreuzlinger Forst nach Gräfelfing. 3,5 km. Unbeschwerlicher Spaziergang. Auch schon für kleinere Kinder geeignet.*

Die Freihamer Schloßanlage zwischen Neuaubing und Germering steht auf freiem Feld und unmittelbar neben der S-Bahn-Strecke, so daß der Höhepunkt des Spaziergangs von Harthaus nach Gräfelfing bereits im Verlauf der Anfahrt ins Blickfeld rückt. Die kleine Wanderung beginnt beim S-Bahn-Haltepunkt Harthaus an der östlichen Germeringer Siedlungsperipherie. Zunächst gehen wir linkshaltend in südlicher Richtung auf der Hubertusstraße bis zum abermals linksabbiegenden Weg nach Freiham.

In Freiham wird man sich als Kunstfreund zunächst einmal die Schloßkirche, ein gotischer, barock veränderter Bau, ansehen. Außerdem lädt die Schloßwirtschaft zu einer stärkenden und erfrischenden Verpflegungspause ein.

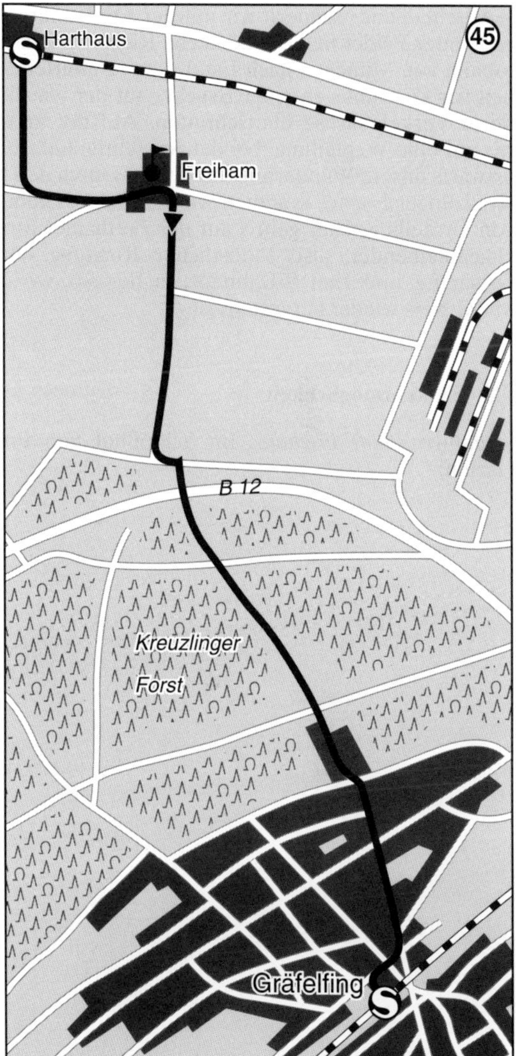

Harthaus
45
Freiham
B 12
Kreuzlinger
Forst
Gräfelfing

Anschließend wandern wir auf der Freihamer Allee inmitten ausgedehnter Felder in die südöstliche Richtung und treffen auf die Autobahn von München nach Landsberg. Unmittelbar vor der A96 gehen wir kurz links zu einer Brücke, auf der wir die lebhaft frequentierte Verkehrsachse überschreiten. Auf der anderen Seite treffen wir auf eine Wegteilung, bei der wir schräg links und wiederum südostwärts unsere Wanderung fortsetzen. Durch den Nordausläufer des Kreuzlinger Forstes kommen wir als nächstes zum Siedlungseingang von Gräfelfing. Hier geht's auf der Freihamer Straße weiter und in gleichbleibender, also südöstlicher Richtung durch die westliche Ortshälfte und zum S-Bahnhof an der S6, wo der Anschluß ans MVV-Netz wieder hergestellt ist.

Einkehrmöglichkeit

Schloßwirtschaft Freiham: Im Schloßhof von Freiham. Schattiger Garten.

Wohin können auch kleinere Kinder mitgehen (4 bis 8 Jahre)?

Tour 4	Tour 21	Tour 34
Tour 7	Tour 24	Tour 37
Tour 10	Tour 25	Tour 38
Tour 12	Tour 26	Tour 45
Tour 13	Tour 29	
Tour 17	Tour 30	
Tour 18	Tour 31	

Wo kann man auch im Winter wandern?

Tour 1	Mit der S5 nach Herrsching: Durchs Kiental auf den »heiligen Berg« Andechs
Tour 4	Mit der S1 nach Aying: Wanderfreuden und Brotzeitgenüsse
Tour 12	Mit der S7 nach Ebenhausen: Zur »lustigen Tirolerin« und zur Pupplinger Au
Tour 15	Mit der S7 nach Wolfratshausen: Zwischenstation für Italienreisende
Tour 16	Mit der S1 nach Kreuzstraße: Gemütlicher Forstspaziergang mit süffigem Bier-Finale
Tour 17	Nach Großhesselohe mit der S7: Gepflegte Wege über der einstigen Flößer-Arena
Tour 18	Mit der S1 nach Höhenkirchen: Zur Wallfahrtskirche des hl. Leonhard
Tour 19	Mit der S7 nach Höllriegelskreuth: Auf altem Siedlungs- und Kulturboden
Tour 20	Mit der S5 nach Herrsching: Unter Landschaftsschutz
Tour 21	Mit der S6 nach Gauting: Zum Waldlehrpfad an der Römerstraße
Tour 22	Mit der S1 nach Freising: In die älteste Stadt an der Isar
Tour 24	Mit der S2 und Linie A nach Altomünster: Auf Ludwig Thomas Spuren
Tour 25	Mit der S2 und Linie A nach Kloster Indersdorf: Ins Glonntal und zum Kloster Indersdorf

Tour 29	Mit der S6 nach Ottenhofen: Bei den Höfen des Otto
Tour 30	Mit der S5 nach Ebersberg: Auf den Spuren der Ebersberger Mönche
Tour 31	Mit der S5 nach Kirchseeon: Kirchseeon mal fünf
Tour 32	Mit der S6 nach Poing: Durch den kurfürstlichen Wald
Tour 34	Mit der S6 nach Poing: Zum Poinger Wildpark
Tour 38	Mit der S5 nach Weßling: Rund um den kleinsten Vertreter des Fünf-Seen-Landes
Tour 40	Mit der S4 nach Schöngeising: Zwei alte Wallfahrtskirchen am Weg
Tour 41	Mit der S3 nach Maisach: Durch ein friedliches Bauernland
Tour 42	Mit der S4 nach Fürstenfeldbruck: Barockjuwel im Wechselbad
Tour 43	Mit der S5 nach Weßling: Zur Madonna »in der grünen Senke«
Tour 45	Mit der S5 nach Harthaus (Freiham) Idylle vor der Stadt

Register

Orte

Notizen

Notizen

Notizen

Notizen